Aus Freude am Lesen

In »Ich weiß, ich war's« erinnert sich der viel zu früh verstorbene Ausnahmekünstler Christoph Schlingensief an seine Kindheit in Oberhausen und seine Anfänge als Filmemacher, an schwierige und an erfüllende Stationen seines Künstlerlebens in Berlin, Wien und auf dem afrikanischen Kontinent – sowie nicht zuletzt an seine Erlebnisse auf dem grünen Hügel Bayreuths. Und »Ich weiß, ich war's« zeigt einen Christoph Schlingensief, der voller Tatendrang am Leben teilnimmt, mal humorvoll, mal selbstkritisch, immer aber leidenschaftlich und mit Blick nach vorn.

CHRISTOPH SCHLINGENSIEF, 1960 in Oberhausen geboren, wurde einer größeren Öffentlichkeit als Filmregisseur mit seiner Deutschlandtrilogie (1989-1992) bekannt. In den 90er Jahren wurde er Hausregisseur an der Volksbühne in Berlin. Anlässlich der Bundestagswahl 1998 gründete Schlingensief die Partei »Chance 2000«. Bei den Bayreuther Richard-Wagner-Festspielen 2004 inszenierte er mit »Parsifal« seine erste Oper, die hymnisch besprochen wurde, anschließend war er verstärkt auf dem Feld der Bildenden Kunst tätig. Im August 2010 starb Christoph Schlingensief an seiner Krebserkrankung. Bis zuletzt arbeitete er an zahlreichen Kunst- und Theaterprojekten.

AINO LABERENZ, geboren 1981 in Turku/Finnland, seit 2009 mit Christoph Schlingensief verheiratet, arbeitet als Kostüm- und Bühnenbildnerin an zahlreichen deutschen Theatern und Opernhäusern. Seit Herbst 2010 Geschäftsführerin der Festspielhaus Afrika GmbH.

Christoph Schlingensief

Ich weiß, ich war's

Herausgegeben von Aino Laberenz

btb

Verlagsgruppe Random House FSC® N001967
Das für dieses Buch verwendete FSC®-zertifizierte
Papier *Lux Cream* liefert Stora Enso, Finnland.

1. Auflage
Genehmigte Taschenbuchausgabe April 2014
btb Verlag in der Verlagsgruppe Random House GmbH, München
Copyright © 2012 by Kiepenheuer & Witsch GmbH & Co.KG,
Köln
Alle Rechte vorbehalten.
Umschlaggestaltung: semper smile, München nach einem Entwurf von Rudolf Linn, Köln
Umschlagfoto: © Peter Hönnemann / www.peter-hoennemann.de
Druck und Einband: CPI – Clausen & Bosse, Leck
MK · Herstellung: sc
Printed in Germany
ISBN 978-3-442-74211-0

www.btb-verlag.de
www.facebook.com/btbverlag
Besuchen Sie auch unseren LiteraturBlog www.transatlantik.de

Für Christoph

INHALT

11 VORWORT

17 ZWISCHENSTAND DER DINGE I
Ich erzähle mehr mir selbst – Ein großer Tag – Wir wollen
was hören, aber wir hören nichts – Die Zeit ist durcheinandergeraten – »Lasst uns mit eurem Krebs in Ruhe!« –
»Du wirst in deinem Leben niemals einen Menschen lieben können« – Selbstbetrug – Ich rede so schnell, damit
alles raus ist

32 UNSTERBLICHKEIT KANN TÖTEN
Symbole – Ich mag Revolutionen nur, wenn man sie bei
vollem Bewusstsein macht – Deutschland Freude bringen –
Kostümfest in Rom – Adornos Kaktus – Was war denn das
für ein Leben?

42 MEINE URSZENE
Angefangen hat alles 1968 – Wir gehen nicht unbelichtet
in die Dinge – Peinlichkeit

50 DER MENSCH BESTEHT AUS GANZ VIEL SEHNSUCHT
Prenzlauer Berg – Kunst und Narzissmus – Der Uwe-Barschel-Effekt – Dieses hektische Tier

57 DAS UNSICHTBARE SICHTBAR MACHEN
Chance 2000 – Die Gescheiterten besitzen die Erkennt-
nis – »Kein Konsens!« – Prototypen – An alle – Im Zirkus-
zelt – Wolfgangsee – »Wir gehen baden!« – Minister für
Volksverdummung – Partei zu verkaufen – Berliner Republik –
Hypophysen-Tumor – In Afrika kam die Angst zurück

69 EIN LOCH AUS ANGST UND EKEL

Menu total – Berlinale, 1986 – Applaus – »Wie kannst du nur so einen Film machen?« – Obsessionen – *Egomania - Insel ohne Hoffnung* – Ich bin eine extreme Kitschnudel – Bundeskulturminister – Vollverantwortung – Ein Film muss in sich immanent sein dürfen – Werner Schroeter

89 ICH BEZWEIFLE, DASS DIE LEUTE TATSÄCHLICH SCHREIBEN, WAS SIE WOLLEN

Kritiker – Eine ganz tolle Idee für das Theater – Liebe besorgte Afrikafreunde

95 POLITIK DURCHSPIELEN

Ausländer raus! – »Joaaa, naaa, des mache ma net ...« – Penetranz – Bestandteil eines Bildes – Man kann nichts erreichen. Außer Überleben – Katharsis – Ersatzwährung – U 3000 – »Was ist nur aus eurem Christoph geworden?«

111 »DIESES GESELLSCHAFTSSYSTEM IST IN SIEBEN JAHREN KOMPLETT ZERSTÖRT«

Zufall – Kunst war bei uns zu Hause kein Thema – Beuys im Lions Club – Der Raum überprüft uns und nicht wir den Raum – *Bahnhofsmission* – Meine behinderten Freunde – *Terror 2000* – Hier meint es jemand so, wie er es sagt – »Tütet Wolfgang Schüttet«

119 AUTHENTISCHES THEATER

Matthias Lilienthal – »Theater zu Parkhäusern« – *100 Jahre CDU* – Transformation – *Schlacht um Europa* – Alfred Edel – Spiritualität im Theaterraum – Metamorphose – Ich will, dass wir uns zu unserer Widersprüchlichkeit bekennen – Nepal – Kreisende Götter und Geister

130 »ZUM RAUM WIRD HIER DIE ZEIT«

Anruf aus Bayreuth – *Church of Fear* – »Möllemann ist vom Himmel gefallen« – *Aktion 18* – Waschpulver im Klavier – Mit Wagners in der Beethoven-Suite – Freundschaftspakt – *Parsifal* – Die Frage nach dem Universum – »Jetzt wird geprobt!« – Hauspost – Richard, hilf mir! – Wo die Stille

eintritt, hört man, was in einem nachschwingt – Hasen in
Afrika – Wolfgang Wagner – Der Animatograph

164 **EIN OPERNHAUS IN AFRIKA**
Bayreuth nach Afrika tragen? – Kunst auf Rezept – Meine
Idee von Oper – Manaus – Das erste Mal Afrika – United Trash
– »Deutsche Filmcrew dreht Porno« – Ein Riesenfehler –
Ich will keinen Tumult anzetteln – Burkina Faso ist groß-
artig – Die Zeit bewegt sich erst, wenn ich mich bewege
– Die soziale Plastik ist schon da – Ein Zukunftsfeuerwerk
– Afrika beklauen – Lieber Francis, ... – Ein Traum – Beur-
teilungsmechanismen – Reine Energie

193 **OBERHAUSEN**
Was erwarte ich von meinem zukünftigen Beruf? – Gigan-
tomanie – Rex, der unsichtbare Mörder von London – Keine Mäd-
chen im Filmclub! – Verfolgungsjagd – Das Geheimnis des
Grafen von Kaunitz – Rückblende und Anschlussfehler – Kurz-
filmtage – Mit hochgestelltem Kragen ins Kino – Der fliegende
Holländer – Asynchronität – Mensch, Mami, wir drehn 'nen Film –
Ich war so egomanisch – Mit Inge unterm Tisch

208 **MÜNCHEN**
Filmhochschule – Das Dachgeschosszimmer – Das Bild
zum Fließen bringen – Doktor Faustus – Eine halbe Stunde
Fassbinder – Der Vater von Wim Wenders – Mode und Verzweiflung – Vier Kaiserlein

215 **ZURÜCK IM RUHRGEBIET**
Werner Nekes – Phantasus muss anders werden – Virus gegen den
Mainstream – Der Umlaufspiegel – Godard irrt sich – Bei
Helge Schneider – Lehrauftrag in Offenbach – Avantgarde,
Marmelade – Tunguska - die Kisten sind da – Hofer Filmtage –
Das Material macht, was es will – Eine Verzweiflungstat – In
der Lindenstraße

226 **ICH KANN NICHT NUR AN DAS GUTE GLAUBEN**
Böse Künstler – Vernichtungsmaschine – 100 Jahre Adolf
Hitler. Die letzte Stunde im Führerbunker – »Wer weiß, was wirk-

lich ist?« – Nazi-Moleküle – Man kann nur dann etwas abarbeiten, wenn man es auch benutzt – Sterben lernen geht nicht – Eine Art Raumstation – Die Leid-Währung – Unscharfe Projekte – Achim von Paczenzky

249 GRUNDSTEINLEGUNG IN BURKINA FASO
Kunst kann heilen! – Neue Sachlichkeit – Ich bin nicht der geworden, der ich sein wollte – Porzellan-Jesus – Schwarz und Weiß – Den deutschen Ton abschalten

257 VIA INTOLLERANZA II
Die Reisegruppe ist nervös – Allein der Gedanke! – Komischer Zauber – Luigi Nono 1960/1978 – Wer mich heute Abend noch mal umarmt, dem schlag ich in die Fresse – Eine Gesellschaft von Selbstbeschädigten – Danke, Jesus, danke

266 ZWISCHENSTAND DER DINGE II
Neue Diagnose – Wie ein alter Elefant – Ist Gott mir gnädig? – Mehr am Ende als an einem Anfang – All der Kram, den ich getrieben habe

274 KUNST (DAS WESEN DER ...)
Exposé für einen Film von Christoph Schlingensief

283 Biografie

289 Danksagung

290 Bildnachweis

VORWORT
von Aino Laberenz

Dieses Vorwort zu schreiben, fällt mir schwer. Weil es
mein erstes Vorwort ist. Weil ich vermeiden will, dass es
wie ein Nachruf klingt. Es ist nicht einfach für mich, im
Angesicht von Christophs Tod über dieses Buch und seine
Entstehung zu schreiben. Aber es ist mir ein Anliegen, an
dieser Stelle hervorzuheben, warum Christoph ein Buch
mit Erinnerungen und Erwartungen an das eigene Leben
so wichtig war – und warum es mir wichtig ist, dieses
Buch nun zu veröffentlichen, auch wenn Christoph seine
Arbeit daran nicht mehr beenden konnte.

Einige Monate nachdem das Krebstagebuch »So schön
wie hier kanns im Himmel gar nicht sein« erschienen
war, hatte Christoph von Neuem begonnen, seine Gedanken, Erinnerungen und Erlebnisse auf Tonband fest-
zuhalten. Damit verbunden war sein Wunsch nach einem
Buch, das sich auf sein Leben richtet. Das sich auch *an*
sein Leben richtet, wie es gewesen ist, wie *er* gewesen
ist. Christophs Absicht war es nicht, Resümee zu ziehen
oder schleichend Abschied zu nehmen. Er wollte sich ins
Leben zurückkatapultieren, sich erinnern, um zu vergessen – und um wieder anzufangen. Es sollte keine Fort-
setzung des Tagebuchs oder etwas so Bleischweres wie
Memoiren sein. Keine Autobiografie. Keine Aneinander-
reihung von Anekdoten.

Christoph wollte einen Band der vorletzten Worte, der
unvollendeten Gedanken. Weder wollte er sich erklären
noch wollte er sich selbst Kapitel für Kapitel abhandeln.
Beim Lesen sollte Raum bleiben. Christoph hatte be-

wusst kein Werkbuch im Sinn. Manche Projekte bleiben Randnotizen oder sogar unerwähnt. Vieles erfährt nicht den Platz, der ihm in einer »Gesamtschau« zustünde. Er wollte keine Chronologie, die suggeriert, alles baue auf allem auf und lasse sich anhand eines roten Fadens von A bis Z verknüpfen, begründen oder sogar rechtfertigen. Ich glaube, dass Christoph Leben und Arbeit nie so gesehen hat. Er empfand die Lücke als großes Glück, den Zeitsprung, die Irritation, die Überforderung – und die Notwendigkeit der Wandlung.

»Ich weiß, ich war's« ist auf Christophs eigene Art ausufernd – und bescheiden. Er blickt zurück, mit gerade mal 49 Jahren und während er noch verdammt viel vorhat. Er verknüpft die kleinen Fragen der eigenen Biografie mit den absoluten Fragen, wie er es vielfach in seiner Arbeit getan hat. Seine Neugierde, sein Eifer, Dinge zu erforschen, und seinen Freiheitsdrang konnte die Krankheit ihm nicht nehmen. Sosehr er den Tod zuletzt kommen sah, so überzeugt war er vom Leben. Für diese Haltung steht das Buch. Es ist kein Mausoleum. Es ist ein Lebenszeichen.

Es ist fragmentarisch in seiner Zusammenstellung und basiert auf Texten, die er 2009 und 2010 aufgenommen, geschrieben, gesammelt und für diese Veröffentlichung vorgesehen hatte. Ihr Gerüst bilden die Leseabende, die er im Herbst 2009 aus Anlass des Krebstagebuchs veranstaltete. Diese Abende waren keine Lesungen im eigentlichen Sinn. Statt vorzulesen erzählte Christoph von sich und seinen Arbeiten und entwarf dabei über Umwege und Abkürzungen ein Panoptikum seines Lebens.

Er erzählte von Kindheit und Kinomanie, von Kunst in Berlin und Containern in Wien, schlug Bögen vom Wohnzimmer seiner Eltern zum Bayreuther Festspielhaus, von der Faszination für Kameratechnik zur Vorliebe für die Drehbühne, von ersten Filmversuchen in Oberhausen zum Operndorf in Burkina Faso – ein unerschöpfliches Geflecht aus Lebenslinien und Querverstrebungen, Zufällen und logischen Konsequenzen, Pragmatismus und Obsession. Er dachte vor Publikum über sich nach. Er konnte mit dem Publikum über sich lachen. Er stellte Fragen und stellte sich infrage, berichtete von Menschen und Momentaufnahmen, ohne Anspruch auf Vollzähligkeit und in sich doch geschlossen. Am Ende jedes Abends war klar, dass er genau da war, wo er hingehörte, dass er um sich wusste. Er hatte das Bedürfnis, sein Leben und seine Kunst zu erden, damit sie einen Boden hatten. Eine Startrampe, von der aus er immer wieder loslegen, auch abheben konnte.

Diese Abende ließ er mitschneiden und verschriftlichen, um sie anschließend für das Buch zu bearbeiten. Zu dieser Bearbeitung ist es leider nicht mehr gekommen. Sicherlich wäre »Ich weiß, ich war's« durch Christophs Eingriffe und zusätzliche Kommentare ein anderes Buch geworden.

Die Absichten, die Christoph mit diesem Buch verband, habe ich versucht, sehr ernst zu nehmen. Es ging dabei nicht um meine Sicht, die manchmal vielleicht eine andere wäre, mal ausführlicher, mal zugespitzter. Bei meiner Arbeit an diesem Buch musste ich ihm nur zuhören. Seinen Überlegungen und Bezügen, seinen Lücken, seinen Zeitsprüngen. Den Irritationen. So habe ich für dieses Buch die Transkription der Lesungen mit Christophs Tonbändern, Interviewpassagen, Blogeinträgen und E-Mails an Freunde kombiniert, Material, das Christoph größtenteils noch selbst zusammengestellt hat, weil ihm die dort getroffenen Aussagen wichtig und für seine

Arbeit wesentlich erschienen. Schließlich sind einige wenige Texte enthalten, die ich in Christophs schriftlichem Nachlass gefunden habe. Sie belegen an entsprechender Stelle Christophs Erinnerungen, intensivieren oder spiegeln sie, so z. B. ein Schulaufsatz aus dem Jahr 1975, in dem Christoph seinen Traumberuf umschreibt.

Die Quellen und ihre Montage skizzieren ein Leben, das in seiner Fülle, Vielfalt und Tatkraft unvollständig geblieben ist. Christoph wollte noch so viel, dass nach dem Lesen das Gefühl bleiben muss, nur einen Teil seiner Geschichte erfahren zu haben. Trotzdem: Es ist ein Leben. Es ist Christophs ganz großes »Ja!« zu diesem Leben. Die Geschichte müsste weitergehen, weitererzählt werden. Dass das Buch mit Christophs Entwürfen zu einem neuen Filmprojekt endet, mag das belegen.

Meine Absicht war es, ihn ohne große Eingriffe zu Wort kommen zu lassen, ihn selbst seine Gedanken gewichten zu lassen. Christoph erinnert und erzählt, was ihm zur Zeit der Aufzeichnungen wichtig gewesen ist. Mit einem unsentimentalen, oft humorvollen Blick zurück, der zugleich klar nach vorne gerichtet war. Mir war vor allem wichtig, dass sein Gedanken- und sein Sprachfluss erhalten bleiben. Was Christoph sagt, soll pur klingen, nicht paraphrasiert, nicht dramatisiert. Das Buch soll seinen Tod nicht als Drama inszenieren, als sei es ein Spiel oder der letzte Akt eines Theaterstücks. Nicht vom Tod handelt dieses Buch, sondern vom Leben.

Die volle Haftbarkeit, die Christoph in seiner Arbeit und in seinem Leben von sich verlangte, prägt dieses Buch. Darum ist der Titel so einfach wie aussagekräftig. Der Leser kann sicher sein, dass Christoph sich dem Bekenntnis »Ich weiß, ich war's« verpflichtet fühlte. Den Titel hatte er selbst gewählt. Für Christoph stand er fest, also stand er auch für mich nicht mehr infrage. Weil er für die geforderte Vollhaftung steht, für das Prinzip der Selbstprovokation. Weil er für Christoph selbst steht.

Ich hoffe, dass »Ich weiß, ich war's« Christoph in seiner Vitalität zeigt, die ihn bis zuletzt ausgemacht hat und die seine Arbeiten immer noch ausmacht. Er hatte uns viel zu sagen. Er hat uns noch immer viel zu sagen. Ich hoffe sehr, dass man sich in Christophs Kosmos hineinbegeben und miterleben kann, wie er seine Fäden zieht, wie er Zusammenhänge herstellt. Wie Wirklichkeit und Kunst kollidieren und miteinander verwoben werden. Und ich wünsche mir, dass seine Gedanken freigelassen werden, dass die Beschäftigung mit Christoph, seinem Leben und seiner Arbeit für den Leser am Ende dieses Buchs gerade erst beginnt.

Berlin im August 2012

Zwischenstand der Dinge I

So, heute ist der 31. Juli 2009. Es ist viel passiert, seitdem ich das letzte Mal in meine Maschine hier gesprochen habe, darüber kann ich vielleicht später noch mal etwas erzählen. Eigentlich erzähle ich die Dinge auch wieder mehr mir selbst – jedenfalls versuche ich's erst einmal. Ich bin inzwischen natürlich weitaus distanzierter, nicht so aufgerissen wie damals im Krankenhaus, auch nicht so ausgeliefert. Allerdings merke ich, dass in den letzten Wochen doch einiges anders geworden ist in mir drin. Es wächst immer mehr diese komische Angst, dass doch alles nur eine zeitlich begrenzte Angelegenheit ist, und zwar nicht eine von zwanzig Jahren oder dreißig Jahren, sondern eine Zeitbegrenzung, die mir einfach nur Kummer bereitet. Weil ich denke, es könnte auch sein, dass man schon nächstes Jahr weg ist. Also dass ICH schon nächstes Jahr weg bin.

Denn mein Körper gefällt mir gar nicht mehr, der ist eine sehr schwere Unternehmung. Ich fühle mich nie mehr so richtig leicht, alles ist fremd und es drückt mich unglaublich in der Seelengegend. Wenn ich sagen sollte, wo die Seele liegt, dann würde ich sagen: im Brustraum. Und ich habe komischerweise auch nicht mehr die Hoffnung, dass das alles jetzt wieder wie neu wird, sondern ich spüre so etwas wie Stagnation. Kann auch daran liegen, dass ich die Antidepressiva abgesetzt habe, was eine ziemlich harte Angelegenheit war, weil ich ja doch fast ein Jahr lang immer wieder etwas genommen hatte. Aber ich hab mich halt auch immer wieder gefragt, wer ich denn bin, wenn ich so etwas nehme, ob ich mich dadurch nicht zu sehr verändere. Das war ja bei mir auch der Grund, keine Drogen zu nehmen. Weil ich immer befürchtet habe, dass ich dann nicht mehr Herr meines Willens bin. Mit 21 hab ich mal Kokain genommen, ich wollte Drehbücher schreiben wie Fassbinder, möglichst schnell, drei Stück in einer Nacht. Doch ich hatte die ganze Nacht über Erstickungsanfälle, weil das Zeugs wohl gestreckt war, sodass ich gar nicht zum Schreiben gekommen bin. Am nächsten Morgen standen zwei Wörter auf dem Zettel: »Ich« und »fertig«. Einmal hab ich's noch probiert, stand wieder nichts auf dem Papier – da hab ich's gelassen.

Aber diesmal ist der Kampf um den Willen eigentlich schon eine verlorene Schlacht für mich. Das heißt: Der Wille ist von mir nicht zu besiegen. Der scheint wie eine Nachricht in mir zu schlummern, er weiß, dass es irgendwann zu Ende ist, und er weiß wahrscheinlich auch schon, wann. Alles, was ich dagegen unternehme, ist ein Aufbäumen gegen eine Staatsmacht, die sowieso nicht zuhört.

Morgen steht auf jeden Fall ein großer Tag bevor. Gleich um drei kommen die Verwandten am Bahnhof an, dann fahren wir los, und morgen, am 1. August, heiraten Aino und ich. Das Wetter ist wunderschön und soll auch so bleiben, eigentlich müsste ich mich nur freuen. Aber so ist es eben leider nicht.

Gestern ist auch noch Peter Zadek gestorben. Ich weiß nicht, ob es daran lag, jedenfalls bin ich schon gegen neun ins Bett gegangen. Mit einem total schlechten Gewissen, weil ich überhaupt nicht mithelfen konnte bei Ainos Organisation. Ich lag nur im Bett, habe geschlafen wie ein Toter und geträumt, dass Ainos Ehering von einem Juwelier so schmal gearbeitet worden war, dass sie ihn kaum tragen konnte. Peter Zadeks Tod lässt mich nicht los, weil ich zu ihm eine ganz besondere innere

Beziehung habe. Dabei haben wir uns gar nicht oft gesehen, wir haben uns öfter mal angerufen, einmal war ich auch bei ihm und Elisabeth in der Toskana, mehr war eigentlich nicht. Ich weiß auch nicht, er ist einfach ein besonderer Mensch für mich. Und jetzt ist dieser besondere Mensch tot.

So, da bin ich wieder, es ist der 3. September und mir geht es nicht gut. Als hätte ich es vor der Hochzeit geahnt, dass ich dieses Gerät irgendwann wieder brauchen werde. Und natürlich sind diesmal Hintergedanken dabei. Denn man kann so einen ersten Bericht nicht so stehen lassen, das geht nicht. Das erste Buch kommt mir inzwischen wie eine zwar völlig ehrliche, aber auch wie eine sich selbst blendende Aufzeichnung vor. Bei aller Liebe, bei allem Wohlwollen, bei aller Zuneigung zum Leben, zum Lebenwollen, zu seiner Geliebten, zur Natur, zu allen Menschen bastelt man sich aufgrund der Ereignisse, die da über einen herfallen, halt die entsprechenden Bilder. Und mir kommt es so vor, als würden diese Bilder mich überwältigen wollen, als wäre man abhängig. Ich zumindest, nicht man: Ich bin abhängig von Bildern. Ich brauche immer Bilder, Bilder, Bilder. Und ich weiß im Moment wirklich nicht, wo die Essenz sein soll.

Ich habe also den Hintergedanken, dass es ein zweites Buch gibt. Weil ich glaube, dass es kein gutes Ende nimmt. Und wenn, dann kann ich mich nicht damit begnügen, eine kleine Fahrstrecke beschrieben zu haben, sondern dann, finde ich, ist es auch richtig zu sagen: Ich bin irgendwann im Eis stecken geblieben, ich bin nicht zum Nordpol gekommen, ich habe nicht den Mond erreicht, ich habe meine politischen Ansichten nicht durchsetzen können, ich habe auch keine Massenbewegung erzeugt, ich habe keine Kunst kreiert, die sich durchsetzen wird.

All diese Sachen, all diese Wünsche und Sehnsüchte, die man hatte und die man nicht erfüllen konnte, der Selbstbetrug, das Scheitern – das ist doch wichtig, dass man das bekannt gibt, für sich selbst und vielleicht auch mal zum Nachlesen. Mein Gott, was soll daran falsch sein? Im Moment lese ich fast jede Woche einen Artikel, dass es jetzt reichen würde mit der Krebsliteratur: »Lasst uns in Ruhe mit euren Krebsberichten« oder wörtlich: »Wer hat geil Krebs?«. Ich versteh das nicht. Ich verstehe nicht, wie so etwas möglich sein kann in Deutschland. Im Kern habe ich mich in diesem Land nicht wohlgefühlt. Ich finde, dieses Deutschland ist eine unglaublich selbstbetrügerische Veranstaltung. Es hat sich gegen sich selbst gewandt, es ist voller Selbsthass, es hat die ganze Zeit das Gefühl, dass es etwas gutmachen will, aber nicht weiß, wie. Und vor allem will es möglichst nicht gestört werden in dieser Unfähigkeit, etwas gutzumachen. Natürlich kann ich auch nicht leugnen, dass ich sehr deutsch bin.

Aber darum geht's ja gar nicht. Es geht darum, dass dieses Deutschland mir gerade wirklich die Luft abschnürt in seiner Betrachtung von Kunst und Kultur. Ich meine, dieses Land ist doch gar nicht interessiert an Kultur. Es ist ein hochkulturelles Land, klar, aber ist es wirklich interessiert an Kultur? Kultur ist doch auch, Erfahrungen zu machen, etwas entdecken zu wollen – und das können wir hier nicht. Jemanden, der hier mal eine wirkliche Erfahrung von sich einbringen will, müssen wir sofort als Boulevard verleumden oder als einen Menschen, der sich nur wichtigtun will. Weil: Wir leben ja noch, wir haben keine Probleme. Wir haben nur die Pendlerpauschalprobleme, wir haben die Verspätung bei der Bundesbahn. Und wir haben das Problem, dass wir keinen Wahlkampf mehr haben: Wir wollen was hören, aber wir hören nichts. Das sind unsere Leidensthemen. Aber was zum Beispiel so ein Hartz-IV-Empfänger aushalten muss, der sagt, ich möchte auch mal verreisen, verdammt, ich möchte auch mal meinen Kindern zeigen, was es heißt, ein anderes Land zu besuchen – so etwas wollen wir nicht hören. Ich meine, wir ziehen gerade Kinder auf, die haben keinen Begriff von Europa, die haben keine Idee davon, was es heißt, in einem anderen Land zu leben. Solche Kinder ziehen wir auf in Hartz-IV-Wohngemeinschaften mit Ein-Euro-Jobs und der Papa muss den Müll wegräumen und die anderen Kinder lachen drüber. Das ist Deutschland.

Ach, ich weiß auch nicht, ich bin heute Abend wirklich sehr aufgebracht, ich habe eben auch das Gefühl, dass nicht unbedingt alles so weiterlaufen wird, wie ich es mir noch gedacht habe vor einem halben Jahr.

So sieht's also aus: »Wer hat geil Krebs?« So einen Dreck schreibt jetzt also der *Freitag*? Boulevarddreck wie der Artikel in der *FAZ*: »Lasst uns mit eurem Krebs in Ruh?« Sollen wir wirklich unsere Schnauze halten? Noch vor einer Woche bittet mich die Chefredaktion vom *Freitag*, ich solle doch bitte den Aufruf für den Rückzug der deutschen Bundeswehr aus Afghanistan unterschreiben. Da war ich noch in den Flitterwochen. Und nun bekomme ich so einen Dreckskommentar zu lesen? Habe ich jetzt Freitagskrebs? Sie haben doch nicht mehr alle Tassen im Schrank oder besser ausgedrückt, ihr habt gewaltig den Arsch auf. Wie viele Leute haben Krebs und sehnen sich danach, dass sie mal nachlesen können, was da eigentlich los ist. Und zwar nicht in diesen Horrorforen im Internet mit allem Horrorschnickschnack, den man sich vorstellen kann. Sie können gerne mal zwanzig Sonderausgaben mit all den Zusendungen von Krebskranken, Verwandten, Priestern, Ärzten usw. als Sonderdruck rausbringen. Die Briefe liegen hier bei mir. Menschen, die nicht mehr wissen, was sie tun sollen. Die keinem Gott im weißen Kittel ihre Fragen stellen wollen, weil sie Angst haben, anschließend blöd behandelt zu werden. Wissen Sie eigentlich, was man als Krebskranker für eine unglaubliche Angst hat? Haben Sie überhaupt eine minimale Ahnung von dem, was Sie schreiben? Sollen wir alle ganz ehrenhaft schweigen, damit wir diese schreienden Gesundheitsbilder im TV nicht stören? Supermodels, kräftige Haare, weiße Zähne, Adoniskörper, dazu noch erfolgreiche Börsenkurse – und wir Kranken sind zu laut? Wie bitte? Ich kenne mittlerweile Tausende von Leuten, die Angst haben, zu ihrem Krebs, zu ihrer Verzweiflung, zu ihrer Depression Fragen zu stellen. Wir schreiben mittlerweile unter www.geschockte-patienten.de. Nicht um uns den neuesten Darmkrebs auszumalen, sondern um uns selber zu fragen: Bist du noch autonom? Was war das eigentlich für eine Autonomie, bevor du den Krebs oder ALS oder MS bekommen hast?

Was Sie beim *Freitag* da mit dem *Spiegel* zu rupfen haben, ist mir scheißegal. Mir geht es um jeden Einzelnen, der Angst hat, Fragen zu stellen, seine Ängste zu formulieren, sie zu transformieren, seine Autonomie zu suchen, auch wenn er dann in Ihrem pseudoengagierten Kreis nichts mehr zu suchen hat. Es sei denn, dass er sich gleich am Eingang als gescheiterter Leidenspatron zu erkennen gibt. Aber da haben Sie sich sehr verrechnet!

Ich habe doch selber während der Extremphasen nach Literatur und Aufzeichnungen gesucht! Nach Notizen von jemandem, der diese Fragen nach Gott, nach dem Arzt, nach dem Vorgang der Behandlung usw. möglichst sachlich mitteilt. Warum nicht also mal direkt nachfragen? Warum geben Sie Ihr Minibudget nicht endlich mal dafür aus, dass Sie Kranke besuchen, dass Sie Fragen zur Gesundheitsreform stellen. Mal was zur Einsamkeit fragen. Bei dem, der seinen Job verloren hat, keine Familie besitzt und kaum Freunde hat und dann auch noch gegen weiße Flecken im Körper als stumme Todesboten zu kämpfen hat. Was sagt der über so einen Scheißkommentar?

Ach, lass doch, sagen meine Freunde, nicht mal ignorieren würde ich das! Nein, nein, sage ich! Ganz im Gegenteil! Seit einem Monat bin ich verheiratet und seit einer Woche wieder zu Hause in Berlin. Mir geht es eigentlich sehr gut. Ich habe zugenommen, meine Haare sind mittlerweile lockiger geworden, meine Entzündungen auf der Haut sind verschwunden, die abfallenden Fußnägel sind wieder gut. Und gestern war ich wieder zur Kontrolle in der Röhre und – wie soll ich's sagen –: Meine verbliebene Lunge, rechte Seite, ist wieder voller Metastasen.

Was nun? Schnauze halten? Größe zeigen und Schnauze halten, wie Sie fordern? Ich denke gar nicht daran! Ich werde bis zum letzten Moment von dem erzählen, was Sie sich nicht vorstellen können. Wenn ich Sie damit nerve, dann legen Sie mein Buch oder meine Texte einfach zur Seite. Saufen Sie sich die Sache abends gemütlich. Denken Sie, es wäre Ostersonntag und alle sind bereits in den Himmel oder ins Nirwana oder in die Hölle gefahren. Es ist superruhig, die Natur duftet – und Sie sitzen ganz alleine an Ihrem Schreibtisch und wissen auch nicht, was das zu bedeuten hat. Einfach schön ruhig bleiben, kann ich Ihnen nur raten. Zum Glück ist keiner mehr da, der Ihren Scheiß anhören kann. Und das haben Sie sich doch insgeheim schon immer mal gewünscht! Na bitte, geht doch!

(3. September 2009, Kommentar auf freitag.de)

Am Tag vor der Hochzeit, als ich zum ersten Mal wieder in meine Maschine geredet habe, hatte ich schreckliche Angst, dass ich das alles nicht durchhalte. Auch die Wochen vorher war ich so depressiv, dass ich einfach alles infrage gestellt habe, sogar die Hochzeit. Aber dann sind wir losgefahren, zu diesem Schloss, wo wir gefeiert haben: ein wunderschöner Ort, mit einem Fluss, kleinem See und riesigen Wiesen, die Räume des Schlosses nicht kaputtrenoviert, man konnte unter dem Putz noch die Struktur der Steine spüren – und in der Kapelle gab's gleich drei Altäre. Das war schon mal sehr schön.

Abends saßen wir dann alle zusammen, ganz friedlich; und ich hatte ein Gespräch mit Franz, dem kleinen Sohn von Martin und Margarita. Franz ist sechs, würde ich mal sagen, vielleicht ist er auch neun, ich weiß es nicht genau. Er sieht jedenfalls aus wie aus »Emil und die Detektive«, da könnte er sofort mitspielen. Wir haben uns also unterhalten, über dies und das, und dann sagt der plötzlich, dass es doch sein könnte, dass manche Menschen jetzt erst leben, obwohl sie zum Beispiel schon um 1600 hätten leben sollen. Oder dass Leute jetzt schon leben, die eigentlich erst in der Zukunft leben sollten. Dass da also die Zeit durcheinandergeraten sei. Wie kommt so ein Knirps dazu, solche Gedanken zu haben, hab ich überlegt. Dann fiel mir ein, dass ich als Kind auch immer so komisches Zeugs gedacht habe. Zum Beispiel dass ich früher manchmal das Gefühl hatte, es gäbe irgendwelche Abkürzungen, von denen niemand weiß. Man könnte also von unserem Haus in Oberhausen schon in einer Minute oben an der Marktstraße sein, man müsste nur den richtigen Weg gehen. Oder ich hatte das Gefühl, dass ich einen Ort kenne, weil mir alles sehr bekannt vorkam, obwohl ich noch nie da war; oder ich dachte, dass ich jemanden schon mal gesehen hatte, aber nicht jetzt, sondern vor hundert Jahren. Solche Sachen hat auch der Kleine plötzlich vom Band gelassen, als kleine Überlegungen für sich. Wir waren echt baff. Beim Zubettgehen dachte ich nur, das allein ist die Sache schon wert, dass ich so etwas hören konnte. Diese Umpolungen im Raum und in der Zeit. Und dass ich mal überlegen sollte, ob ich nicht vielleicht auch zu früh ge-

ZWISCHENSTAND DER DINGE I 25

boren bin oder zu spät. Dass ich vielleicht die ganze Zeit etwas machen wollte, was heute gar nicht mehr geht. Oder was noch nicht geht – und dass ich deswegen nicht so gut zurechtkomme hier.

Am Hochzeitstag selbst war ich voller Energie. Nein, nicht Energie, das kann ich nicht sagen, ich hatte einfach keine Schmerzen. Und die Sonne hat geschienen, all meine tollen Freunde, mit denen ich schon so viel erlebt habe, waren da – alles ein Riesenglück. Ich habe Gott gedankt und allen Ahnen, die daran beteiligt waren, weil es mir in dem Moment wirklich so vorkam, als sei das alles ein Geschenk. Denn man sieht plötzlich, wie viel doch schon passiert ist im Leben, was alles schon an Gutem in der Chronik steht. Das muss man sich immer wieder ins Bewusstsein holen! Das habe ich noch nicht so gut drauf, vielleicht kann ich das noch ein bisschen trainieren.

Es kam dann der Moment, als mich meine Freunde zu dem kleinen Fluss geführt haben, wo ich auf Aino warten sollte. Und ich weiß noch, ich fühlte mich wohl, als ich da so stand. Ich hatte mir einen wirklich sehr schönen Anzug besorgt, meine Haare waren wieder gewachsen und ich hatte auch kaum noch Pickel, weil ich vorher die Metastasen-Tablette abgesetzt hatte. Das sind alles Themen, die ja fast nie besprochen werden. Die müssen jetzt auch nicht auf die Titelseiten, ganz sicher nicht, aber man muss das doch anderen Kranken – und vielleicht auch den Gesunden – mal erzählen dürfen: Es kann passieren, dass du dich selber nicht mehr magst. Nicht unbedingt, weil du stinkst oder tatsächlich doof aussiehst, sondern weil du denkst: Was ist mit meinem Körper? Ich hatte doch da mal Haare, mein Bein ist so komisch, da sind so viele Pickel, meine Nase ist so dick. Oder es kann passieren, dass du einfach keinen Hunger mehr hast, weil alles nach Pappe schmeckt. Alle essen und schlemmen

und haben Spaß, das dauert dann von acht bis elf und du
guckst schon um halb neun auf die Uhr, wann denn endlich die Nachspeise kommt, weil du nach Hause willst.

Na ja, an meinem Hochzeitstag hatte ich glücklicherweise doch sehr viele normale Gefühle. Und als Aino
den Weg entlangkam, von ihrem Vater geführt, war sie
so schön, wie ich sie noch nie gesehen hatte. Ich war
völlig hin und weg. Man sieht das ja immer in Filmen
oder in Fernsehshows, dann denkt man, ja, ja, gähn, da
kommt die Braut im Brautkleid und alle sind aus dem
Häuschen und weinen und so. Aber als Aino auf mich
zukam, war das ein Bild, was ich für immer im Kopf haben werde. Aino sah aus, als wäre sie ein Wesen gewesen,
in dem Raum und Zeit plötzlich eins geworden sind. Ja:
Aino war in dem Moment ein Raum und eine Zeit, alles
zusammen, alles ist durch sie hindurchgeflossen. Wun-
derwunderschön. Dann sind wir in das kleine Ruderboot
gestiegen und ich weiß noch, dass Aino ihrem Vater immer sagen musste, wo er auf dem Weg zum See langru-
dern muss, mehr links, mehr rechts, dann gab es ein kleines Häuschen im Wald, darin stand Friederike und sang
dieses Lied von Edvard Grieg. »Ich liebe dich, ich liebe
dich wie nichts auf dieser Erde«.

Ach, es reißt mich, die Strophen kann ich jetzt nicht
aufsagen, ich muss den Text mal raussuchen. Es ist jedenfalls ein wunderschönes Lied, das durch den ganzen
Park hallte. Und als wir um die Kurve kamen, stand oben
am See die ganze Hochzeitsgesellschaft, es war überwäl-
tigend, all die Freunde und Unmengen Kinder, die als
Blumenmädchen verkleidet waren, in Kostümen aus dem
»Parsifal«, die Sabine, die Frau von Voxi, besorgt hatte.
Das sah so süß aus. Die Standesbeamtin war auch ganz
wunderbar, sie freute sich, weil es das erste Mal war, dass
sie eine Trauung draußen machen konnte, und als sie die

Rede hielt, hat sie leicht gezittert, war aufgeregt, teilweise auch etwas traurig. Aber nicht negativ traurig, sondern einfach nur gerührt. Und ich habe die ganze Zeit Ainos Hand gehalten.

Na ja, dann wurde eben alles besprochen, wir haben »Ja« gesagt, uns gegenseitig die Ringe angezogen, unterschrieben und ganz lange geküsst. Und dass ich jetzt eine Frau habe, ist für mich ein unglaubliches Glück.

Das klingt bestimmt prätentiös, aber es ist wahrscheinlich tatsächlich so: In meinem tiefsten Inneren habe ich nie glauben können, dass mich jemand wirklich mögen, wirklich lieben kann. Weder mich noch die Sachen, die ich gemacht habe. Natürlich wollte ich, dass die Leute das mögen und ich dafür geliebt werde. Ich habe mich ja auch immer voll in alles reingestürzt. Aber wenn sie dann tatsächlich mal gejubelt haben, war ich sofort skeptisch, weil ich dachte, das kann gar nicht sein, da stimmt doch was nicht.

Das liegt wahrscheinlich an einer Geschichte von früher – nicht nur, aber das war schon ein Donnerschlag damals. Da habe ich mit 16 beim WDR in der Kinderredaktion einen Super-8-Film vorgeführt, den ich mit meiner Oberhausener Amateur Film Company gedreht hatte. Der Film ist eine Komödie, heißt »Mami, wir drehn 'nen Film« und handelt von einem Mann, der mit seiner Familie einen Film dreht. Die Dreharbeiten laufen komplett schief, ein totales Desaster, am Ende während der Kinovorstellung explodiert das ganze Haus und die Oma sitzt im Rollstuhl und sagt: »Hans, Hans, du musst aber auch immer alles übertreiben.« Das ist der letzte Satz des Films.

Den hab ich also beim WDR vorgeführt, dann ging das Licht an – es war eine Stimmung wie im Eiskeller – und ein Redakteur stand auf und sagte: »Ich weiß nur eins, wenn ich den Film sehe: Du wirst in deinem Leben niemals einen Menschen lieben können. Denn du hast dich nicht für die Personen interessiert.« Das war natürlich gerade in der Pubertät ein Hammerschlag: Du wirst niemals einen Menschen lieben können?

Da habe ich so gekämpft in meinen ersten Beziehungen, weil ich dachte, ich bin wahrscheinlich gar nicht aufrichtig. Ich weiß gar nicht, wie lieben geht. Wer bringt mir das jetzt bei? Das Sexuelle ist das eine, aber wer bringt mir bei, einen Menschen zu lieben? Und diese Unsicherheit ist im Großen und Ganzen auch geblieben. Vielleicht weil ich so viele widersprüchliche Gefühle in mir habe: Es gab eben auch diese Abneigung gegenüber vielem auf der Erde, eine gewisse Unlust, am Leben teilnehmen zu müssen, manchmal sogar einen gewissen Ekel, aber gleichzeitig war da auch immer das Gefühl, dass diese Welt so wunderschön und toll ist, dass es so großartig ist, hier sein zu dürfen – eine komische Zwiespältigkeit war das in mir. Und in dieser Zwiespältigkeit habe ich mir selbst nicht getraut. Wenn du nicht weißt, wie lieben geht, dann kann doch auch dich niemand lieben. Und immer wieder habe ich nach dem Punkt gesucht, wo ich lieben kann. Ohne Ambivalenz.

Aber solange man so etwas unbedingt will, wird's ja nix. Entweder man liebt oder man liebt nicht. All dieses Durcheinander hat mir eigentlich erst Aino genommen, damals im Krankenhaus, als ich sie wegekeln wollte, sie aber geblieben ist. Nur gesagt hat: »Ich bleibe, weil ich dich liebe.«

(2. Februar 2010, Interview mit Gero von Boehm)

Ich glaube, ich bin gestern eingeschlafen beim Erzählen. Also es war wirklich eine unglaublich schöne Hochzeit. Man kann es nicht beschreiben, so schön war's.

Und das ist auch das Bild gewesen, was ich als Hoffnung und als Glück in mir hatte. Nämlich dass ich jetzt mit meiner Frau ein ganzes Leben vor mir habe, egal wie kurz es sein wird, dass ich mit meiner Frau diese Reise mache, Flitterwochen, und dass ich dann zurückkomme, in die Röhre gehe und mal gucke, ob diese Tablette noch wirkt oder nicht mehr wirkt. Tja, und dann kam halt der Tag. Da sah man eben, dass meine ganze rechte Lunge wieder voll ist mit diesen weißen Wölkchen. Also voll mit Metastasen, so viele, dass man sie kaum zählen kann.

Ich hoffe trotzdem, dass sich alles zum Guten entwickelt. Schließlich habe ich diese Wölkchen schon mal wegbekommen.

Es ist der 17. September, ich sitze gerade im Zug und fahre nach Osnabrück, um Henning Mankell zu treffen. Der bekommt dort gleich den Friedenspreis. Das hat er mir erzählt, als wir uns vor ein paar Tagen in München bei der Wiederaufnahme von »Mea Culpa« gesehen haben. Das ganze Team zu treffen war toll, und in zwei Tagen 5000 Zuschauer, ein Riesenerfolg, das war echt der Wahnsinn. Klaus Bachler, der Intendant, war auch glücklich und hat mir für 2012 den »Tristan« angeboten. Und mich gefragt, ob ich nicht nächstes Jahr in dem neuen Gebäude, das von dem Architekturbüro Coop Himmelblau vor der Oper aufgebaut werden soll, die Eröffnung der Münchner Opernfestspiele machen könnte. Auch toll. Vor allem weil ich hoffe, dass ich das kombinieren kann mit der Arbeit in Burkina Faso.

Ich rede jetzt gerade so schnell, damit alles raus ist an Infos. Denn die Hauptinfo ist eigentlich, dass ich gerade ziemlich abstürze. Als ich in München rauskam auf die Bühne – die Leute haben echt nur noch frenetisch geklatscht und gejubelt und getrampelt –, war das für mich wie ein Abschied. Ich habe das gespürt, beim Blick in das Dunkle: Die Leute haben mich verabschiedet. Ich meine: Was sollen sie auch denken? Überall, wo ich hinkomme:

Christoph, du Armer, wie sieht's aus bei dir? Wie geht's dir und deinem Krebs? Und klar, ich tue ja auch selbst alles dafür: Gefühlte zehn Krebsbücher hab ich geschrieben, alles Bestseller, dazu sechzig Theaterstücke, Krebsopern, auch alles Bestseller.

Tja, so ist das jetzt. Es ist schon eine Selbstentfremdung, die da stattfindet. Andere Menschen kann ich auch nur noch schwer aushalten. Besonders in Berlin. Deshalb wollte ich ja weg und bei René Pollesch in Zürich mitspielen. Der fand die Idee auch erst mal gut. Inzwischen habe ich aber das Gefühl, dass das auf der Kippe steht, weil René vielleicht doch keine Lust hat, seine Arbeit wegen mir irgendwie zu verändern. Vielleicht denkt er auch: Wenn Christoph kommt und nicht gleich als Mittelpunkt behandelt wird, dann wird der doch unangenehm.

Das ist ja auch nicht ganz falsch. Vielleicht ist es im Moment wirklich besser, wenn ich mehr alleine bin. Vielleicht sollte ich die Zeit nutzen und alle Kraft in das Afrika-Projekt reinlegen, damit es weiter ans Laufen kommt. Die Karten liegen ja nicht schlecht und ich habe das Gefühl, jetzt mehr entscheiden zu müssen: Was will ich eigentlich damit anfangen? Kulturelle Begegnung, kultureller Austausch – was kann das denn heißen? Dass ich dann hierher zurückkomme und tanzende und trommelnde Afrikaner präsentiere, das ist es ja wohl nicht. Oder dass ich zeige, dass die jetzt da unten auch mal den Wagner spielen, das ist es ja wohl erst recht nicht. Vielleicht wäre es interessant, eine Oper wie »Intolleranza 1960« von Luigo Nono mal in Afrika zu proben, um zu sehen, was passiert, wenn so ein humanistisches Ding in diesem Kontext erscheint. Ob ein Begriff wie Intoleranz auf dem afrikanischen Kontinent überhaupt eine Bedeutung hat. Unsere europäischen Gedanken zu Toleranz und Intoleranz, unsere Ansprüche ans Leben und ans Geliebt-

ZWISCHENSTAND DER DINGE I 31

werden sind ja mittlerweile so gefressen vom System, dass es inzwischen die Rechtsradikalen sind, die sich auf den Plakaten als die Tolerantesten verkaufen können. Die sagen einfach: Wir wollen, dass hier endlich wieder Frieden ist und keine Ausländer verhindern, dass hier Sauberkeit herrscht. Die machen hier alles dreckig, also sind die Ausländer uns gegenüber intolerant.

Genau das ist der Irrwitz in dieser Gesellschaft. Und das ist auch der Punkt, warum ich in Deutschland vielleicht nie mehr glücklich werden kann und auch nicht will.

Ich glaube, ich muss mich wirklich retten hier, muss mich zurückziehen und mir einfach sagen: Mit Aino ist alles okay, sie macht jetzt hier in Berlin einfach ihre Proben, danach macht sie Zürich und ich bin einfach mal nicht dabei. Mal sehen, ob ich das aushalte, wahrscheinlich nicht. Ich habe keine Ahnung, aber so geht das alles nicht weiter. In mir ist das Unsterbliche. Und das Unsterbliche tötet mich. Das ist ein neuer Gedanke, den ich gern noch weiter ausführen würde.

10. OKTOBER 2009, HAMBURG, THALIA-THEATER

Unsterblichkeit kann töten

Guten Abend, meine Damen und Herren, ich freue mich riesig. Wirklich, so viele Leute habe ich nicht erwartet. Samstagabend und dann noch so knapp nach dem Fußballspiel. 1:0, wir haben's geschafft, Deutschland ist dabei! Toll! Das erleichtert uns den Abend natürlich, das macht uns alles noch süßer als überhaupt möglich. Ich bin heute zum zweiten Mal unterwegs, ich habe auch gelernt, dass ich das Aufnahmegerät anmachen soll, damit man nachher wegen möglicher Anzeigen gegen mich besser reagieren kann …

Nee, aus der Zeit bin ich raus. Früher habe ich ja öfter Sachen gesagt auf der Bühne, die dann später zum Orkan wurden. Das lasse ich inzwischen sein. Ich will mein eigenes Verfahren und klage mich lieber selbst öfter an und hoffe auf Milde.

Ich muss ehrlich sagen, dass ich ein bisschen gerührt bin, wieder hier in Hamburg zu sein, weil die »Bahnhofsmission« damals schon etwas Tolles war. Diese Lebendigkeit, die da drinsteckte, dieses unglaubliche Rumhüpfen – das war ja ein Irrwitz. Schon am Anfang die Benefizveranstaltung im Schauspielhaus. Die endete, glaube ich, um halb fünf morgens, Irm Hermann und der Typ von der Tagesschau waren bereits eingeschlafen, lagen einfach so rum und diverse Leute vom Schauspielhaus waren schon längst gegangen. Wir hatten eine Aktion gemacht, bei der, glaube ich, 112 Mark reingekommen waren. Ein Desaster.

Ein schöner Moment aber war, als Bernhard Schütz irgendwann meinte, wir müssten ein Zelt von der Bühne in den Zuschauerraum tragen. Als Symbol. Symbole sind ja immer ganz wichtig am Theater. Ein Feuer für all die Menschen in der Welt, die täglich auf Erlösung hoffen, hatte ich schon in »Tunguska« entzündet, meinem ersten längeren Film. Solche Symbole sollen uns ja auch später noch in der Endphase helfen, in meinem Fall natürlich vor allem christliche Symbole, es gibt auch muslimische oder was weiß ich, klar. Jedenfalls ist die Frage, ob sie einem wirklich helfen, ich selbst zweifele mittlerweile sehr daran, weil solche Bilder letzten Endes doch nur Menschen mit diesen Hundeaugen zeigen, die zum Himmel gucken in der Hoffnung, es würde irgendwas passieren. Was ist eigentlich aus dem schönen, flotten Jesus in den Katakomben von Rom geworden? Der lacht ja da auf diesen Wandmalereien, der hat ein weißes Gewand an, der ist glücklich mit sich und macht Witze und Scherze und haut den Pharisäern im Tempel die Tische um – und wundert sich, dass sie ihn scheiße finden ...

Aber egal: Jesus lacht sich offensichtlich kaputt den ganzen Tag und hat jede Menge Spaß mit seinen Freunden. Und dieser Mann wird später nur noch als Trauerkloß dargestellt, Blut hier und Knochen da, ein Hängebackentyp, der mit dürren Beinchen und völlig abgemagert am Kreuz hängt und leidet. Das ist alles schrecklich mühsam, finde ich. Es soll ja keiner lustig sein beim Sterben, aber man kann doch nicht von hier abhauen, wenn man denkt, jetzt komm ich in so eine Trauerveranstaltung rein und hab nur gebrochene Knochen wie im Xantener Dom vor mir.

Da bin ich groß geworden, ja. Im Xantener Dom. Also das heißt, ich war mehrmals in meinem Leben im Xantener Dom, a) weil meine Eltern da immer hingefahren sind,

»Passion Impossible: 7 Tage Notruf für Deutschland. Eine Bahnhofsmission«, 1997. Gottesdienst auf dem Vorplatz des Hamburger Hauptbahnhofs

UNSTERBLICHKEIT KANN TÖTEN 35

und b) wegen des römischen Kastells, das wir im Grie-
chischunterricht nachgebaut haben. Ja, ich hatte Griechisch, ich habe auch das große Latinum, aber das hat ja
nichts genutzt. Ich kann nämlich deshalb weder Englisch
noch Französisch, weil ich Griechisch und Latein gelernt
habe. Und weil mein Englischlehrer nach einem halben
Jahr Unterricht stocktrunken in eine Baugrube fiel und
sich dabei sämtliche Knochen brach. Er konnte also nicht
mehr kommen. Stattdessen kam ein Französischlehrer, der
machte so ein bisschen halbherzig Französisch mit uns,
das war nicht so toll. Und ich war sowieso gegen die Franzosen damals, weil ich gelesen hatte, dass es junge Historikerinnen gab, die behaupteten, dass das Mutterkorn
die Revolution in Frankreich ausgelöst habe. Mutterkorn,
Ernst Jünger – das ist Ihnen sicher alles bekannt. Trotzdem
vorsichtshalber ganz kurz: Dieses Mutterkorn ist eine Art
Schimmel und die Grundlage von LSD. Das LSD hat Albert
Hofmann (der hat's erfunden) dann mit Ernst Jünger zusammen gelutscht oder gegessen, was weiß ich. Jedenfalls
haben die beiden da ein bisschen herumexperimentiert.
Dadurch sind dann diese Werke entstanden, in denen es
immer um das Hier geht und das Doch-nicht-hier, um
das Insekt, den Mond, die Sterne, erst ganz klein, plötzlich
ganz groß und dann ist wieder alles ganz klein usw.

Na ja, dieser Ernst Jünger, der hat bei mir noch nicht
so richtig gezündet – vielleicht lerne ich seine Sachen mal
besser kennen. Mal sehen. Er soll jedenfalls die letzte Zeit
in seinem Leben, genau wie Mozart, jeden Morgen eine
halbe Stunde in Eiswasser gebadet haben, hat man mir erzählt. Das imponiert mir sehr. Das könnte ich auf keinen
Fall. Das würde ich selbst bei lebensverlängernden Aus-
sichten nicht machen. Aber ich wollte ja eigentlich etwas
zum Mutterkorn erzählen. Also: Das Mutterkorn ist ein
Getreidepilz, der ein bisschen high und aggressiv macht.

Und das habe dann die Französische Revolution hervorgerufen, nichts weiter, sagten diese Historikerinnen. Deshalb war ich gegen Frankreich. Weil ich Revolutionen nur mag, wenn man sie bei vollem Bewusstsein macht. Obwohl Staatenbildungen – das hat mir Alexander Kluge erzählt – nur stattfinden, wenn man im Vollrausch ist. Das heißt, ein Staat bildet sich nie, wenn man sachlich am Tisch sitzt und sagt, mit dir mache ich einen Staat, irgendein sinnloses Brimborium veranstaltet, so, jetzt sind wir ein Staat. Das wird nichts. Die Leute gehen auseinander und am nächsten Morgen ist alles für die Katz. Nein, man muss saufen, saufen, saufen dabei, und am nächsten Morgen, wenn man mit einem dicken Schädel aufwacht, wundert man sich dann, dass man einen Staat gegründet hat. Und keiner weiß mehr genau, wie's geht, das ist wichtig!

Diese Mutterkornsache wollte ich eigentlich viel später erzählen, aber egal. Mittlerweile habe ich nämlich sehr gute Mitarbeiter, die ich auch brauche, weil ich nicht mehr so flott wie früher bin. Deshalb hat mir Michael Gmaj, ein junger Dramaturg aus Leipzig, den groben Ablauf glücklicherweise aufgeschrieben, zum Beispiel wie ich beginnen soll. Da gibt es also die Begrüßung, die habe ich jetzt gemacht, und dann steht da zweitens: Wie geht es mir gerade?

Ja, wie geht es mir gerade?

Es ist so, dass ich vor ein paar Wochen aus den Flitterwochen gekommen bin. Ist ganz toll, verheiratet zu sein, Aino, meine Frau, lässt herzlich grüßen. Sie ist echt knuffig, hatte aber gestern eine ganz harte Zahnoperation – Achtung, Neuigkeiten für die Boulevardpresse! –, die Backe ist allerdings schon wieder abgeschwollen und sie wird es überleben. Aber wir sind eben gerade wahnsinnig interessant für diese Leute vom Boulevard, weil so komische Sachen bei uns passieren. Vieles wissen sie nicht

UNSTERBLICHKEIT KANN TÖTEN 37

und das ist auch gut so, aber trotzdem erzähle ich weiter von mir, von uns – und ich finde das eigentlich auch nicht falsch. Ich habe gelesen, man soll keine Krebsliteratur schreiben, weil das unschön wäre und stören würde. Und dann würde das irgendwie auch die Würde der Sterbenden infrage stellen. Das haben jedenfalls ein paar Journalisten vom Stapel gelassen. Ich habe mir nur gedacht, bei acht Millionen Liebesromanen und bei fünftausend Büchern zum neuen Porsche können sechzig Krebsbücher die Suppe beim besten Willen nicht versalzen. Und natürlich wird wieder alles in einen Topf geworfen. Ich halte auch nichts davon, dass irgendwelche Leute mit ihrer Krankheit bis zum Gehtnichtmehr hausieren gehen und nachher noch behaupten, sie hätten den Krebs besiegt. Mir geht es darum, zu sagen, dass diese Krankheit jetzt ein Teil meiner Arbeit ist, weil ich ja Leben und Arbeit nie getrennt habe, und dass ich es deshalb nicht verschweige, wenn ich merke, meine Gedanken werden anders, oder ich bin plötzlich behindert, oder ich kann nicht mehr an die Zukunft glauben so wie andere Leute.

Deutschland hat da in Sachen Kritik natürlich auch einen wahnsinnigen Vorsprung gegenüber anderen Ländern, weil wir grundsätzlich immer schon wissen, was alles nicht klappt, was alles total falsch ist, dass sowieso alles immer nur wegen des Geldes stattfindet, dass der sowieso ganz komische Absichten hat und dass ja sowieso alles ganz mies hier ist. Richtige Lust und richtige Freude sind jedenfalls in diesem Land Mangelware. Ich hab aber – und das kann ich mit gutem Gewissen sagen – ein Leben lang dafür gekämpft, dass in Deutschland eine Sache auch mal Freude bringt oder dass man sich mal mit Freude für etwas einsetzt. Und ich glaube, viele haben mitgemacht, weil sie das gespürt haben, und darauf bin ich tatsächlich stolz. Natürlich haben wir dann gleich wieder die Bleidecke auf den Kopf gekriegt, aber im Kern ist es ein Gefühl, das geblieben ist. Ich denke, die drei Begriffe, die immer dabei waren, sind Toleranz, Intoleranz und Ignoranz. Vor allem Ignoranz. Wenn einer ignorant wurde, dann bekam er gleich das Gegenteil von dem, was er wollte. Auch jetzt noch: Wenn jemand anfängt, jemanden ignorant zu behandeln, und ihn nicht anhören will oder keine Zeit für ihn hat, dann ist er dran, dann ist er einfach ziemlich bald fertig. Diesen Kampf führe ich immer noch sehr gerne, da bekomme ich sehr viel Kraft. Darum: Ignoranten bitte kommen, das pusht das Immunsystem und das kann ich zurzeit gut gebrauchen.

Also, wie geht es mir gerade? Ich nehme diese Frage jetzt mal ernst und da muss ich sagen, es ist leider so, dass nach den Flitterwochen die Metastasen wieder aufgetaucht sind. Man muss sich das mal vorstellen: Ich habe seit einiger Zeit etwas in mir, was nicht sterben will. Die Unsterblichkeit ist in mir zu Gast. Und diese Unsterblichkeit kann töten – mich. Der Gottvater oder der Herrgott oder wie auch immer der heißt, kann auch nicht sterben. Ist aber allmächtig. Wie geht denn das, dass jemand allmächtig ist, aber nicht mal sterben kann? Sterben kann doch jeder. Aber Gott nicht! Gott ist unsterblich – das sagt sich so leicht, das ist ja auch sehr schön für ihn, herzlichen Glückwunsch! Aber in mir ist auch das Unsterbliche, weil dieser Krebs keinen Schalter zum Ausschalten hat bzw. die anderen Zellen drum herum den Schalter nicht finden. Das geht immer weiter. Eigentlich ist Gott wie der Krebs, der muss auch immer weitermachen, der kommt auch nicht zu Potte. Und wenn es eine Gemeinsamkeit gibt zwischen Gott und mir, dann ist es vielleicht der Schmerz: der Schmerz Gottes, dass er nicht sterben kann, mein Schmerz, dass ich nicht Gott sein kann. Dieses Voneinander-getrennt-Sein verbindet kolossal.

Das sind solche Gedanken, die einem ständig durch den Kopf gehen. Über all das und auch über meine Kämpfe gegen die katholische Bildersoße in mir habe ich vor ein paar Tagen mit einem wunderbar klugen und lieben katholischen Theologen gesprochen. Johannes Hoff heißt er, unterrichtet in Wales und denkt sehr anders: Meister Eckhart, Cusanus, Dekonstruktion, radikale Orthodoxie und ich weiß nicht, was noch, alles ziemlich durcheinander. Aber es ist ein schönes Durcheinander, ein sehr entspannendes Durcheinander. Man hört gerne zu und hat das Gefühl, dass Gott selbst gerade gar nicht das Thema ist, dass es auch mit den Heiligen nicht mehr diese ganzen Querelen gibt: Wer ist denn hier zuständig? Kommt Erzengel Gabriel? Oder kann mir Antonius helfen? Was ist mit dem heiligen Michael? Wo ist der Drachen? Man hat wirklich ziemlich viele Bilder im Kopf, man ist echt vernebelt von den Bildern im Katholizismus. Es funktioniert ja auch glänzend, wenn man dran glaubt. Vor Kurzem war mal ein Kettchen weg, da hab ich dem heiligen Antonius Geld versprochen – und zack, war das Kettchen wieder da, ist ja klar. Und Erzengel Gabriel hat mir meinen tollen Arzt besorgt, natürlich. Wenn man aber total abhängig davon wird, wenn man seine Autonomie verliert, dann ist das entsetzlich. Und genau das will die katholische Kirche ja mit ihrem Brimborium: Sie will, dass wir unsere Autonomie verlieren, sonst hätte sie das Kostümfest in Rom nicht erfunden. Dieser Karnevalszug im Petersdom ist im Kern nur dazu da, uns erst zu benebeln und dann aufzutrumpfen: »Du bist blind, du bist dumm, du bist schuldig, aber der Papst und die Kirche sehen und wissen alles.« Ja, und? Was habe ich davon, wenn die alles sehen und ich nix? Das ist doch lächerlich! Damit verrät die Kirche doch den christlichen Gedanken. Weil sie die Beziehung zu Gott und zu der ganzen großartigen Schöpfung monopolisiert und so den Menschen seiner Autonomie beraubt und ihn klein macht.

Und Johannes Hoff sagt eben, das Bescheuerte sei, dass man Gott damit beschränkt. All diese Limitierungen, die wir als kleine Christenwürmer permanent vornehmen, sind falsch: Gütiger Gott, allmächtiger Gott, ewiger Gott, barmherziger Gott – alles Limitierungen. Bescheuerte Kleine-Kinder-Begriffe, die wir ihm anheften und meinen, damit könnten wir ihn irgendwie fassen. Weil wir nun mal kleine Menschen sind und uns freuen, wenn Gott auch mal etwas menschlicher dreinschaut. Das funktioniert aber nicht, wenn's drauf ankommt. Im Gegenteil, das macht einen fertig. Und Johannes Hoff sagt, nein, das sei es nicht, sondern Gott sei eben alles und nichts, das Nichts von Etwas oder das Etwas vom Nichts – hat Adorno auch schon gesagt. Und das Wichtigste ist vielleicht gar nicht mal der Gedanke ans Jenseits, sondern der kleine Kaktus auf dem Flügel. Dieser kleine Kaktus war das Wichtigste für Adorno, das hat er wohl auch mal gesagt.

Ich habe auch so einen Kaktus. Noch ist er für mich nicht das Wichtigste, aber vielleicht kommt der Moment noch und vielleicht werde ich dann ganz entspannt sein und habe nur noch diesen Kaktus und mich. Dann kommt der Abschied, ich falle nach vorne in den Kaktus und bin einfach weg. Aber zurzeit hoffe ich doch noch sehr, dass dieses neue CT ergibt, dass da kein Krebs mehr ist. Und dann müssen wir eben weitersehen.

Das Gefährliche ist ja, dass der Krebs einen zermürben will, er will einem die ganze Zeit mal von rechts eine reinhauen, mal von links oder dann wieder von vorne überraschen. Das sind alles Sachen, die einem so wahnsinnig viel Energie abziehen, dass man sich schon fragt, wie denn da jetzt die Währung aussehen soll, mit der

UNSTERBLICHKEIT KANN TÖTEN 41

man das alles sinnvoll umsetzen kann. Ich habe ja das große Glück, dass ich tolle Freunde habe, auch an den Theatern. Der Armin Petras vom »Maxim Gorki Theater« zum Beispiel. Der sagte damals, nimm doch einfach deine Texte aus dem Krankenhaus und bring sie in irgendeiner Form auf die Bühne. Er hat mir dafür einfach das Studio überlassen, völlig ohne Druck. Die erste Vorstellung fand nur für Freunde statt, keiner von den Journalisten wusste etwas davon. Das war eine unglaubliche Befreiung, diesen Schritt zu machen, zu sagen, ich beginne noch mal, ich versuche, mich mal irgendwie auszudrücken. Es war aber auch verdammt schwer, weil ich mir selbst natürlich nicht getraut habe. Ich hab über Jahrzehnte hinweg immer wieder gehörig die Glocke geläutet, hier provoziert und da gebrüllt, ich hab alles Mögliche gemacht und mich nie geschont. Das war teilweise schön, teilweise war es auch nicht so schön. Und plötzlich ist es so, dass ich diese Glocke gar nicht mehr so wichtig finde. Inzwischen genieße ich es, rauszugehen in die Natur und festzustellen: Mensch, super, die ganzen Würmer, die ganzen Tiere sind unterwegs, baggern, beißen, lutschen rum, sind am Furzen und am Machen, pflügen alles um – der Wahnsinn. Und ich muss sie nicht anbrüllen, die machen das einfach so. Auch ohne mich. Früher habe ich ja alle angebrüllt, im Garten bin ich rumgerannt und hab Pflanzen, Tiere, Bäume angebrüllt, auch Menschen natürlich – jetzt habe ich das aber endlich klar, dass die auch ohne mich unterwegs sind. Zumindest klarer als früher. Und dann bin ich für Momente ganz entspannt und kann mich selbst befragen: Was war denn das für ein Leben, was du bisher gelebt hast? Bist du der geworden, der du sein wolltest, oder versuchst du nur, etwas zu imitieren? Was willst du jetzt noch machen? Weißt du irgendwann, wer du wirklich bist?

Meine Urszene

Ich denke, angefangen hat alles 1968, als all diese wahnsinnig engagierten und unglaublich sportlichen Leute
unterwegs waren. Im Jahr der Revolution, die uns immer
noch beschäftigt und die scheinbar nie, nie zu Ende geführt werden kann: Ich war acht Jahre alt und mein Vater hantierte mit seiner neuen Doppel-8-Kamera herum,
machte Aufnahmen beim Familienspaziergang, im Som-
merurlaub am Strand von Norderney, bei Bauer Mewes
im Sauerland, überall, wo wir unterwegs waren.

Das sah für die Leute, die damals der Familie Schlingensief begegneten, wahrscheinlich ziemlich merkwürdig aus. Nach 15 Sekunden musste mein Vater nämlich
die Kamera immer wieder aufdrehen, um weiterfilmen
zu können. Meine Mutter und ich liefen also irgendwo in
der Landschaft herum, mein Vater mit der Kamera hinter uns her. Nach 15 Sekunden rief er »Stopp«, wir blieben stehen und warteten, mein Vater kurbelte, dann hieß
es »Jetzt« – und wir konnten weitergehen. Meine Mutter
und ich alle 15 Sekunden in der Erstarrung, dann wieder Bewegung, dann wieder Erstarrung – und mein Vater schraubte die ganze Zeit wie ein Wilder an seiner
Kamera. Das hatte etwas von dieser Abenteuer-Kinderse-
rie mit dem Bumerang. Das weiß ich noch, da konnte
ein Junge mit seinem Bumerang die Welt zum Stillstand
bringen. Immer wenn der Bumerang hochflog, war alles
eingefroren. Und der Junge konnte losrasen und die Täter festnehmen. Ich fand's großartig.

Mit einer Doppel-8-Kamera zu drehen, bedeutete auch,
dass erst eine Hälfte des Films belichtet wurde, später im
Rücklauf dann die zweite. Wenn die erste Hälfte belichtet
war, musste man also irgendwohin gehen, wo es dunkel
war – unter die Bettdecke oder aufs Klo, egal, Hauptsa-

MEINE URSZENE 43

che, dunkel –, und die Filmspule umlegen, um die zweite Hälfte zu belichten. Dann packte man die Spule in eine Tüte, schickte das Ganze zu Kodak zum Entwickeln – und nach 14 Tagen kam der Film zurück, in der Mitte längs durchtrennt und beide Teile aneinandergeklebt. Und schließlich knatterte dieser Film durch den Projektor, der ja eine feste Bahn vorgibt, von oben nach unten, und hinten wieder raus – ungefähr ein Lebensweg, würde ich sagen. Nur dass es wie im Leben ziemlich mühsam ist, dieser Bahn zu folgen, die Fehlerquellen auszuschalten oder Stillstand zu verhindern: Die Schärfe muss man nachdrehen; möglichst ohne Dreck muss das Ganze ablaufen, da darf kein Flusen reinhängen, sonst hakt's, kein Fixiersalz mehr auf der Spule kleben, sonst stinkt's und raucht; man muss auf den Bildstand aufpassen, damit nicht plötzlich der Kopf unten und die Beine oben sind, und, und, und – viel hat die Filmtechnik mit dem Leben zu tun.

Der Filmprojektor hatte mich immer schon interessiert, aber endgültig infiziert war ich, als wir eines Tages dasaßen und einen Film sahen, der doppelt belichtet war. Mein Vater war wohl so euphorisch gewesen mit seiner Kamera, dass er die Spule unter der Bettdecke in diesem Fall zweimal umgelegt hatte. Da kommt also nach 14 Tagen der Film zurück, die Familie sitzt im Wohnzimmer, Vorhänge zugezogen, alle sind aufgeregt und schauen erwartungsvoll auf die Leinwand, der Projektor wird vorgewärmt, beginnt zu knattern und zu stinken, es geht los: Ich sehe, wie meine Mutter und ich am Strand liegen – aber über unseren Bauch laufen plötzlich Leute. Das heißt, irgendwelche anderen Personen laufen über uns drüber bzw. durch uns durch. Ich weiß noch, dass ich begeistert war: »Aber wieso? Da waren doch keine anderen Leute am Strand! Wir haben irgendwo Milchreis mit Zimt und Zucker gegessen und sind dann zum Strand gegangen, klar, das stimmt, aber da waren definitiv keine anderen Leute …« Mein Vater hat's mir dann erklärt.

Man war damals als Kind ja noch nicht so geschult wie heute, gerade mal drei Fernsehsender gab's. Der eine hatte ein verrauschtes Bild mit Ton, der zweite Bild, aber keinen Ton und der dritte Kanal hatte beides, aber permanente Störungen. Einmal durfte ich einen Boxkampf im Fernsehen sehen, da soll ich vier gewesen sein. Meine Mutter war in der Küche, ich saß im Wohnzimmer und sah zu, wie die Männer aufeinander einschlugen. Als einer der beiden k.o. war, habe ich angeblich den Fernseher ausgemacht und zu meiner Mutter nur gesagt: »Mann tot, Fernseher aus.« Wochenlang habe ich kein Fernsehen mehr geguckt, weil der Mann ja k.o. war, also weg, nicht mehr auf Sendung sozusagen. Auch ein Zentralerlebnis, weil bei »Dick und Doof«, bei Charlie Chaplin oder »Fuzzy dem Banditenschreck« (eine Lieblingssendung meines Vaters und mir) alle K.-o.-Geschlagenen sofort wieder aufstanden. Genauso bei »Tom und Jerry«. Da standen selbst die Explodierten wieder auf oder die von Steinplatten Plattgekloppten. Also was war denn nun die Wahrheit? Wie ging das alles zusammen?

Und dann die Leute auf meinem Bauch, ganz klar zu sehen, aber nicht wirklich real. Genau 1968 fand im Filmmaterial für mich die Revolution statt, die Revolution der Irritation. Ich glaube, von da an fing das an mit den Fragen: Was ist denn da los? Was stimmt denn da nicht? Wo ist der Fehler? Und später dann: Was ist, wenn das gar kein Fehler war? Wenn wir in Wahrheit alle doppelt, dreifach, vierfach belichtet werden? Wenn das Leben der Hauptdarsteller ist, der unsere Pläne ständig durchkreuzt, der unsere Ideen, wie unser Leben sein müsste, permanent hintertreibt? Und wir alle wahnsinnig damit beschäftigt sind, diese Mehrfachbelichtungen und Über-

MEINE URSZENE 45

blendungen zu ignorieren bzw. zu bekämpfen, statt sie produktiv zu nutzen?

Natürlich habe ich mir diese Gedanken nicht alle mit acht Jahren gemacht. Aber dieses Bild von meiner Mutter und mir mit den anderen Leuten auf unseren Bäuchen fällt mir immer wieder ein, wenn ich darüber nachdenke, was mich im Leben und in der Kunst antreibt. Vielleicht ist dieser Moment meine Urszene, da habe ich begriffen, dass das hier auf der Welt nicht ganz so problemlos laufen wird, wie wir uns das im Mutterleib vorgestellt haben. Da hat's geblubbert, man wurde geschaukelt – manchmal ziemlich heftig geschaukelt, Irritationen gab's da sicher auch schon genug –, aber insgesamt lief es doch vermutlich relativ unkompliziert. Und dann irgendwann der Knall, man rutscht raus, startet ins Leben, rast los, hierhin, dahin, und irgendwann stellt man fest: Man wird nicht der, der man sein wollte, man kann es gar nicht werden, weil die Unschärfe ins Spiel kommt und man permanent neu belichtet wird. Oder weil man schon vorbelichtet ist, wenn man loslegen will. Wir gehen nicht unbelichtet in die Dinge, da bin ich sicher. Ich zum Beispiel musste für meine Eltern sechs Kinder darstellen. Ich hatte zumindest immer dieses Gefühl, weil meine Mutter und mein Vater eigentlich sechs Kinder haben wollten, es aber erst nach neun Jahren geklappt hat. Das heißt also: Neun Jahre Rumrödeln im Bett, dann kam ich endlich auf die Welt, danach wieder Rumrödeln, aber da kam dann niemand mehr. Ich bin also seit 1960 auf der Welt und habe den Auftrag, sechs Kinder darzustellen. Sechs Personen in mir am Start, die bis heute tun und machen – eine sechsfache Belichtung, eine Totalschizophrenie.

Das ist natürlich mein eigenes Problem, wahrscheinlich hat nicht jeder mit sechs Leuten in sich zu kämpfen.

Aber ich glaube trotzdem fest daran, dass diese Ebenen in uns allen schlummern, dass wir alle nicht so scharf umrissen und stabil gebaut sind. Daher ist diese Mehrfachbelichtung im Film der Hit, finde ich. Dass es ein Medium gibt, wo Sachen zusammenkommen können, die gar nicht zusammengehören, wo neue Bilder entstehen können, ist absolut großartig.

Eine Absicht bei den ganzen Sachen, die ich gemacht habe, fällt mir immer wieder auf, wenn ich da so liege und nicht aus dem Bett darf oder kann. Ich glaube, vor allem wollte ich das Unsichtbare sichtbar machen. Wenn's gut lief, hatte man plötzlich das Gefühl, man sieht etwas.

Ich denke da gerade über einen interessanten Text nach. Und zwar hat mir Johannes, dieser tolle Theologe, nach unserem Treffen eine E-Mail geschrieben. Da geht's um Cusanus, um irgendwelche Tegernseer Mönche und um das Bild einer figura cuncta videntis. Das sind diese Figuren, an denen man vorbeigeht und die einen immer weiter angucken. Egal, wo man langgeht, die Augen der Figur folgen einem. Man kann dem Blick dieser Figur nicht entweichen. Wenn noch ein anderer vorbeigeht, fragt man sich: Guckt die Figur jetzt den an oder mich? Und ich habe ja damals nach der Diagnose versucht, Aino wegzuekeln, hab ihr gesagt, sie solle jetzt gehen, ich steh das durch hier, bin ein Rocker, bin ein Cowboy, du gehst jetzt mal schön, ich mach das hier mit dem Krebs alleine und danach sehen wir uns vielleicht wieder. Dann war sie aber so klug und hat gesagt, sie bleibt. Und ich: Bist du bekloppt? Ich war teilweise richtig böse, hab sie beschimpft, ihr irgendwas unterstellt, weil ich dachte, ich kann's alleine.

Aber sie ist geblieben. Das war dann für mich auch so ein Blick in einen Blick, der etwas sieht, was ich vielleicht nicht sehe, und der nicht weggeht. Und Johannes meint

Skiurlaub, 1966

Im Duisburger Zoo, 1968

Erstkommunion. Mit den Eltern vor der
Herz-Jesu-Kirche in Oberhausen

Komödiantische Stichelei

„Der kleine Prinz" von Schülern des „Staatlichen" gespielt

Antoine de Saint-Exupérys Märchen „Der kleine Prinz", mit seinen Sticheleien gegen die Erwachsenenwelt mehr den „Großen" als den Kindern anzuraten, kann mit seinen feinsinnigen Dialogen und Typenzeichnungen auch auf der Bühne bestehen. Mit viel Spielfreude und komödiantischem Elfer boten Schüler des Staatlichen Gymnasiums am Samstagabend eine respektable szenische Fassung der Geschichte um den wissensdurstigen kleinen Prinzen im „Studio 99".

Ein Flieger (Ludger Kreilkamp) hat mit seiner Maschine in der Wüste Motorschaden. Während er viele Meilen von jeder menschlichen Siedlung entfernt versucht, mit Müh' das Flugzeug zu reparieren, taucht ein Junge, der kleine Prinz, auf und erzählt ihm von Planeten im Weltall, deren Bewohner zwar Kuriosität ausstrahlen, doch ihre Verhaltensweisen sind Erdenmenschen allzu vertraut.

Auf einem Planeten wohnt ein König, der ständig Befehle ausgibt (Georg Loges), andere Sterne sind vom Eitlen (Ulrich Schneider), Säufer (Dirk Kleemann), Geschäftsmann (Ralf Thiesbürger), Laternenanzünder (Werner Schurawitzki) und Geographen (Wolfgang Classen) bewohnt.

Der kleine Prinz (sehr sicher in seiner Rolle der Sextaner Glenn Loettgen) lernte sie alle kennen und versuchte den Sinn ihrer Tätigkeit herauszufinden. Auf der Erde sind es die Schlange (Ortwin Adams) und der Fuchs (Michael Rölwer), die ihn verwirren. Der kleine Prinz kehrt zu seinem Stern zurück, weil er sich für seine Blume (Christof Schlingensief) verantwortlich fühlt: er will sie beschützen. Darin sieht er eine echte Aufgabe.

Bemerkbar war die helfende Hand Dieter Hermanns, Oberstudienrat am Staatlichen Gymnasium und für die Inszenierung verantwortlich, wenn die jungen Mimen mit knappen Bewegungen den Typ umrissen, den sie darzustellen hatten. Auch an Artikulation und sinngerechter Betonung hatten die Darsteller einiges getan. „Der kleine Prinz" blieb eine Vorstellung ohne den faden Beigeschmack plumpen Laienspiels. Dazu gingen die Jugendlichen ihre Rollen viel zu frisch und ungezwungen an. Die Inszenierungsmühen haben sich gelohnt.

Stre

Ihr Lieben!   Oberhausen den 19.4.72

Das bin ich!! Ich spiele hier im Stadttheater in dem Stück „Der kleine Prinz". Ich bin die Blume. Ich hoffe, daß Ihr das erkennen könnt. „Den kleinen Prinzen" spielt „Glenn Loetgen" ein Amerikaner. Lest Euch doch mal den Text durch, das ist die Kritik. Ist doch gut, nicht wahr?!

Als Blume in »Der kleine Prinz«. Schulaufführung des Staatlichen Gymnasiums Oberhausen, 1972; Zeitungskritik

Dreharbeiten zu »Das Geheimnis des Grafen von Kaunitz«, 1976/77

Hermann-Josef Schlingensief vor der Industrie-Apotheke in Oberhausen

eben, das sei ein bisschen wie die Situation des Narziss. Der schaut ins Wasser oder in den Spiegel oder in den Bildschirm, sieht sich – und sieht zugleich, dass er etwas nicht sieht. Ziemlich beunruhigend.

Der Mensch besteht aus ganz viel Sehnsucht

Mit dem Narzissmus hatte ich vor allem zu tun, nachdem wir die Partei gemacht hatten. Nach »Chance 2000« konnte ich in jedes Mikrofon jeden Quatsch reden – das, was jetzt andere Politiker übernommen haben. Egal, was los ist: Zu jedem Problem haben sie was auf den Lippen und latschen da durch, als hätten sie zu jedem Problem auch die Lösung. Das sind vor allem die zweieinhalb Monate Wahlkampf, in denen sie das durchstehen müssen, und danach können sie dann anfangen, noch mal alles zu revidieren oder Koalitionsverhandlungen zu machen, wir müssen jetzt mal gucken, Konsens suchen, es wird wohl schon irgendwie anders, aber es bleibt trotzdem, wie wir gesagt haben, blabla.

Cusanus kann ich in Sachen Narzissmus also sehr empfehlen. Johannes sagt, Cusanus sei natürlich kein moderner Mensch. Aber ich bin's auch nicht mehr. Ich hab zwar noch sehr viele neue Handys, aber ich bin ehrlich gesagt nicht mehr so modern. Das merke ich ganz klar in Berlin, am Prenzlauer Berg: Diese Horden von Menschen, die da zwischen Notebooks und Zeitungsbergen in den Cafés herumhängen und schon beim Frühstück eine Stimmung verbreiten, als hätten sie was gegen Spiegeleier – ich weiß nicht, ich mag das alles nicht mehr. Ich hab das schon mal nicht gemocht, bin weggezogen, jetzt bin ich vor Kurzem wieder hingezogen – man ist sich ja nicht mal treu in seinen Abneigungen, klar.

Jedenfalls ist der Prenzlauer Berg ein Ort, an dem es

DER MENSCH BESTEHT AUS GANZ VIEL SEHNSUCHT 51

brodelt, in dem wahnsinnig viele Künstler leben – jeden Tag kommen 20 000 bis 30 000 dazu. Und es werden Galerien eröffnet am laufenden Band. Da kriegt man kaum noch die Tür zu vor lauter Informationen, wer jetzt gerade eröffnet und wer bald wieder schließen muss. Das überfordert mich inzwischen maßlos. Irgendwo ist immer Galerieeröffnung, irgendein Kunststudent aus Freiburg oder Braunschweig oder Kassel hat ein Ladenlokal gemietet, das heißt »Zur lustigen Ölfarbe« oder »Moma Berlin« und ist mit ein paar Bildchen des Kunststudenten und seiner Freunde bestückt. Die Bilder kann niemand richtig sehen, weil es viel zu voll ist in der Hütte. Kleine Zeichnungen, die direkt auf die Wand gemalt sind. Was ist hier los? Ist das jetzt Kunst oder ist das noch ein Stück vom Umzug? Hat da der Hausmeister rumgemalt, als er auf die nächsten Mieter wartete? Was ist, wenn ich das kaufen will? Bekomme ich dann die ganze Wand oder wird das kleine Stück da für mich rausgebrochen? Wo ist überhaupt der Rahmen? Bin ich im Rahmen? Bin ich vielleicht das Bild? Und damit der Betrachter meines eigenen Bildes? Warum hängt eigentlich auf der anderen Seite dasselbe Bild im Rahmen? Ist dieses Bild durch die Eingrenzung jetzt in seiner Identität verletzt? Wird es zu einem Austausch der Rahmen kommen? Sprechen die Bilder miteinander? Wird das Bild mit Rahmen sagen: Ich habe meinen Rahmen gefunden, ich bin gefestigt, du aber nicht, du bist nur Brei, du läufst aus, deine Farben verschwimmen?

Das sind tatsächlich alles Fragen, die wichtig sind, wenn man Kunst anguckt. Aber es sind eben auch Fragen, die ich immer auf die Gesellschaft, auf das Leben bezogen habe. Kunst ist für mich nur interessant, wenn sie auf das Leben bezogen ist, wenn sie an der Trennung von Kunst und Leben kratzt. Wie bei Allan Kaprow, den ja kaum noch jemand kennt. Eine Aktion von ihm muss man sich ungefähr so vorstellen: Eine Gruppe von Leuten sitzt in einem Kasten und sieht dabei zu, wie jemand eine Apfelsine schält und isst. Eine andere Gruppe in einem anderen Kasten sieht, wie jemand eine Banane schält und isst. Eine dritte Gruppe sieht gar nichts, der Raum ist leer. Alle Leute kommen raus und regen sich auf: »So ein Quatsch! Was soll das?« Plötzlich hört jemand aus der Bananengruppe das Stichwort Apfelsine. Große Diskussion: Wer hat was gesehen? Die dritte Gruppe völlig im Aufruhr, kurz vor Revolution: »Verdammte Scheiße, was beschwert ihr euch? Wir hatten noch nicht mal ein Stückchen Schale, wir hatten gar nichts, wir saßen stundenlang im leeren Raum.«

Das ist doch das, was uns im Leben immer wieder passiert: Man sieht ein Bild und denkt, das sei die Welt, vergisst aber, dass es ganz viele Bilder von der Welt gibt. Dass man auch in sich selbst ganz viele Bilder, Ideen, Sehnsüchte hat, die man nicht erfüllen konnte, an denen man aber immer noch hängt, wo man weinen könnte, weil man sie aufgeben musste. Der Mensch besteht eben nicht nur aus Chemie, sondern auch aus ganz viel Sehnsucht. Und ich glaube, dass jeder so eine Dunkelphase in sich hat, dass jeder hin und wieder in so einem leeren, dunklen Raum sitzt, in dem die Bilder und Sehnsüchte weiterleben. Und die man vielleicht doch noch realisieren kann, wenn man diese Dunkelheit nicht ignoriert.

Der Rahmen, in dem die Galerieeröffnung stattfindet, ist jedenfalls der sogenannte Kunstrahmen – und wenn er fertig ist, dann sind auch alle ganz schnell weg, dann ist der Spuk vorbei, so gegen vier, fünf Uhr morgens. Manchmal hängen noch ein paar vergessene Mäntel herum. Vor Kurzem wurde in einer Galerie ein Mantel gefunden, da steckten 16 Brötchen in den Taschen. Den hat irgendein Künstler jetzt für einen Euro gekauft und in sein eigenes Ready-made-Environment eingearbeitet. Das führt er demnächst wahrscheinlich bei seiner eigenen Eröffnung vor, mit seiner Freundin zusammen, die Performance-Tänze macht. Die wird dann mit dem Mantel tanzen und damit die Frage nach der Gier der Kunstsammler stellen. Den Sammler, den Kunstfreund, der nie satt wird – den repräsentiert dann der tanzende Mantel mit den 16 Brötchen.

Klar, es gibt auch clevere Künstler, aber diese Leute, die da nach Berlin kommen, sind meistens nicht so clever. Sind präpotente Studenten, sage ich immer, die glauben, sie seien schon Künstler, weil sie einmal die Kunstakademie betreten haben: Aufnahmebescheid, du darfst hier studieren – und zack, ist man schon Künstler. Klar, ich hab früher auch Seidenschal getragen, ich hatte Cowboystiefel und ein Bonanza-Fahrrad mit einem Fuchsschwanz hintendran. Ich hab das auch alles mitgemacht, ich kenn das, sogar ohne Kunstakademie.

Die Eröffnung ist jedenfalls dann vorbei, am nächsten Morgen räumt der Student auf, wischt und fegt, um alles wieder schön sauber zu haben für die Käufer. Dann sitzt er da rum, wartet, dass mal einer kommt. Kommt aber keiner. Am dritten Tag steckt nachmittags einer mal den Kopf durch die Tür und fragt: »Sagen Sie mal, war hier früher nicht mal Kamps?«

Klar, überall ist Kamps! Und man weiß immer genau, wo diese Läden sind oder waren. Ich nenne das den Uwe-Barschel-Effekt. Vor Kurzem habe ich ein Plakat gesehen, vorne ist eine Badewanne abgebildet – und sofort schießt mir Barschel durch den Kopf. Wie funktioniert das bloß, dass ein Toter einen Raum so einnehmen kann, dass ich immer, wenn ich das Bild einer Badewanne sehe, an Uwe Barschel denken muss?

Nach einem Monat ist immer noch keiner beim Studenten gewesen, um etwas zu kaufen. Nur Kamps,

Kamps, Kamps. Im zweiten Monat rufen die Eltern an:
»Na, wie geht's dir? Wollten nur mal hören, wie's so
läuft …« »Doch, läuft ganz gut, Eröffnung war ja rappelvoll. Echt super! Jetzt hänge ich gerade ein paar Bilder um, das wird schon.« Die Mutter ist beruhigt: »Das
klingt doch prima. Toll, wie du das hinkriegst, bleib am
Ball, Schatz – und wenn du Hunger hast, komm nach
Hause.«

Im dritten Monat ruft die Bank an: »Wie sieht's aus?
Wir haben keinerlei Kontobewegungen – verkaufen Sie
nichts?« Dann schießt Papa die Miete vor. Nächster Monat, wieder die Bank. Papa: »Nee, ich nicht mehr, tut mir
leid, ich hab dir immer gesagt, das wird nichts.«

Am Schluss wird die Bude geschlossen und der Typ
hängt mit so einer Fresse in einem der Cafés rum, hasst
alle, die sich noch bewegen, und simuliert, dass er die
Zeitung liest. Und wenn ich da vorbeikomme, ist so eine
Strahlung unterwegs, ein böser Blick, den ich überhaupt
nicht mag – weil ich selbst natürlich so wahnsinnig sym-
pathisch und nett bin …

Nein, ich meine wirklich, diese böse Stimmung ist so
schade. Oder diese Horden von militarisierten Familien,
die da am Prenzlauer Berg rumrennen. Kind mit Gummistiefeln und Öljacke, weil es ein bisschen geregnet hat,
dann noch Ikea-Ölentchen für die Badewanne, Ölschnul-
ler und der Müll abweisende Kinderwagen mit dem Tritt-
brett zum Mitfahren für Mutter und Vater – das war mir
früher alles ziemlich egal, ich hab ein bisschen darüber
gelästert und das war's. Aber inzwischen regt es mich innerlich auf und klebt mir einen Stress an die Backe, den
ich überhaupt nicht will. Ich finde, dass der Mensch viel
zu viel Kraft hat. Zurzeit bin ich natürlich froh drüber,
klar, aber im Großen und Ganzen sind wir extrem ge-
ladene Wesen. Schon beim Frühstück sind wir auf 180

DER MENSCH BESTEHT AUS GANZ VIEL SEHNSUCHT 55

und müssen all die Energie abbauen, damit wir abends das Gefühl haben, wir hätten etwas getan. Oft tun wir ja dann tagsüber nichts, weil schon das Frühstück so anstrengend war – aber trotzdem: Insgesamt sind wir mit sehr viel Energie gesegnet.

Wenn man sich selbst mal beobachtet, auch im Café: Zeitung holen, Cappuccino bestellen, Zeitung auf, Zeitung zu, dann noch 'ne Zeitung, die FAS und die Bild-Zeitung – man darf mal ganz schnell reingucken, ohne dass es jemand merkt, und dann wieder weg. Cappuccino? Hallo, wo bleibt mein Cappuccino?

Ich glaube nicht, dass das erholsam ist. Ich glaube, dass es einfach nur nachgemachte Spielereien sind, um zu behaupten: Ja, schaut nur, ich bin da! Ich bin da, obwohl ich mich verloren habe. Und dieser Blick, wenn man diese Leute ansieht – eigentlich sieht man ja sich selbst. Auch wieder Cusanus: Man kann dem Blick dieser Leute nicht entweichen, weil man weiß, dass dieser Blick auch aus einem selbst herauskommt. Man ist eigentlich selbst dieses hektische Tier, das die ganze Zeit simulieren muss, mich gibt's, ich bin da. Die Frage ist nur: Wo komme ich her und wo will ich eigentlich hin, was habe ich vorgehabt und was ist eigentlich daraus geworden? Und, oh Gott, wie sieht denn mein Kind aus, was ist das denn? So was habe ich jetzt auch wieder in einem der Prenzlauer-Berg-Cafés gesehen: Ein Kind saß da rum und die Eltern hatten kleine Brotkugeln geformt, unterschiedliche Figürchen, damit das Kind sich entscheiden kann zwischen Eierkugel und Pallermännchen. Dazu gab's noch Quark oder Joghurt, iss doch was, Kind, iss. Aber das Kind quengelt, irgendwann brüllt es wie am Spieß und schmeißt die Brotkugeln samt Quark auf den Boden. Die Mutter macht ganz schnell neue Figürchen, der Vater turnt am Boden rum und wischt alles weg.

Das sind eben solche Momente: Sie wachen morgens auf und sehen plötzlich, Ihr Kind sieht scheiße aus, das wird nichts, das ist total verwöhnt, Sie wollen es am liebsten langsam los sein. Und die einzige Angst, die Sie haben, ist, dass das Kind dann irgendwann mit 18 fragt: Bin ich eigentlich bei euch krankenversichert? Und Sie müssen zugeben, dass Sie Ihr Kind nie krankenversichert haben, weil Sie sich sonst Ihren Wagen nicht hätten leisten können.

Alles Sachen, die ich nicht mehr will. Ich will sie vielleicht auf eine andere Art. Aber wie? Wie soll man das hinkriegen mit dem Narzissmus? Da ist das, was Johannes mir über Cusanus, die Mönche und das Auge geschrieben hat, wirklich interessant, glaube ich. Ich les das mal vor: »Die Mönche sollen sprechen über das, was sie nicht sehen. Tun sie das, so hört der blinde Fleck auf, bedrohlich zu erscheinen. Denn sie reden ab diesem Zeitpunkt über sich, aber in entäußerter Form, also vorsätzlich, als Narziss, dahinter aber ganz klar als Einzelperson erkennbar: peinlich, schamlos, die reine Angst. Das klingt einfach, aber das ist natürlich nicht einfach. Die Differenz zwischen Sehen und Sprechen markiert die Scheidelinie, an der die narzisstische Falle aufspringt. Man kann nicht glauben, was man sieht, das ist viel zu unglaublich. Der Glaube kommt vom Hören, sagt Paulus; vom Hören, vom Sprechen und vor allem vom Sich-Versprechen. Kein Glaube ohne die Einübung in Verfahren, sich zu versprechen. Ich verspreche dir, dass es jenseits des Sichtbaren etwas zu hören gibt. Aber wie macht man einen Versprecher?«

Ja, wie macht man einen Versprecher? Das muss ich natürlich selber herauskriegen, doch es gibt eine Spur in meinem Buch, die ich in meinem Narzissmus ignoriert habe, obwohl ich sie nur zu genau kenne. Ich muss also

herauskriegen, warum ich meine Frau eigentlich wegschicken wollte, warum sie nicht gegangen ist, warum
ihr Auge dageblieben ist und warum wir uns dann versprochen haben. In dem Moment habe ich mich jemandem geöffnet, obwohl ich nicht weiß, was es ist, obwohl
ich nicht weiß, wieso und ob es etwas bringt. Ich habe
also den Materialismus über Bord geworfen, vielleicht
sogar auch den Idealismus. Ich wusste in diesem Moment überhaupt nicht, was zählt. Und dieser Moment
war das tausendfach Tollste − weil man nicht aus Kausal-
zusammenhängen handelt, weil man nicht wissen will,
was dabei hinten rauskommt, wo der Effekt ist.

Das Unsichtbare sichtbar machen

Das Sichtbare unsichtbar machen und das Unsichtbare
sichtbar − das war ganz klar der Effekt, den die Partei
haben sollte: »›Chance 2000‹ ist das modernste Netzwerk Deutschlands. Wir versuchen, unsichtbare Menschen wieder sichtbar zu machen, sechs Millionen Arbeitslosen wieder einen Schwung nach vorne zu geben.
›Chance 2000‹ − das ist die Selbstbewusstseinsmaschine
von heute« − das war einer unser Wahlkampfspots.

Bei uns glaubt ja fast jeder, er hätte das Monopol auf die
Wahrheit, er sähe das eine wahre, richtige Bild − das habe
ich nie geglaubt. Ich habe immer gedacht, dass die Gesellschaft, die wir sehen, gar nicht die Gesellschaft ist, die tatsächlich anwesend ist. Dass die, die sichtbar sind, nur die
Leute sind, die etwas darstellen, im buchstäblichen Sinne,
die sich permanent inszenieren, um zu beweisen, dass es
sie gibt. Das Problem ist nicht unbedingt die Inszenierung. Das Problem ist, dass nicht alle die Chance dazu haben, dass nicht alle die Flächen zur Verfügung haben, um
sich selbst auf die Bühne und ins Leben zu bringen. Das

hieß 1998, nach 16 Jahren Helmut Kohl: Sechs Millionen Arbeitslose stehen unsichtbar hinter der Plakatwand. Und wo ist Helmut Kohl? Natürlich dick und fett auf der Plakatwand, überall und für alle sichtbar.

Da habe ich überlegt, wie man die sechs Millionen hinter dem Plakat sichtbar machen kann. Und zwar nicht abstrakt, sondern ganz konkret. So kam die Idee auf, eine Partei zu gründen, eine Partei, die die Arbeitslosen und andere von der Gesellschaft Abgedrängte anspornen wollte, sich sichtbar zu machen: »Beweise, dass es dich gibt!« war einer unserer Slogans. Und unser Motto hieß: »Wähle Dich selbst!« Das war ein Aufruf zur Direktkandidatur fürs Parlament, aber auch ein Appell, selbstbewusster zu sein und zu handeln. Eben eine Partei als Selbstbewusstseinsmaschine, Scheitern inbegriffen.

Viele Mitglieder und Kandidaten waren Arbeitslose, Sozialhilfeempfänger, Obdachlose, auch Behinderte haben mitgemacht. Der Wunsch, diese Menschen zu mobilisieren, war völlig ernst gemeint. Weil ich der Überzeugung bin, dass gerade die Gescheiterten Erkenntnisse besitzen. Diese Leute wissen, wie es sich anfühlt, wenn eine Katastrophe eintritt, weil sie selbst mittendrin stecken. Wir wollen Katastrophen ja nur aus der Distanz betrachten, bloß nicht selbst das Problem werden. Dabei trägt man auch einen Reichtum in sich, wenn man an der Katastrophe beteiligt ist, eine Währung, die in unserer Gesellschaft partout niemand wahrnehmen will.

Chance 2000 war keine Spaßpartei – auch wenn wir natürlich eine gewisse Art von Humor vertraten und oft ziemlich viel Spaß hatten. Wir hatten auch tatsächlich ein paar Direktkandidaten, also Leute, die sich selbst gewählt haben. Kann übrigens jeder machen – nur so als Tipp für die nächste Bundestagswahl. Wenn man dann endgültig nicht mehr weiß, wen man wählen soll, kann

DAS UNSICHTBARE SICHTBAR MACHEN 59

man sich einfach selbst auf den Wahlzettel schreiben lassen, 200 Unterstützungsunterschriften von Mama, Papa und Freunden reichen dafür. Dann wählt man sich endlich mal selbst: »Jeder ist ein Volk.« Das war damals auch so eine Botschaft von uns. Und vor allen Dingen: »Kein Konsens!« Uns nicht einigen, mit wem auch immer! Das kommt mir auch im Nachhinein noch ganz interessant vor, denn tatsächlich kann man sich ja sogar mit sich selbst unglaublich schwer einigen. Gerade wenn man gezwungen wird, mit sich ins Reine zu kommen, damit die Geister in einem endlich zur Ruhe finden, merkt man, wie schwer das ist.

Die Grundidee war nicht schlecht, glaube ich. Mit den Mitteln des Theaters in den politischen Raum zu gehen und zu versuchen, eine Fläche zu schaffen, in der die Leute stattfinden können, die im System nicht stattfinden – das war mehr, als einfach nur Politik zu verarschen. Ich glaube, in vielen meiner Arbeiten habe ich versucht, Prototypen und Mechanismen unserer Gesellschaft kenntlich zu machen. Parteitage, Wahlkampfspots, Plakate, Straßenwahlkampf, Talkshow-Auftritte – all die Inszenierungsformen, die zur Parteipolitik und zum Wahlkampf dazugehören, haben wir ja ausprobiert. Aber nicht, um alles in Scheiben zu schneiden, damit wir dann hinterher alle wissen, dass selbst das großartigste Werk nur ein zusammengestückeltes ist. Ich wollte immer auch etwas Utopisches, den Ansatz einer Vision – etwas zu sehen geben, was man normalerweise nicht sieht, all die Menschen, die von der Gesellschaft beiseitegeschoben und von der Regierung nur noch irgendwie verwaltet werden, wenn überhaupt. Die Umkehrung der Perspektive hat mich immer interessiert: Wenn man glaubt, man sieht etwas, aber dann dreht sich das um, nicht nur in der Realität, sondern auch und gerade im eigenen Kopf.

AN ALLE

Liebe Freundin, lieber Freund

Einen Jahreswechsel wie den übernächsten erlebt man nur einmal in 1000 Jahren, trotzdem wird es sein wie immer an Silvester, man nimmt sich was vor, aber es ändert sich nichts, es geht alles so weiter wie bisher. Wir sind wie Züge, die, auf Schienen gesetzt, nie oder selten entgleisen. Das ist ordentlich und beruhigend, aber auch tödlich langweilig. Die Richtung, in die wir so zwangsläufig rollen, haben wir uns nicht ausgesucht, sie ist vorgegeben, und zwar jede Kurve und jeder Stopp. Und der Zielbahnhof ist, das ahnen wir schon lange: das Grab. Dafür, dass wir in einem freien Land leben, ist das eigentlich ganz schön wenig. Wo sind denn unsere Wahlmöglichkeiten? Vielleicht werden Sie einwenden: Wir haben bei 160 TV-Programmen so viele Wahlmöglichkeiten, dass uns Hören und Sehen vergeht. Ich aber sage Ihnen, es vergehen Ihnen nicht nur Hören und Sehen, sondern auch sämtliche anderen Möglichkeiten, die in Ihnen schlummern. Die Wahl zwischen Fernsehkanälen hat den gleichen Haken wie die Wahl zwischen politischen Parteien. Sie wählen immer andere und anderes, nie sich selbst! Eigentlich komisch. Diese Gesellschaft beruht doch auf Privategoismus, warum wählt man dann nie sich selbst? Sie drücken Ihre Fernbedienung oder machen Ihr Kreuzchen, Sie wählen nicht, was Sie wollen, sondern das, was andere wollen. Ja, die müssen mir aber gefallen, sonst wähle ich einen anderen (Kanal, und die Quoten fallen), werden Sie vielleicht sagen, aber das nützt Ihnen nichts. Sie können sich als König (Kunde) fühlen, um den sich alles dreht, aber in Wirklichkeit sind Sie ein Arbeitsloser, der dasitzt und zusieht, wie andere was machen.

Deutschland ist zweigeteilt, in die, die fernsehen, und die im Fernsehen. Der Mensch ist, was er tut. Wer also nichts tut als fernsehen, ist auch nichts anderes als ein Fernseher. Falls er noch arbeitet, nützt ihm das auch nichts: Die Arbeit gehört der Firma und nicht ihm. Das heißt, eigentlich ist er gar nicht da. Aber das darf nicht sein. Das Volk kann doch nicht einfach verschwinden und das wahre Leben den Kunstfiguren überlassen! Deshalb fordern wir Sie auf: Gehen Sie auf Sendung! Machen Sie mal was! Was, ist egal. Hauptsache, Sie können es vor sich selbst vertreten. Natürlich wird es eine Pleite werden, wenn Sie selbst was machen. Aber eine Pleite, die von Herzen kommt, ist besser als eine Million, an der Scheiße hängt. Das nächste Jahrtausend kommt, mit Ihnen oder ohne Sie. Sie haben es in der Hand! Wir geben Ihnen einige Tipps und Hinweise, etwas aus Ihrem Leben zu machen. Es ist das Einzige, das Sie haben. Wir helfen Ihnen gerne. Freiheit ist, grundlos etwas zu tun, das kann gut oder böse sein. Wir haben uns diesmal für das Gute entschieden.

Ihre Chance 2000, Christoph Schlingensief und Freunde, März 1998

Gegründet haben wir Chance 2000 im März 1998, in einem Zirkuszelt. Also da, wo Parteien herkommen und auch hingehören. Der Zulauf auf dem Prater-Gelände der Volksbühne war enorm. Ich hatte im Fernsehen, ich glaube, bei Biolek, angekündigt, dass ich jetzt eine Partei gründe, eine Partei für Minderheiten, die die Mehrheit haben, dass ich damit sechs Millionen Arbeitslose sichtbar machen will. Als ich nach der Talkshow nach Hause kam, war meine damalige Freundin schon abgehauen, das Telefon klingelte ununterbrochen und irgendwelche Irren waren am Apparat. Die nächsten Tage gab's dann Fluten von Post, auch E-Mails, denn mit dem Internet haben wir auch schon hantiert.

Dass wir die Parteigründung damals trotz des Riesenandrangs hinbekommen haben, dass die Veranstaltung nicht im Chaos versank, ist Dietrich Kuhlbrodt zu verdanken. Wir mussten ja verhindern, dass das Ganze in einer endlosen Grundsatzdiskussion zerfleddert wird. Wir wollten eine Partei als Sammelbecken gründen, diskutiert werden sollte später. Daher hatte Dietrich ein Verfahren entwickelt, mit dem wir innerhalb von ein paar Minuten einen Landesverband gründen konnten. Das ging ungefähr so: »Landesverband Hamburg, anwesend sind der Schriftführer und der zukünftige Landesvorsitzende. Ist jemand gegen den Landesvorsitzenden? – Keine Gegenstimme, hiermit angenommen.« So ging das dann weiter, klappte immer reibungsloser: »Keine Gegenstimme?« Und zack war man Landesvorsitzender von Chance 2000. Nach einer halben Stunde waren alle gewählt. Später kam allerdings der schwierigere Part: Jeder Landesvorsitzende musste 2500 Unterstützungsunterschriften bei sich im Land sammeln, also Leute finden, die sagen, dass sie die Partei wählen würden, wenn sie wählbar wäre. Doppelter Konjunktiv-Rittberger das Ganze, aber es hat geklappt: Zwölf Landesverbände haben wir auf die Beine gestellt.

Unsere wichtigste Wahlkampfveranstaltung war natürlich der Versuch, das Ferienhaus von Helmut Kohl zu fluten. Das heißt, wir haben sechs Millionen Arbeitslose aufgerufen, am 2. August nach Österreich an den Wolfgangsee zu kommen und gemeinsam mit uns schwimmen zu gehen. Nach unseren Berechnungen wäre das Wasser um drei Meter angestiegen und Kohls Ferienhaus samt Kohl, der dort gerade Urlaub machte, in den Fluten untergegangen. Dann ist er weg, dann ist das seit 16 Jahren penetrant Sichtbare unsichtbar geworden – das war die Idee. Gekommen sind statt sechs Millionen ungefähr 600, inklusive Medien – ein Totaldesaster, das ich als Politiker aber natürlich entsprechend wenden konnte. »Die Tatsache, dass hier keiner ist, ist die Spiegelung unserer Gesellschaft. Wir spiegeln hier die Unsichtbaren auf perfekte Art und Weise«, habe ich den Presseleuten lauthals verkündet.

Baden gegangen sind wir trotzdem. Als wir in die Nähe von Kohls Ferienhaus kamen, versuchte ein Polizeiboot, uns zu stoppen, ein Mann mit Megafon schrie: »Herr Schlingensief, schwimmen Sie zurück!«

»Nee, das geht doch nicht, die ganzen Leute hier, die ganze Presse, die wollen doch was sehen!«

»Drehen Sie um, Herr Schlingensief, schwimmen Sie zurück!«

»Nee, bitte, helfen Sie mir lieber. Sagen Sie Herrn Kohl, er soll ans Fenster kommen und winken, das reicht den Leuten, dann schwimmen wir zurück.«

»Das geht doch nicht, Herr Schlingensief. Der kommt nicht ans Fenster – was soll ich denn machen? Ich bin doch vom BND! Schwimmen Sie zurück! Bitte!«

Irgendwann sind wir dann abgedreht und haben uns mit letzter Kraft ans Ufer gerettet. Um 16 Uhr soundso viel habe ich zusammen mit Martin Wuttke Helmut Kohl für tot erklärt: »Helmut Kohl hat sich nicht am Fenster gezeigt, das heißt, er ist gerade in seinem Haus verendet. Deshalb ist Deutschland jetzt führerlos, deshalb wählt Chance 2000.«

Die Zeitungen waren in den nächsten Tagen voll von der Aktion, es gab Tausende von Artikeln, auch ausländische. Die haben aus 600 einsam schwimmenden Menschen letztlich doch noch sechs Millionen gemacht. Wegen solcher Transportmöglichkeiten hatte ich die Presse eigentlich immer ganz gern.

Während des Wahlkampfs bin ich mit unserem Chance-2000-Bus und meinen Leuten natürlich auch kreuz und quer durch die Republik gefahren. In Stuttgart und Leipzig waren wir, in Hamburg, in Bonn und ich weiß nicht, wo. Meist lief alles prima, aber leider war irgendwann bei dem ganzen Ding der Punkt erreicht, wo nur noch ich vorne stand. Wenn ich gesagt habe: »Wir gehen baden!«, dann haben zwar alle geschrien: »Au fein, wir gehen baden, super, super« – aber gekommen sind eben nur 600. Ist ja ein bekanntes Phänomen: Wir wollen doch lieber im Sessel bleiben und einer soll's mal machen. Da war ich schon manchmal ziemlich wütend. Auf der anderen Seite: Wenn am Wolfgangsee wirklich 100 000 Leute aufgetaucht wären oder gar eine Million – da wäre ja der Horror im Kopf ausgebrochen.

Einmal hatte ich einen Auftritt beim Landesverband Baden-Württemberg in Freiburg, der Saal war voll von Studenten. Am Anfang war die Stimmung gut, ein junger, ziemlich alternativ aussehender Typ stand auf der Bühne, spielte Geige und sang merkwürdiges Zeugs. Keine Ahnung, was das sollte, aber mir war's egal. Als ich meine Rede hielt – »Wählt euch selbst! Ihr müsst das selbst machen! Handelt!« –, hörte der Typ aber einfach nicht auf. Ich habe ihn immer wieder weggeschickt, aber er kam jedes Mal wieder von der Seite angepirscht mit seiner bescheuerten Geige. Immer aggressiver bin ich geworden und irgendwann habe ich angefangen, gegen all die Studenten im Publikum zu agitieren. Die Partei sei garantiert nix für Schlappschwänze, da müsse man schon härtere Töne anschlagen, wenn man was verändern wolle. »Ihr stinkt doch alle, ihr seid doch Scheiß-Studenten und liegt uns alle auf der Tasche. Arbeitslose sichtbar machen – das schafft ihr sowieso nicht, weil ihr die nächsten Unsichtbaren in dieser Gesellschaft sein werdet, wenn ihr den Arsch nicht hochkriegt«, habe ich die Leute angebrüllt. Eine Zeit lang hielten sich Buhs und Bravos die Waage, aber irgendwann kippte die Stimmung und einer schrie zurück: »Ey, mach doch selbst, du Arschloch!« Tosender Applaus, der Abend war beendet, der Landesvorsitzende zog beleidigt ab – nur der Typ mit der Geige machte einfach weiter.

Der Einzige, der danach auf mich zukam, war Klaus Theweleit. Er war völlig aus dem Häuschen und gratulierte mir: »Das war super, das ist so wichtig, dass diese jungen Blagen mal kapieren, dass es keinen Führer mehr gibt. Gerade bei den Alternativen muss es mit dem Führerglauben endlich mal ein Ende haben. Das war brillant, wie Sie das vorgespielt haben.« Dabei hatte ich gar nichts vorgespielt, das war in dem Moment mein voller Ernst und meine tiefe Überzeugung.

Ich kann mich auch noch gut an den Auftritt beim bayerischen Landesverband erinnern. Eigentlich lief alles super, meine Rede in irgendeinem Münchner Uni-Hörsaal war okay, keiner hörte zu, alle redeten durcheinander und hatten Spaß. Aber als ich von der Bühne runterkam, stürmte ein Mädchen auf mich zu, das ganze Gesicht gepierct, richtige Nägel waren das, eine Sicherheitsnadel in der Nase, irgendwo auch ein Hakenkreuz, glaube ich – wirklich bestialisch sah sie aus. Sie stürmte also auf mich zu, packte meinen Kopf jedenfalls – und plötzlich steckte ihre Zunge in meinem Mund. Ich war völlig perplex und habe eine gefühlte Ewigkeit gebraucht, sie wegzudrücken.

Am nächsten Tag sah man auf der Internet-Seite der APPD, der Anarchistischen Pogo-Partei Deutschlands, ein Foto von mir und diesem Mädchen. Unter dem Foto stand: »Parteivorsitzender von Chance 2000 umarmt Parteivorsitzende der APPD und wird von ihr zum Minister für Volksverdummung ernannt«. So vereinnahmt man eben Leute für seine Sache. Das war schon genial, das muss ich zugeben – auch wenn ich das Mädchen und diese ganze Partei widerlich fand und wir echte Probleme mit denen hatten, weil sie immer wieder bei unseren Aktionen auftauchten und sich an uns dranhängten.

Auch beim Baden im Wolfgangsee. Am Seeufer hatten sie einen kleinen abgezirkelten Bereich als Demonstrationsfläche genehmigt bekommen, und da fand dann öffentliches Ficken statt. Die waren wirklich splitternackt und haben's miteinander getrieben. Wir wollten mit diesen Leuten nichts zu tun haben, weil wir's ernst meinten, weil wir Stimmen haben wollten, und die bekommt man ja nicht, wenn dann im *Stern* irgendwelche rammelnden Leute zu sehen sind. Aber glücklicherweise hat sich keiner für die interessiert.

Irgendwann ist dann alles den Bach runtergegangen. Nicht nur, weil die Leute lieber zu Hause blieben und die Medien alles unter dem Politclown Schlingensief absorbierten, sondern auch, weil wir nicht genug Spendengelder bekamen. Während des Landesparteitags in Leipzig bekam ich auf der Bühne einen Anruf, wir seien pleite, ich müsse jetzt aufhören. »Ja, aber hier sitzen gerade 1000 Leute, ich muss jetzt Parteitag machen«, habe ich protestiert. Nutzte aber nichts, ich musste nach Hause fahren.

Wir haben dann noch versucht, die Partei zu verkaufen, haben Anzeigen geschaltet: »Junge, aufstrebende Partei meistbietend zu verkaufen. Zur Bundestagswahl zugelassen, zahlreiche Landesverbände, bundesweites Netzwerk. Gebot: Chiffre Bundestagswahl 98.« Da hagelte es dann 185 staatstragende Artikel und der Bundeswahlleiter schrieb uns: »Parteien sind nicht käuflich. Die Gesetze lassen eine Veräußerung nicht zu.« Dabei sollten die Parteien doch endlich einfach zugeben, dass sie Konzerne sind. Nach der Wahl sind heute alle käuflich, wir waren damals schon vor der Wahl käuflich.

Bei der Bundestagswahl im September haben wir mit 150 000 Stimmen natürlich haushoch verloren. Unter 0,5 Prozent, es gab also noch nicht mal eine Wahlkampf-

DAS UNSICHTBARE SICHTBAR MACHEN 67

kostenerstattung. Im nächsten Jahr hatte ich perönlich 180 000,– DM Steuerschulden, weil mir niemand gesagt hatte, dass man Parteispenden nicht auf einem Privatkonto einnehmen darf. Ich habe das Geld natürlich in die Partei gesteckt, aber das nützte nichts: Es waren und blieben meine Einnahmen. Als ich den Brief vom Finanzamt bekam, saß ich gerade bei einer Probe von »Berliner Republik« an der Volksbühne. Ich schaute da rein: »Was ist das denn? Was steht da? 180 000,– DM, zahlbar bis?« Mir wurde immer kälter, ich begann zu zittern, mein Herz raste – die Probe war jedenfalls zu Ende. Am nächsten Tag kam dann noch Augenflimmern dazu, ich bin in die Charité gegangen und dort an einen völlig durchgeknallten jungen Arzt geraten, der mich wohl scheiße fand und fertigmachen wollte. Nach der Untersuchung teilte er mir mit: »Ja, also, passen Sie auf, Sie haben einen Hypophysen-Tumor.« Ich: »Was soll das denn sein?« Da erklärte er mir seelenruhig, dass die Hypophyse die Gefühle erzeugen würde und dass sie mir die jetzt aber leider rausoperieren müssten. Damit wäre dann auch Schluss mit meinen Gefühlen.

Nach der Diagnose mit diesem Hypophysen-Tumor war ich endgültig fertig. Ich saß auf den Proben nur noch wie ein Alien rum und habe eigentlich keine Regie mehr geführt, die Schauspieler haben stattdessen irgendwas improvisiert. Die Premiere war total schwierig. Alle waren da, wollten die Aufführung sehen, es ging ja um Gerhard Schröder und Doris Schröder-Köpf. 45 Minuten lang war alles okay, es gab Szenenapplaus für Irm Hermann als Doris Schröder-Köpf, die Hölle war los, im Publikum und auf der Bühne. Aber nach 45 Minuten war einfach nichts mehr los. Gar nichts mehr. Nur noch Rumstehen und Rumgucken, Bernhard Schütz als Gerhard Schröder hat noch versucht, irgendwas zu reißen, aber es brach einfach alles ein. Dann bin ich noch selbst auf die Bühne, hab einen Dia-Vortrag gehalten, anschließend haben wir Werner Brecht mit Heilerde eingeschmiert, weil er im Stück einer von den Grünen war – aber es blieb ein Desaster. Auf der Premierenfeier sprach keiner mit mir, die Verachtung stand den Leuten ins Gesicht geschrieben. Nur Rainald Goetz kam auf mich zu und meinte, das Stück sei der Hammer. Genau so werde es kommen mit der Berliner Republik: Erst seien alle begeistert, gigantisch große Eier würden gelegt – dann mache es Boff und dann werde da nichts mehr sein.

Das hat Goetz so gesehen – und so ist es ja auch gekommen. Aber ich hatte das damals nicht so gesehen, das war auch nicht das, was ich inszenieren wollte, ich war einfach nur am Ende nach dieser Zeit mit der Partei. Immer wieder stand ich vor dem Spiegel und habe mich gefragt: Wer bin ich eigentlich? Was ist denn hier los? Bin ich überhaupt noch da? Hallo, ist da jemand?

Erst mal gerät man ja in einen Rausch, wenn man plötzlich an diesem politischen Brei teilnimmt. Wie gesagt: Man lernt, in jedes Mikrofon zu reden, zu jedem Thema irgendeinen schon zehnmal ausgelutschten Scheiß zu erzählen, man tut so, als hätte man alles auf der Pfanne. Irgendwann glaubt man das auch und kann gar nicht mehr unterscheiden zwischen dem ausgelutschten Quark und etwas Produktivem. Ab dem Moment ist man eigentlich tot, weil man keine Angst mehr hat, weil man sich vor nichts und niemandem mehr fürchtet. Vor allem nicht vor sich selbst. Dann bin ich nach Afrika gefahren – und das war meine Rettung. Denn dort kam die Angst zurück: die Angst vor den Insekten, vor irgendwelchen Schlangen, vor Malaria, vor der Hitze, vor den fremden Geräuschen, bei denen ich dachte, gleich kommen die Schwarzen und spießen mich auf. Und das Tollste war: Einmal saß ich abends wie Narziss vor so einer kleinen Wasserpfütze und schaute in mein Gesicht. Da merkte ich, dass ich auch wieder Angst vor mir selbst hatte. Und genau diese Angst hat mich wieder lebendig gemacht.

Ein Loch aus Angst und Ekel

Meine Eltern sind natürlich auch immer ein ganz großes Korrektiv in meinem Leben gewesen. Was die alles aushalten mussten, vor allem am Anfang, als ich meine Filme gedreht habe. Das war immer ein Riesendilemma für mich, wenn mein Vater die Filme gesehen hat. Zum Beispiel »Menu total«, mein zweiter Langfilm: Ein kleiner Junge rottet aus Angst vor den Ritualen seiner Eltern und Großeltern seine ganze Familie aus – und anschließend spielt er Hitler. Helge Schneider spielte die Hauptrolle, den kannte damals noch keiner, aber wir wohnten ja beide in Mülheim an der Ruhr. »Menu total« war ein ziemlich guter Film, finde ich, vielleicht sogar mein bester: schwarz-weiß, 16 mm, für die Kinoleinwand aufgeblasen auf 35 mm, jede Menge schwarze Körner, die über die Leinwand rasen. Das sah alles aus wie ein großer Ameisenhaufen, wie eine Riesenmenge von Insekten, die Menschenkörper darstellen. Wenn man ein bisschen bekifft ist, ist der Film noch besser. Nicht nur die Musik, die Helge geschrieben hat, der ganze Film ist purer Jazz, finde ich. Als er rauskam, hat ja jeder gedacht: Oh Gott, oh Gott, der Schlingensief, schwieriges Elternhaus, überall alte Nazis, Inzest, Perversionen hier, Perversionen da. Das war natürlich Quatsch. Für mich war der Film wie die Öffnung eines Drecklochs, ein Loch aus Angst und Ekel, das ganz tief in einem verborgen liegt und danach giert, abgearbeitet zu werden. Ich bin wirklich nicht esoterisch, aber ich glaube fest daran, dass wir Informationen in unseren Zellen mit uns herumschleppen, die lange vor uns da reingekommen sind. Dass jede

»Chance 2000«. Versammlung zur Parteigründung mit den Schauspielern Bernhard Schütz und Martin Wuttke (v. l.) im »Wahlkampfzirkus« auf dem Pratergelände Berlin, 13.3.1998

Werner Brecht vor der »Parteizentrale« in der Kastanienallee am Prenzlauer Berg

Mit Bernhard Schütz, Astrid Meyerfeldt, Helga Stöwhase und Achim von Paczensky (v. l.) im »Wahlkampfbüro«

Im Parteibus

»Bad im Wolfgangsee«, Wahlkampfaktion, 2.8.1998

Mit Mario Garzaner (vorne), Kurt Garzaner, Helga Stöwhase, Astrid Meyerfeldt,
Achim von Paczensky und Bernhard Schütz vor dem »Wahlkampfzirkus« (v. l.)

Helga Stöwhase

Achim von Paczenzky

Menge Ballast mit uns auf die Welt kommt, den wir nicht entsorgen können, weil niemand darüber sprechen will. Vielleicht waren deshalb viele meiner Figuren immer so sehr mit Brüllen, Kotzen und Bluten beschäftigt.

»Menu Total« lief jedenfalls auf der Berlinale, 1986, und ich weiß noch: Forum des Jungen Films, Delphi-Palast, der Saal voll, 800 Leute, und nach zehn Minuten stand Wim Wenders auf und ging. Mit ihm 400 andere Zuschauer − ein richtiges Solidaritätskommando. Und ich hatte schon sehr viel Bier drin und hab vor lauter Nervosität im Vorführraum die Lautstärkeregler immer höher und höher gedreht, immer mehr Bässe, ich wollte, dass die Musik richtig wummert in den Bäuchen der Leute. Nach der Vorführung sind also noch 400 Leute da und es gibt fast eine Schlägerei im Publikum: 200 dafür, 200 dagegen, ein Riesendurcheinander und ich mittendrin, ziemlich benebelt. Dann hitzige Podiumsdiskussion, die länger als der Film dauert, Alfred Edel diskutiert mit Dietrich Kuhlbrodt und mit den Zuschauern, richtig heftig und ausführlich. Irgendwann werden wir von meinem Produktionsleiter Wolfgang Schulte unterbrochen: »Wir müssen jetzt aufhören, wir haben jetzt Verleiher-Gespräche.« Hat natürlich keiner geglaubt. Wer sollte den Film schon verleihen wollen? Aber so war wenigstens ein geordneter Abgang möglich.

Applaus.

Mit wackligen Schritten stürme ich auf die große Bühne zu. Peter B. Schumann begrüßt mich mit der Bemerkung, dass ich aus Oberhausen komme und dass es da ja nun ein neues Festival gebe. Ein Festival der neuen Dimension. »Wird das wohl klappen?«, fragt er. »Na, da bin ich aber sicher!« »Fast sicher«, verbessere ich mich und meine die neuen Festivalaktiven, die hoffentlich nicht Anspruch mit »Just for

EIN LOCH AUS ANGST UND EKEL 75

fun« verwechseln und gleichzeitig den »gesellschaftspoliti-schen Anspruch« mit »nihilistischer Weltsicht« gleichstellen; denn »Was ist wichtig? Das Leben? Wir wissen's nicht. Das Unwichtigste halten wir für wichtig. Und das Wichtigste se-hen wir gar nicht.« (aus MORGENROT)

Und weiter geht's.

»Da vorne rechts bitte!«, murmele ich masochistisch ins Mi-krofon und starre die Zuschauer, die den Raum besetzen, an.

»Eigentlich liebe ich ja kubanische Filme«, sagt Peter B. Schumann.

Wenn Peter B. Schumann kubanische Filme mag, dann kann ich ruhig unverschämt werden und sinnlos antwor-ten, dass ich Familien, Männer in Frauenkleidern, Uniformen, Bunkergänge und sinnlose Systeme mag, auch wenn die Midlife-Kritiker aufs Kreuz fallen.

Nächste Runde.

Herr Settje meldet sich zu Wort, Kino Bremen, und bittet um Gehör: »Otto Mühl hat viel besser gekotzt und außerdem wünsche ich mir ›Menu Total‹ im Fernsehen, damit die Zu-schauer endlich wieder in mein 60er-Jahre-Kino kommen.«

Und ich dachte schon, das »Volksblatt« hätte unrecht, als es behauptete: »Kein Film für's Publikum: Ekel und schräge Töne bei ›Menu Total‹.« Ich kenne Otto Mühl und der hat be-stimmt nichts mit meinem Film zu tun. Aber egal. [...]

Bloß weil ich Naziuniformen gewählt habe und mit de-ren Sinnlosigkeit operiere, will man mir ans Leder? Was wäre denn, wenn ich Bundeswehr- oder amerikanische Uniformen benutzt hätte? Vielleicht ein anderer Applaus. [...]

Die Diskussion geht weiter und erreicht die 90. Minute, länger als mein Film und länger als alle anderen Diskussio-nen im Delphi. Mein Gesundheitszustand verschlechtert sich, die Medikamente wirken und mein Gesamteindruck hinterlässt arrogante Spuren.

»So ein Bengel: Da liefert er einen tiefdepressiven Film ab, arbeitet seine Familienverhältnisse auf, und die Vergangenheit noch dazu, und jetzt sitzt er da und ist besoffen. Wenn er wenigstens geheult hätte!«

Die Diskussion erreicht ihren vorläufigen Höhepunkt: Peter B. Schumann erinnert nochmals an die zeitgemäße Vergangenheitsbewältigung und missachtet somit erneut den für uns alle so wichtigen Anspruch, die Dinge im Gedächtnis zu behalten und gleichzeitig nach neuen Gesichtspunkten zu suchen. Sollte es jemals möglich sein, die Dinge zu lösen, so erwarte ich von der Friedensbewegung, dass sie sich in den Atompilz verliebt, und der Papst den Teufel heiratet.

Aber von alldem bleibt an jenem Abend nicht viel übrig. […] Ich verlasse die Bühne und begrüße ehemalige Feinde. Nach kurzem Gespräch ist klar: Es gibt nur einen Titel für unser neues Projekt: GOTTESGLÜCK.

(1986, aus dem Nachlass)

Und dann – um das mit meinen Eltern noch weiterzuführen – kommt mein Vater. Er hat Tränen in den Augen und sagt: »Wie kannst du so einen Film machen? Jetzt denken alle, ich hätte dich früher geschlagen. Wie kannst du nur so was machen? Das ist mir ein Rätsel.« Dann kommt seine Schwester, meine geliebte Patentante Trudi, und sagt: »Ist ein toller Film, ein ganz wichtiger Film. Toll, dass der Christoph den gemacht hat.« Und plötzlich steht Werner Nekes vor mir. Das ist so ein Experimentalfilmer, bei dem ich Anfang der Achtziger mal Assistent war. Der lebt übrigens noch und hat mir vor Kurzem ein Buch geschickt. Und zwar über den Eros der Neger. Wirklich, das ist der Titel: »Neger-Eros«, ein ethnologisches Buch von 1928, im sachlichen Ton, aber mit Dutzenden von Fotos, Bildern, Zeichnungen – so eins der wissenschaftlichen Aufgeilbücher von damals. Das hat mir Nekes also geschickt. Was typisch ist, weil ja diese älteren Herren aus

EIN LOCH AUS ANGST UND EKEL 77

dem Regie-Gewerbe alle zu so leichten Überspanntheiten neigen. Mir selbst kann man inzwischen zwanzig Obsessionen hinstellen, die mich früher bestimmt mal interessiert hätten, ich würde nur fragen, ob jemand was trinken will oder ob ich Plätzchen besorgen soll. Alles völlig belanglos für mich. Aber Nekes hat die Obsessionen, und der Peter Zadek hatte die auch. Als der mitkriegte, dass ich im Krankenhaus lag, rief er an: »Hallo, Christoph, hier ist der Peter. Sag mal, wie geht's dir denn?« Sag ich: »Mir geht's scheiße.« Sagt er: »Wirklich? Was hast du denn?« »Ich hab Krebs, Lungenkrebs.« »Ja, das ist scheiße! Das ist echt scheiße!! Du, ich schick dir ein Buch, das wird dich befreien, die Elisabeth steckt dir das gleich in die Post.« Und zack, aufgelegt. Drei Tage später war wirklich ein Buch da, mit Widmung. Und dann mach ich das auf, da ist das Dr. Jekyll und Mr. Hyde als Comic, wahnsinnig toll gezeichnet, aber nur ficken, lecken, blasen, alles auf dem Rasen. Also man kann es sich nicht vorstellen, das Ding war der ultimative Porno-Comic. Ein Tag später: »Hallo, hier ist der Peter! Ist das Päckchen angekommen?« Ich: »Ja, ist angekommen.« Er: »Ist gut, ne?«

Auf jeden Fall meinte Werner Nekes damals auf der Berlinale, »Menu Total« sei faschistoid. Und dann kam Eva M. J. Schmid, die Filmkritikerin von »epd Film«, und meinte, der Film sei großartig und total wichtig für Deutschland. Hat sie dann später auch in ihrer Kritik geschrieben, aber ansonsten gab's nur Verrisse. Und an dem Abend kam noch Ulrich Gregor, damals der Leiter des Forums, und sagte, er sei zwar froh, dass er den Film gezeigt hätte, aber er müsse morgen in den Senat. Die hätten ihn gerade angerufen, wollten wissen, was das solle, dass er so einen Film zeige.

Es war nicht zu fassen!

An demselben Abend habe ich auch noch mit meiner damaligen Freundin Schluss gemacht. Mit der Begründung, sie müsse mich jetzt auch mal verteidigen, sie könne da nicht immer nur so wie ein Mäuschen rumsitzen. »Du musst jetzt irgendwie nach vorne, wir müssen jetzt hier kämpfen, und wenn du nicht mitkämpfst, dann bist du nicht auf meiner Seite« – so was in der Art hab ich da geschrien. Ich war wirklich ein Riesenarschloch.

Also Trennung, der Schritt ins Nichts. Dann kam mein Produktionsleiter an und meinte: »Da ist eine Frau, die ist Wahnsinn, die musst du unbedingt kennenlernen.« Für den nächsten Tag wurde ein Termin gemacht in der Berlinale-Cafeteria, damals noch im Westen. Ich sitze depressiv in diesem Café rum und warte, da kommt tatsächlich eine Wahnsinnsfrau an, lange rote Haare, wunderschönes blasses Gesicht: Tilda Swinton. Ich sehe die und denke: Klingeling, wow, was ist denn das? Bei ihr hat's auch geklingelt, und dann sind wir händchenhaltend durch dieses Eis von Berlin gelaufen, es war noch richtig Winter, bitterkalt. Ich konnte kaum Englisch und sie konnte kein Wort Deutsch, aber das machte nichts, wir haben sowieso nur geweint und geknutscht, immer abwechselnd. Sie hat geweint wegen irgendwas, ich weiß bis heute nicht, warum. Und ich hab geweint wegen dieser Totalverwirrung um »Menu Total«, wegen der Trennung, die mich doch ziemlich mitnahm, und natürlich wegen allgemeinem Weltschmerz. Stundenlang ging das so mit der Knutscherei und Heulerei im Schnee, irgendwann wurde es uns aber doch zu kalt und wir sind ins »Florian« geflüchtet. Als wir reingehen, stürmt ein Mann auf mich zu, nimmt meine Hand und sagt: »Hallo, ich hab gestern Ihren Film gesehen, ich hab mich kaputtgelacht. Mein Name ist Udo Kier.« – »Udo Kier?« Ich wusste überhaupt nicht, wer das ist, in dem Moment war ich echt überfordert. Tilda wollte mir helfen und flüsterte: »Andy Warhol, Dracula, Frankenstein.«

Warhol? Frankenstein? Dracula? Ich dachte, jetzt dreh ich völlig durch. Aber ich habe mir überlegt, das ist doch super, kenn ich mal einen, der bei dem Film gelacht hat. Wir haben uns also zusammen hingesetzt, und dann legte Udo erst richtig los: »Menu Total« sei wirklich toll, da seien so viele Unschärfen drin, all die Leute, die schreiend durch die Landschaft rasen, all die verbogenen Gesichter. Die Szene, in der Alfred Edel unerträglich lang rumkotzt, habe ihm besonders gut gefallen. Und dann schlug er vor, wir sollten alle zusammen einen Film machen. Nach all den Attacken war ich natürlich begeistert, dass da einer so enthusiastisch war. Ich bin gleich nach Mülheim zurück, hab das Drehbuch geschrieben, alles organisiert, Drehort, das Team, Unterkünfte – und zehn Tage, nachdem wir uns kennengelernt hatten, sind wir los, alle zusammen auf die Nordsee-Hallig Langeness und haben dort »Egomania – Insel ohne Hoffnung« gedreht. Udo als unheimlicher Baron, eine Mischung aus Vampir und Teufel, der die Insel tyrannisiert und durchdreht, als die wahre Liebe in Gestalt von Tilda seine Herrschaft bedroht.

Ich glaube, dieser Film ist gar nicht so schlecht, der ist wahrscheinlich sogar richtig gut. Vielleicht ein bisschen kitschig, aber ich bin ja auch eine extreme Kitschnudel. Und das Ganze ist schließlich ein Melodram. Auch die Landschaft passte super: Wir waren völlig abgeschnitten von der Außenwelt, weil der Winter extrem kalt war und es aussah, als seien wir im ewigen Eis gelandet. Hochromantisch war's. Tilda und ich total verliebt, Udo supersauer. Der schimpfte permanent rum: »Der Schlingensief dreht nur noch mit der Alten, ich komme kaum noch vor. Immer rennt die mit den ganzen Schleiern übers Eis und der stolpert wie ein Wahnsinniger mit der Kamera hinterher! Das muss doch mal ein Ende haben!«

Filmplakat zu »Menu Total«, 1986

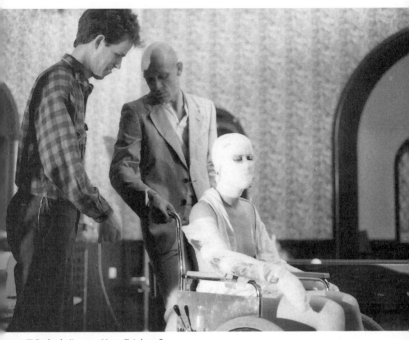

▲▼ Dreharbeiten zu »Menu Total«, 1985

»Menu Total«. Alfred Edel und Helge Schneider (v. l.) in einer Drehpause

Im Gespräch mit Alfred Edel

SO EIN QUATSCH
Auszüge aus Kritikermißverständnissen.

Die Rheinpfalz

"(...)MENU TOTAL wirkt hilflos in seinem Versuch,Tabus zu durchbrechen.(...)"

Willi Karow

FILMWOCHE/FILMECHO:

(...)Halbgare Radikalitäten,als gäbe es keine Bahnhofskinos,wo Tabus zumindest handwerklich besser übertreten werden.(...)

?

VOLKSBLATT:

(...)Kein Film für's Publikum:Ekel und schräge Töne beim 'MENU TOTAL'. Dieser Film,der mit Ekel,Mord,Sex und schrägen Tönen operiert, wenig geeignet,die sinnlos konsumierende Vätergeneration zu entlarven.

ek

Kölner Stadtanzeiger

(...)unproduktive Provokation.Entnervend.Wirrköpfig.

Brigitte Desalm

DIE WAHRHEIT

(...)Bei MENU TOTAL bleibt einem einiges im Halse stecken(...)

Rainer Kobe

SAARBRÜCKER ZEITUNG

(...) MENU TOTAL:ehrgeizig gemacht,aber nur mit dem Ehrgeiz irgendeinen Film zu machen,ohne sich Gedanken zu machen,was man eigentlich zu welchem Zweck will.(...)

Peter Hornung

»So ein Quatsch ...«: Auszüge aus Rezensionen zu »Menu Total«, die Schlingensief seinerseits am linken Rand handschriftlich rezensiert bzw. benotet hat, 1986

Mit Tilda Swinton, Anna Fechter und Udo Kier (v. l.) bei der Uraufführung von »Egomania – Insel ohne Hoffnung« auf den Hofer Filmtagen, 1986

»Egomania – Insel ohne Hoffnung«, 1986 (Filmstill)

EIN LOCH AUS ANGST UND EKEL 85

Geld für den Film hatte ich übrigens schon. Die Filmförderung hier in Hamburg hatte mir kurz vorher 89 750 Mark für irgendein anderes Projekt gegeben. Es gab damals ja überall noch Büros für kulturelle Filmförderung, die wirklich unabhängig waren. Das heißt, man konnte auch mal ein paar Tausend Mark beantragen, ohne dass jemand wusste oder wissen wollte, wie der Film am Ende aussehen wird. Heute geht ja unter einer Million gar nichts mehr, und sofort steht der Fernsehredakteur auf der Matte und will wissen, was hinten dabei rauskommt, wenn man vorne Geld reinschiebt.

Das erzähl ich deshalb, weil ich gerne Bundeskulturminister würde, wenn demnächst die Große Koalition mit der SPD wiederkommt oder so was Ähnliches. Natürlich ohne dass ich in der Partei bin. Meine erste Idee wäre, die kulturelle Filmförderung wieder einzuführen, das heißt, in den Staatsvertrag zwischen allen Ländern wirklich reinzuschreiben, dass jedes Bundesland eine eigene kulturelle Filmförderung haben muss, die unabhängig ist von kommerziellen Interessen, von Fernsehanstalten und Redakteuren und irgendwelchen journalistischen Besserwissern. Das Wichtige an dieser Idee ist, dass man endlich wieder an sich selber lernen könnte, weil man nicht vorher schon wissen muss, was geht und was nicht geht. Weil die Förderer einen in Ruhe lassen würden. Ich weiß noch: Werner Schroeter, der mich damals ins Filmbüro Hamburg eingeladen hatte, mochte mein Drehbuch überhaupt nicht, meinte aber, ich solle ruhig mal loslegen, das werde bestimmt besser beim Drehen. Okay, ich bin jetzt nicht verdächtig, einen Oskar für mein Lebenswerk zu kriegen, ich sitz auch nicht in der Schweiz fest, und es gibt viele Leute, die meine Filme total bescheuert finden. Aber sie sind doch hier und da mal gelaufen, und ich habe immer wieder gelernt, was nicht geht und was doch geht. Die Filme, die ich drehen durfte, waren wirklich frei von irgendwelchen Vorgaben – und das war großartig. Es gab zwar wenig Geld, die 89 750 Mark für »Egomania« war die höchste Summe, die ich je für ein Filmprojekt ergattert habe – aber dafür war ich in der Vollverantwortung.

Das Wichtige war auch, dass in den Fördergremien tatsächlich Personen saßen, die selbst Filme gemacht haben. Und die konnte man in den Filmbüros dann auch treffen. Hier in Hamburg war in den Achtzigern der Dieter Kosslick Chef, und im Gremium saßen neben Werner Schroeter Elfi Mikesch und Monika Treut. Also bin ich natürlich los und hab mir deren Filme angeschaut, im Filminstitut in Düsseldorf, da gab's welche im Archiv. Oder ich hab mir Bücher besorgt, damit ich eine Ahnung davon hatte, wer das überhaupt ist, der da sitzt. Von Schroeter zum Beispiel kannte ich noch gar nichts. Dann hab ich seine Filme gesehen und dachte plötzlich, das ist ja geil, was der macht.

Diese Begegnungen mit anderen und deren Arbeit, das Lernen durch sich selber, das Lernen durch Filme von anderen, dieses Gelernte wieder einzubauen in einen neuen Film, nur das bringt doch die eigene Bildersprache nach vorne. Heutzutage muss man immer nur gucken, was der Redakteur sagt: Ja, Moment mal, wir müssen an die Werbung denken, hier müsste noch irgendein Cliffhanger hin und da muss noch irgendein Star durchs Bild rennen oder so was. Das ist doch wirklich hanebüchen. Das sind doch alles Vorgaben, die nichts mit der Kunst zu tun haben. Ein Film muss doch in sich immanent sein dürfen wie ein Gemälde oder wie ein Musikstück. Es kommt doch auch keiner auf die Idee, ein Musikstück zu unterbrechen – und plötzlich, zack: Trinken Sie das neue Becks oder was auch immer. Das kommt nicht vor.

Das sind alles Sachen, bei denen ich inzwischen wirklich extrem konservativ bin. Ich hab nichts gegen kommerzielle Erfolge und gegen Mainstream-Kino. Das soll alles sein, das soll alles stattfinden. Letzten Winter war ich in Roland Emmerichs »2012« und hatte einen Riesenspaß. Aber man muss doch mal daran denken, dass wir auch Nachwuchs brauchen, der durchs Experiment kommt. Junge Leute, denen nicht von vornherein vorgeschrieben wird, was und wie sie es zu machen haben, die in sich selbst etwas Neues entdecken, neue Bilder, neue Gedanken, neue Fragestellungen, und die müssen dann auch sagen dürfen: Ich habe etwas anderes gesehen, oder: Ich habe eine neue Perspektive auf ein Problem – und das will ich euch zeigen. Das muss doch möglich sein in diesem hochkulturellen Land. Wie sollen denn sonst Visionen entstehen? Wo sollen denn sonst die Utopien herkommen, die wir doch nun wirklich dringend benötigen? Kunst löst keine Probleme, ist schon klar, aber Kunst heißt doch, etwas Neues zu entdecken und zu schaffen. Etwas Unwahrscheinliches. Und wenn diejenigen, die jetzt Filme machen, nur noch ausgebildet werden, um Hollywood zu simulieren, dann ist das Ergebnis leider sehr ausrechenbar.

Werner Schroeter ist auch gestorben ... allmählich wird es voll da oben.

Ich habe Werner Schroeter immer verehrt! Er hat mich in meinen Filmen wie zum Beispiel »Egomania« sehr stark beeinflusst. Er gehört auf dieselbe Stufe wie Fassbinder oder Jarman gestellt! Sein Leben war immer auch Zeugnis seiner Kunst und umgekehrt. Selbst in den letzten Monaten seines Lebens kämpfte er trotz seiner schweren Krebserkrankung für seine Kunst und seine Anerkennung. Ich hoffe sehr, dass ihm nun das deutsche Fernsehen endlich eine ausgiebige Retrospektive widmet, und dass er in Frieder Schlaich von der Filmgalerie 451 den Mann gefunden hat, der sein Werk so pflegt und vertreibt wie Juliane Lorenz das Werk von Fassbinder. Und ich denke, manch deutscher Kritiker sollte sich nun eingestehen, dass Werner Schroeter auch in seinen letzten Arbeiten für das Leben und seine merkwürdigen Auswüchse gelebt, gelitten und geschaffen hat. Stattdessen haben ihm einige seine letzte Arbeit an der Volksbühne Berlin, die ihm fast als letzte deutsche Bühne noch ihre Unterstützung gab, auf so peinliche Art vorgeworfen, dass es kränkend und verachtend wurde. Eine Entschuldigung für solche Hassattacken gibt es nicht. Keine Achtung vor seinem Werk? Oder war da wieder dieses Unbehagen, diese Angst, die er in vielen Betrachtern durch seine »Wahnsinns«-Arbeiten ausgelöst hat? Das hat ihm sicher zuletzt noch die letzte Kraft geraubt! Im Ausland hat er die Anerkennung zum Glück bekommen, aber wir in Deutschland konnten ihm zu Lebzeiten nicht mal eine Retrospektive geben. Zu schwierig für das deutsche TV-Publikum, zu kitschig, zu radikal, zu schwul, zu genial, zu ... zu ... zu ... Zum Glück dann noch nach den Filmfestspielen in Venedig auch ein letzter Preis auf der diesjährigen Berlinale ... ein kleiner, wenn man das so überhaupt sagen darf, Preis, der sicher wesentlich ehrlicher und wertvoller war als die vielen anderen deutschen TV- und Filmpreise. Jeder Preis bedeutet Anerkennung, aber vielleicht eignen sich die großen, publikumswirksamen deutschen Preise sowieso nur für Strahlemänner und -frauen und nicht für letzte Existenzialisten und Radikalüberhöher, wie Werner Schroeter einer war.

Ich habe in den letzten Monaten seines Lebens keine Kraft gehabt, ihn zu besuchen. Er war sehr mächtig, ein wirklich Wissender, einer, der sein Leben lang schon mit dem Tod verhandelt hat. Der die Liebesverluste in seinen Arbeiten zu ganz großen, existenziellen, in der Tradition von Pasolini und Fassbinder stehenden Werken geführt hat. Vielleicht war es diese Angst vor ihm, die mir den Mut genommen hat, mich ihm noch mal zu stellen, trotz größter Zuneigung! Ich bin mir sicher, dass Werner Schroeter in ein paar Jahren auch im öffentlichen Bewusstsein einiger Kritiker und TV-Redakteure zu den ganz großen deutschen Meistern gezählt werden wird! Was ein Derek Jarman für England, das ist Werner Schroeter für Deutschland. Aber eigentlich ist er noch viel mehr! Auch ein Fassbinder hat bei ihm geklaut, aber letzten Endes nie zu Schroeters Radikalität gefunden! Sein Tod ist nicht nur für mich ein großer Verweis auf die Vergänglichkeit unseres Lebens, aber vor allem ist er ein Verweis auf die wenige Achtung, die man einem wirklichen Genie in Deutschland entgegenbringt. Nun ist er tot und fast hätte ich gesagt, es ist zu spät. Aber eines ist klar: Schroeters Filme sind ein Vermächtnis, das an jede Filmhochschule und auch in die deutschen Kinos oder die richtigen TV-Anstalten gehört! Ein Vermächtnis, dieses Leben genauer zu betrachten und seine Melodie zu erforschen! Das hat er sein Leben getan! Dafür nicht nur Dank, sondern tiefste innere Liebe!

(13.4.2010, Schlingenblog auf www.schlingensief.com)

Ich bezweifle, dass die Leute tatsächlich schreiben, was sie wollen

Ich finde, wir haben in Deutschland keine wirklich guten Filme. Oder: Wir haben vielleicht immer wieder ein paar Leute, die interessante Filme oder auch Fernsehsachen machen, nur wo sind die Abspielstätten? Wo kann man die Filme sehen? Da muss doch das Fernsehen ran. Die können doch nicht nur so Hollywood-Simulationen versenden. Ich war zum Beispiel ein Fan von Doris Heinze. Das darf man ja gar nicht zu laut sagen, glaube ich. Trotzdem: Doris Heinze war in meinen Augen die einzige Redakteurin – vielleicht mit drei anderen noch –, die immer wieder mal Produktionen gefördert hat, die etwas schräger lagen, die komisch waren. Warum wird gerade die jetzt so zerhackt? Ich meine, ich könnte Ihnen auch drei Namen beim WDR nennen. Oder beim BR, wo auch immer. Überall Redakteure, die irgendwelche Teppiche von Produzenten zu Hause rumliegen haben. Oder die auch schon mal auf den Fidschiinseln waren und keiner wusste, warum die sich das leisten konnten. Aber diese Doris Heinze ist plötzlich das Synonym für Bösartigkeit. Natürlich ist es nicht legal, wenn sie den Namen ihres Mannes gefälscht hat, damit keiner merkt, was familienklüngelmäßig los ist. Aber ich hab doch auch schon unter dem Pseudonym Günter Grass geschrieben. Das ist doch heutzutage sowieso gar keine Frage mehr. Wer schreibt denn wirklich noch unter seinem wahren Namen? Gut, vielleicht schreiben die Leute in den Zeitungen unter ihrem Namen, aber schreiben sie auch wirklich das, wovon sie überzeugt sind? Das bezweifle ich. Ich bezweifle, dass die Leute in den Zeitungen tatsächlich noch das schreiben, was sie sagen wollen. Ich glaube, dass es da solche Druckmechanismen gibt, Druck vom Chefredakteur, Druck von all den Besserwissern, die rumlaufen – bis man selbst nicht mehr weiß, was man eigentlich sagen wollte.

Oder man darf mal so ein bisschen wirr sein wie bei »nachtkritik.de«. Das ist eigentlich eine tolle Einrichtung, die ist klasse. Da werden Kritiker oder welche, die es werden wollen, losgeschickt, und nach der Vorstellung, während das Publikum noch klatscht, rasen die schon raus, hocken sich vor's Theater, haben noch den Geruch der Schauspieler in der Nase und hacken ganz bildecht und authentisch in die Tasten rein, wie sie's fanden. Und das heißt dann »nachtkritik.de«. Ist echt klasse. Aber mittlerweile haben die so Blogs eingerichtet – und deshalb kommen wir zum ersten Mal auf das Operndorf –, in denen zum Beispiel Esther Slevogt erzählt, dass ihr Großonkel sich früher mal von Negern durch den Busch hat

ICH BEZWEIFLE, DASS DIE LEUTE ... 91

tragen lassen und denen dabei Goethe vorgelesen hat.
Das ist ihr eingefallen, als sie gelesen hat, dass ich von
der Bundeskulturstiftung Geld bekomme für mein Afrika-Projekt. Und so steht dann da: »Im Busch – der On-
kel auf der Sänfte«, von Esther Slevogt. Debatte eröffnet.

Okay, kein Problem. Ich schätze Esther Slevogt und sie
hat natürlich recht. Ich hab ja selbst oft genug gesagt,
dass ich immer bequemer Tourist bleiben werde. Aber
dann kommt da ein Forum von 400, 500 Beiträgen zusammen, wo wildfremde Menschen unter dem Pseudonym Herr Neger, Herr Horror, Herr Terrorneger oder
was weiß ich ihren Frust abladen. Aber so ist das nun
mal: Irgendwer haut immer quer. Irgendwer weiß immer, dass der andere alles ganz falsch sieht. Irgendwer
sieht irgendwelche Kategorien verrutscht und kann das
deshalb so genau beurteilen, weil er der Inhaber seiner
eigenen Kategorien ist. Aber am Schluss steht fast immer
fest, dass »der« Schwarze bzw. die Pauschale »Afrika« sowieso nichts davon haben werden, wie wir alle bereits
jetzt schon wissen. Ich hab doch selber schon so oft gesagt, dass ich Fehler gemacht habe in Afrika, gravierende
Fehler, im Kern will ich doch dahin, um etwas zu lernen.
Ich glaube, dass Afrika spirituell und kulturell extrem
wichtig ist für unsere Zukunft hier in Europa. Wenn ich
da jetzt nichts lerne, was soll ich denn dann demnächst
machen, wenn wir uns alle hier nur noch selbst zitieren?
Was sollen wir alle denn bloß machen, wenn uns in diesem abgeschlafften Kontinent nix Neues mehr einfällt?

Obwohl: Da hatte ja einer jetzt eine ganz tolle Idee,
zumindest fürs Theater. Herr Kehlmann hat gesagt: Alle
Klassiker nur noch einmal inszenieren, und zwar richtig geradeaus, so wie es da steht. Zum Beispiel Hamlet:
Stuhl, Totenkopf, Ophelia im Wasser, gucken, sprechen,
fertig. In die Box, Siegel drauf und ab durch Deutschland.

Die Leute sehen überall dasselbe und können sich auch endlich über dasselbe unterhalten. Wunderbar. Da würde man den Kritikern auch einen Gefallen tun. Die müssen nicht mehr hektisch von hier nach da reisen, Flieger fast verpasst, schlechte Inszenierung, Sekt verschüttet – oder auch gute Inszenierung, die den Kritiker aber zu sehr an Wien oder Berlin oder was auch immer erinnert. Ich meine, da wird man ja verrückt. Man hat's ausgerechnet: Statistisch gesehen muss ein Kritiker in einem gewöhnlichen Kritikerleben 120 Mal den Hamlet angucken. Was soll denn in diesem Kopf noch stattfinden? Was soll überhaupt noch in diesem Menschen stattfinden? Das muss doch zum Kotzen sein, da immer drinzusitzen und sich zu fragen: Ja, wie haben wir's denn diesmal gemacht? Hamlet als Frau? Oder die Schauspieler echte Neonazis, wie bei mir damals in Zürich? Oder als Hausfrauenchor? Hartz-IV-Empfänger-Chor?

Dasselbe in der Oper. Da spielt man den Holländer dann im Trimm-dich-Klub oder an einer Tankstelle oder aufm Mond oder was weiß ich. Obwohl: Mond geht ja noch, weil ich finde, metaphysische Elemente bringen einen weiter. Aber diese anderen Sachen nicht unbedingt.

Deshalb finde ich im Kern den Vorschlag brillant: Universalinszenierungen für alle alten Schinken und gut ist. Keine neuen Einfälle mehr, dann ist die Sache vom Tisch, dann ist endlich Ruhe. Kein Toter wird sich mehr im Grab umdrehen müssen. Und wir können uns endlich in Ruhe den Arbeiten widmen, die richtig verunglücken. Weil sie sich dem Leben nähern. Deshalb: Wenn wir demnächst in Afrika etwas machen, dann können Sie gerne mitkommen, Flug und Hotel müssen Sie natürlich selber zahlen, aber Sie können dabei sein und sich das angucken. Und Sie können natürlich auch sehen, wenn Fehler passieren. Aber wenn man gleich schon ganz vorne am Tisch sitzt und sagt, das wird sowieso nichts, das haben wir schon immer gewusst, das bringt denen nichts und uns sowieso nicht, weil wir sitzen ja sowieso verschnarcht hier rum – dann ist immer nur alles tot. So viel wird bei uns von vornherein totgemacht!

Das ist auch das, was ich so gerne noch aufschreiben will, vielleicht als Andenken: dass ich es so wichtig finde, die Augen offenzuhalten. Dass man jungen Leuten, genau wie bei der Filmförderung, zusprechen sollte, an sich selber etwas lernen zu dürfen. Und dass das auch wirklich in Ordnung ist, wenn sie das öffentlich machen, also wenn man daran teilnehmen darf. Es ist so wichtig, dass wir dahinkommen, offen zu sein, einfach zu sagen, ja, mach doch, ich freu mich, das ist super, leg doch los und schick mir das mal. Das muss drin sein. Ein bisschen Wohlwollen. Und das ist als Idee auch ganz wichtig für die Elemente, die ich nachher von Afrika erzählen möchte.

> Liebe besorgte Afrikafreunde, ich lese gerade diesen Blog, in dem auch das afrikanische Festspielhaus thematisiert wird, und möchte Folgendes bemerken: Ich habe meine Projekte immer aus der Offenheit begangen, dass es auch falsch sein kann, was da gemacht wird. Wie anders sollte man den Dingen überhaupt begegnen. Aber noch immer wissen immer so viele, was geht und was nicht geht! Der Neid, dass die Bundeskulturförderung oder wer auch immer da Geld geben wird, ist nicht zu überhören.
>
> Natürlich bin ich ein Onkel in der Sänfte. Als ob ich die Diskussion des kolonialen Auftretens nicht schon 1997 in Simbabwe oder vor drei Jahren in Lüderitz erlebt hätte. Warum ist da so eine Aggression im Raum? Ich halte auch nichts von den Geldoffwassersuchern oder tanzenden deutschen Rocksängern, die sich in Afrika so wahnsinnig wohlgefühlt haben. Noch übler dieser ganze Mist von deutschen Theater-

machern, die sich zum Beispiel nach Brasilien aufgemacht haben, um dort ihre dicken Theatereier zu zeigen. Und was war? Die Klimaanlage war defekt, die brasilianischen Mädchen waren nicht willig und das Koks war versalzen. Aber schon nach einer Woche back in Germany ist alles ganz toll gewesen und Brasilien der Ort, an dem die Arbeit einen neuen Sinn bekommen hat! Hört! Hört! Ich kann nur sagen, selbst nach drei Monaten Manaus war uns allen klar, dass wir Touristen geblieben sind. Aber schön war's trotzdem!

Obwohl – das stimmt natürlich, was hier jemand geschrieben hat: dass nämlich diese Abgrenzung und Kategorisierung zwischen gutem und bösem Helfen Quatsch ist.

Solange die Initiativen zukunftsorientiert handeln, also Zukunftsmöglichkeiten für andere Menschen auf- und ausbauen, ist jede Auseinandersetzung richtig und wichtig.

Schade aber, dass hier die Gerechtigkeitsapostel (meist nichtregistrierte wie ich) ihre kolonialen Verhaltenstipps so namenlos vertreiben. [...] Und noch was: Ich fahre im Juli nach Mosambik zu Henning Mankell. Seine Frau hat dort schon seit einiger Zeit ein Theater. Kommt doch mit und pickt euch eure eigenen Sätze raus! Was ich aber von meiner Krankheit, von vergangenem und neuem Kolonialismus, von angemessenen Trinkgeldern usw. halte, bleibt für immer mein Geheimnis. Verlasst euch also nicht nur auf die Buchstaben, die da aus vorauseilendem Gehorsam sagen: Warum macht der was, was sowieso nicht geht? Ich behaupte mal: Es geht. Sollte ich mich getäuscht haben, dann schreibt es dick und fett ins Wikipedia: Er war fast einer von uns, aber an dieser afrikanischen Stelle hat er uns bitterlich enttäuscht.

(Anmerkung der Redaktion: Es handelt sich bei diesem Kommentator um den »wirklichen« Christoph Schlingensief. Die Redaktion hat nachgefragt.)

(26. 6. 2009, Kommentar auf nachtkritik.de)

Politik durchspielen

Aber bevor ich mehr von meiner Afrika-Idee erzähle, will ich doch noch ein bisschen von früher berichten. Was würde eigentlich passieren, wenn die Parteien ihren Dreck mal als Realität präsentiert bekämen, wenn einfach mal nachgespielt würde, was die uns als Lösungen vorschlagen? Das habe ich mich gefragt, als 1999 die FPÖ mit ihrem »Ausländer raus«-Wahlkampf zweitstärkste Partei Österreichs und anschließend sogar Regierungspartei wurde. Da dachte ich: Man muss real werden lassen, was Politiker propagieren, das heißt, man muss öffentliche Filmstudios aufbauen und behaupten, das sei jetzt echt. Das war die Grundidee: Wir nehmen Haider-Sätze und spielen die durch. Wir bauen ein Theater auf, das endlich nichts mehr vorspielt, sondern die Dinge durchspielt.

Und so haben wir wie bei dieser Big-Brother-Sendung, die damals gerade für unglaublich viel Aufregung sorgte, einen Container neben der Wiener Staatsoper aufgestellt und zwölf Asylbewerber einziehen lassen. Wobei Zeltstädte und Containerdörfer für mich schon länger aktuell waren. Bei »Terror 2000« hatte ich zum Beispiel in einem Asylbewerberheim gedreht: Da gab's 18 m^2 für fünf bis zehn Personen, plus ein Waschraum und ein Aufenthaltsraum mit Gemeinschaftskochstelle. So ähnlich haben wir das dann auch in Wien bauen lassen. Die Außenwände der Container waren mit Wahlkampfsprüchen der FPÖ und mit Artikeln der Wiener »Kronenzeitung« beklebt, auf dem Dach hatten wir blaue Fahnen der FPÖ gehisst und vor allem: ein großes Schild mit der Aufschrift »Ausländer raus« angebracht, gemeinsam mit dem Logo der »Kronenzeitung«. Ausländer raus – das stand da einfach, in dicken und fetten Lettern, natürlich ohne Anführungszeichen, manifest wie ein Wahlplakat. Da konnte man erst mal nichts machen, und als wir nach dem Einzug der Asylbewerber dieses Schild feierlich enthüllten, jubelten die Sympathisanten noch wie die Wahnsinnigen. Ich selbst habe den Leuten mit meinem geliebten Megafon immer wieder verkündet: »Diese Aktion wird Ihnen präsentiert von der FPÖ, in Zusammenarbeit mit der ›Kronenzeitung‹.« Oder umgekehrt: »Diese Aktion wird Ihnen präsentiert von der ›Kronenzeitung‹, in Zusammenarbeit mit der FPÖ.« Denn die wahren Parteien sind ja eigentlich die Boulevardzeitungen.

Im Internet übertrug Webfreetv die Ereignisse im Container, und die Österreicher waren dazu aufgerufen, per Ted-Telefon oder per Mausklick täglich die zwei unbeliebtesten Insassen aus dem Container herauszuwählen. Was sie auch tatsächlich taten – und zwar nicht wenige. Das heißt, wer am Abend die meisten Stimmen hatte, wurde mit dem Auto abgeholt, sollte an die Landesgrenze gefahren und aus Österreich rausgeschmissen werden. Und der Asylbewerber, der übrig blieb, bekam ein Siegergeld und sollte in Österreich bleiben dürfen.

Ein Vorgang, der das ganze Ding im Vorfeld erst so richtig auf Trab gebracht hatte, war die Ungewissheit, ob wir überhaupt einen Platz bekommen. Nachdem das Okay von den Wiener Festwochen da war, hatten wir jede Menge Anträge gestellt, mehrere Plätze waren auch in der Diskussion, die wir aber alle nicht berauschend fanden – so Nicht-Fisch-nicht-Fleisch-Plätze, nicht ganz im Abseits, aber auch nicht richtig mittendrin: ein Parkplatz hinter der Secession, der Heldenplatz, auch ein Ort im Arbeiterbezirk Favoriten, mit der Begründung, da gäb's ja besonders viele FPÖ-Wähler. Endlich kam ein Vorschlag, den wir utopisch gut fanden: am Anfang der Kärntner Straße, Fußgängerzone, direkt vor dem Hotel Sacher.

POLITIK DURCHSPIELEN 97

Dann aber kam einer vom Gartenbauamt, der mitteilte, die Blumentöpfe an dem möglichen Standort könne man auf gar keinen Fall auch nur um einen Zentimeter verschieben, weil sonst die klimatischen Verhältnisse für das Parkhaus, das unten drunter lag, außer Rand und Band gebracht würden.

Also wieder nix. Das Ganze zog sich hin, alle waren schon ganz schön nervös, auch Luc Bondy, der Chef der Wiener Festwochen, der sich irgendwann einen Ruck gab und sagte: »Komm, wir ziehen das jetzt durch, wir lassen uns direkt einen Termin bei dem Verwaltungsmenschen geben, der da zuständig ist.« Der hieß Schmitz, saß im Stadtrat und war Vorsteher des 1. Wiener Gemeindebezirks. Er und sein Assistent empfingen uns in seinem Büro, zwar mit Handschlag, aber mit total skeptischem Blick. Dann setzte sich Schmitz an seinen Schreibtisch, starrte auf seine Pläne und murmelte vor sich hin: »No, das geht net, no, des auch net.« Irgendwann zündete er sich in einem unglaublich langsamen Vorgang seine Pfeife an und ließ sich vom Assistenten Geodreieck und Lineal bringen. Damit beugte er sich über seine Blätter, markierte mit Bleistift eine Linie, dann zog er an seiner Pfeife, dann zog er wieder eine Linie, das Lineal wanderte erst nach links, dann nach rechts, immer hin und her: »Joooa, naaa, des mache ma net … jooa, naa, des auch net.« Stundenlang ging das so, Luc Bondy saß da wie ein unruhiges Kind, das gerne Fußball spielen gehen würde, aber nicht kann, weil das Trikot dreckig ist und die Eltern sich nicht über den Kauf einer Waschmaschine einigen können. Mir ging's ähnlich. Dann sagte Schmitz plötzlich: »Des kömma vergessen, do nich, do nich! Aber do!!!« Wir beugten uns über die Pläne und zuckten innerlich zusammen, weil wir dachten, das kann ja nicht sein, dass der Mann diesen Platz vorschlägt, der ist ja noch viel besser als der am Sacher. Wir schauten uns kurz an und dann fing ich an: »Ja, Luc, mmmh, da also, weiter vorne, direkt an der Oper, mmmhhh – wenn gar nix anderes geht …« Dabei konnten wir unser Glück kaum fassen. Als wir aus dem Gebäude gingen, spielten wir erst mal noch die Bedröppelten – aber als wir dann um die Ecke bogen, sind wir wie die Kinder vor Freude aneinander hochgesprungen.

Ich weiß bis heute nicht, warum das damals geklappt hat. Inzwischen glaube ich fast, dass der Gemeindebezirksvorsteher Schmitz klammheimlich auf unserer Seite war und uns in seinem Büro eine geniale Theatervorstellung geboten hat. Der wollte, dass wir die größtmögliche Aufmerksamkeit kriegen, dass das Ding funktioniert – auch wenn er sich später in Interviews immer wieder abschätzig geäußert hat. Denn die Aufregung, die sich im Laufe der sechs Tage entwickelte, konnte ja vor allem deshalb so groß werden, weil der Platz für den Container der helle Wahnsinn war.

Die ersten zwei Tage passierte eigentlich gar nichts. Das Ganze wirkte ein bisschen wie abgestandenes Essen. Aber durch die Penetranz der Menschen, die sich vor dem Container versammelten und schimpften und diskutierten, kam immer mehr Energie in die Sache, und sie fing langsam an, sich selbst zu tragen. Erst war es ein langweiliges, unbewegliches Bild an der Wand. Dann ist aus dem Bild ein immer stärker wuchernder Hefeteig geworden, der sich so dermaßen unter die Menschen schob, dass niemand mehr umfallen konnte. Man war mittendrin, jeder, der am Set war, stand plötzlich im Film, nicht in dem Film von mir und oder von Luc Bondy, sondern in seinem eigenen Film. Ich glaube, wir haben damals etwas erzeugt, das sich so verselbstständigt hat, wie es normalerweise nur

ein Virus im Körper macht. Irgendwann ließen die Festwochen sogar Schilder mit der Aufschrift, das Ganze sei
eine Kunstaktion, aufstellen. Die wollten Klarheit schaffen, die konnten so einen Tumult nicht aushalten.

Solche Schnittstellen zwischen Realität und Fiktion,
zwischen Leben und Kunst habe ich wohl ziemlich häufig berührt, nicht nur während dieser Woche in Wien.
Habe gedacht, ich bin in der Realität, musste aber erkennen, dass um mich herum die Situation niemand ernst
genommen hat. Oder ich selbst hab die Situation nicht
ernst genommen und plötzlich gemerkt, wie ernst und
bitter sie ist. Solche Kippmomente habe ich oft erlebt.
Vielleicht auch zu oft. Denn das, was ich da angezettelt
hatte, war ja nicht nur für die anderen unklar und wider-
sprüchlich. Auch ich wusste oft nicht, was gerade los ist,
auf welcher Seite der Grenzlinie ich mich gerade befinde.
Und tief in meinem Innern habe ich mich schon manchmal nach Klarheit gesehnt, war unglücklich über die Totalverwirrung, die ich da gestiftet habe. Weil ich mich dabei selbst verloren habe, weil ich nicht selten selbst in der
Totalverwirrung gelandet bin.

Die Schilder der Festwochen haben wir damals natürlich trotzdem sofort wieder abbauen lassen. Denn das
Ding lebte ja von der Unsicherheit, ob das jetzt Kunst
oder Leben, Inszenierung oder Wahrheit ist. Wichtig war
zum Beispiel, dass da diese Touristenbusse an der Oper
ankamen und japanische Touristen plötzlich sahen: »Ausländer raus!« Da haben die natürlich gedacht, was ist
jetzt in Wien los? Diese schöne Stadt, alles ist mit Mozart-
kugeln gefüllt, und jetzt plötzlich so was. Was ist denn da
passiert?

Diese Momente der Spiegelung, das heißt, in eine Situation reinzukommen, die nicht stimmt, in der die Bilder, die ich im Kopf habe, nicht übereinstimmen mit

dem, was ich in der Realität sehe – darum ging es ja. Einen Spiegel aufzustellen, bei dem nicht klar ist, wer hier eigentlich wen beobachtet. Die »Kronenzeitung« mich oder ich die »Kronenzeitung«? Eine Situation zu schaffen, bei der jemand plötzlich unfreiwillig Bestandteil eines Bildes wird, so wie eben die »Kronenzeitung«, weil wir ja behauptet haben, es handele sich um ein Projekt der »Kronenzeitung«, und den Container mit ihren volksverhetzenden Artikeln und Headlines beklebt hatten. Da waren sie natürlich in der Zange: Wie sollten sie das Ding abschalten? Dann hätten sie sich und ihre Sprüche ja selbst abschalten müssen. Genauso die ÖVP/FPÖ-Regierung, die ich im Laufe der Zeit immer stärker attackiert habe: »Eure Regierung lässt es zu, dass seit Tagen hier mitten in Wien ein Schild mit der Aufschrift ›Ausländer raus‹ hängt. Was ist denn das für ein Land hier? Was habt ihr denn für eine unglaubliche Regierung hier? Wieso kommen die nicht und reißen das Ding ab?«, habe ich den Leuten mit meinem Megafon zugerufen.

Stattdessen sind dann die Studenten losmarschiert. Am vierten Tag kam eine Gruppe an und hat versucht, das Schild »Ausländer raus« vom Containerdach zu holen und die Asylbewerber zu befreien. Da dachte ich: Was ist das jetzt für ein Film? Da hat doch jemand die komplett falsche Spule eingelegt. Die Indianer stürmen, die Asylanten flüchten – und das Ding ist beendet? Wir hatten kurz darüber nachgedacht, aber das wäre ein Riesenfehler gewesen. Ich wollte dieser sich selbst täuschenden Demonstrationsgesellschaft nicht das Schlussbild erlauben. Und die Wiener wollten auch nicht, dass die Sache auf diese Weise beendet wird: Ich weiß noch, am nächsten Morgen war ich total fertig, innerlich völlig ausgetrocknet, hab mich irgendwie vor die Oper geschleppt – aber dann war da schon wieder die Hölle los, Hunderte von Leuten standen da und diskutierten weiter wie die Irren. Das war eben auch der Suchtfaktor dieses schnellen Brüters, der sich nicht abschalten lassen wollte. Also haben wir weitergemacht, die Asylbewerber zogen wieder ein und das mit irgendwelchen albernen Widerstandsparolen übermalte »Ausländer raus« wurde wieder sichtbar gemacht.

Für diese Widerstandskämpfer – die brüllten während ihres Auftritts wirklich dauernd »Widerstand! Widerstand!« – hatte ich ganz wenig Verständnis, auch wenn manche echt liebenswürdig waren. Freiheit für die Asylanten? Was sollte das denn heißen? Als die aus dem Container kamen, war da draußen ja keine Freiheit. Die haben sich doch im komplett falschen Bild aufgehalten. Und daher war das Stürmen unserer Containerburg auch so komisch, weil die Idee, etwas Gutes zu tun, das Schild herunterzureißen und Asylbewerber zu befreien, nur dazu geführt hat, dass die Demonstranten die Drecksarbeit erledigten, die eigentlich die Regierung hätte machen sollen. Sie wurden zur Waschmaschine für ihren miesen, dreckigen Staat, weil sie sich unfreiwillig für ihn, der sich eben nicht selbst sauber machen wollte, eingesetzt hatten. Denn die Regierung hätte ja nur kommen müssen und das Schild abnehmen, dann wäre alles erledigt gewesen. Wir hatten auch Haider eingeladen, uns zu besuchen, mit uns zu reden, aber er hat natürlich gekniffen, wahrscheinlich, weil endlich mal Waffengleichheit herrschte. Die Nachricht für die Welt wäre jedenfalls gewesen: Die Regierung Österreichs reißt das Schild »Ausländer raus« runter und bürgert die Asylbewerber aus dem Container ein. Aber den Gefallen wollten sie uns nicht tun, weil sie damit ja ihre eigene Geschäftsgrundlage aufgekündigt hätten. Also mussten sie ihr Nichteinschreiten wohl oder übel vor sich selbst damit begründen, dass das eben Kunst sei, obwohl sie nach außen ständig bellten, das sei keine Kunst. Sie mussten sich auf die Kunstfreiheit berufen, die sie am liebsten abgeschafft hätten.

Es ist komisch: Als ich heute in den Container reingegangen bin – es war, kurz bevor die Oper anfing und Horden von Menschen in ihren Anzügen dort hineinströmten –, habe ich eigentlich zum ersten Mal bei der Aktion hier Angst gehabt. Das ist wahrscheinlich die Veränderung, die stattfindet, wenn man bald 40 wird. Wenn ich die Sache mit 20 gemacht hätte, hätte ich überhaupt nicht geschlafen vor Angst; mit 30 hätte ich mir irgendetwas darüber erzählt, um schlafen zu können – und jetzt, mit bald 40, schlafe ich. Aber sehr unruhig. Mit 50 werde ich dann vielleicht schlafen und – – ach, ich weiß auch nicht ...

Am Sonntagnachmittag, kurz bevor es losging, habe ich noch gedacht, man bläst das jetzt ab, weil das Ding für einige Leute ja schon im Vorfeld sehr entlarvend abgelaufen ist. Denn es stellt sich ja die Frage: Was passiert mit den Asylbewerbern? Die haben ja wirklich alle mit schwebenden Verfahren zu tun – und jetzt sind sie plötzlich Schauspieler der Festwochen. Was geht in den Leuten vor? Was denken die, was jetzt passiert? Das fragt keiner da draußen. Es ist völlig eigenartig, dass keiner, auch keiner von den Journalisten, irgendeine Frage zu den Asylbewerbern stellt. Man hat sich damit abgefunden, dass das Schauspieler sind. Das ist aber eben nicht so.

Deshalb hab ich auch eine Inszenierung in irgendeinem klassischen Theaterraum abgelehnt. Ich konnte nicht einfach nach Wien kommen, auf die Bühne steigen, den Vorhang aufmachen, ein bisschen herumplärren und dann den Vorhang wieder zumachen. Das ist für mich in dieser Sache nicht möglich und deshalb findet jetzt eine Inszenierung statt, die ich nicht richtig leiten kann. Die ich aber auch deshalb so sehr liebe. Ich kann sie nicht führen, ich kann nicht hier stehen und sagen, um 14 Uhr oder abends um 21 Uhr kommt der Hauptdarsteller vorbei, der Revolutionär oder der FPÖler oder was weiß ich wer. Für mich ist es ganz wichtig, dass die Inszenierung draußen stattfindet. Da passiert mehr, was ich nicht beeinflussen kann. Und das, was ich nicht beeinflussen kann, interessiert mich seit der Partei am meisten. Weil: Da wollte ich beeinflussen, da wollte ich etwas erreichen und das ging nicht in Erfüllung, weil es wahrscheinlich völlig falsch gedacht war. Es gibt im Moment nichts, was man erreichen kann. Davon bin ich fest überzeugt. Man kann im Moment nichts erreichen – außer Überleben. Das ist das Einzige und das ist verdammt schwer. Weil alle auf Globalisierung abfahren, mit neuen Missionen und der Börse herumhantieren – und da sind wir dann eine Nummer, die glücklich ist, bei diesem Rechenspiel dabei sein zu dürfen. Das ist aber nicht das Glück, das ich suche. Und ich kenne ganz viele, denen es ähnlich geht. Die dieses Glück auch nicht wollen, was einem da angeboten wird.

Es ist alles superanstrengend hier, aber im Moment fasziniert mich vor allem, dass ich die Sache mit dem Internet ausprobieren kann. In fünf Jahren wird das selbstverständlich sein, aber die Kämpfe, die wir jetzt haben, mit Hackern und den ganzen Abwehrmaßnahmen – das ist der erste Schritt in eine Mobilität des Protests. Wir hängen ja alle noch ein bisschen an den Bildern der Sechzigerjahre, Wasserwerfer, Steinewerfer – aber das ist vorbei. Die neue Kultur von Widerstand wird gerade in der Anonymität trainiert. Das Internet ist eine Art Trainingscamp – und das beschleunigt mich im Augenblick sehr. Auch diese Chatseiten, dieses Sichverstellen, sich eine Rolle, einen neuen Namen geben und jemand attackieren, vielleicht als Nazi, vielleicht als Linker – das ist die Wahrheit, die am Gären ist. Die Welt bekennt sich gerade dazu, dass sie eigentlich nichts anderes ist als Theater. Mit dem Nachteil, dass es im Theater nicht wehtut, im Leben aber schon – aber vielleicht kann man das ja auch noch abschaffen, dann haben wir eine ideale Welt ...

Das ist eben das große Pro von Theater, von Fiktion: dass es sich Dinge erlauben kann, zum Beispiel auf der Bühne jemanden zu töten oder seinen Kopf zu fordern – ohne Konsequenzen. Ich war immer ein Gegner von diesem blöden griechischen Theater, aber, auch hier wieder: Je älter ich werde, desto mehr finde ich es toll, von Katharsis zu reden. Wenn ich eine gute Theaterinszenierung anschaue, genauso wie einen guten Film, dann denke ich inzwischen tatsächlich manchmal: Wie gut, dass der den umgebracht hat, dann brauch ich's nicht mehr zu machen. Ich bin ja auch extrem pathetisch, ich bin hochromantisch, ich bin extrem eifersüchtig – und selbstverliebt. Ich bin alles, was mit Peinlichkeit zu tun hat. Ich bin eben kein Zyniker im modernen Sinne. Meinen Aktionen und dem, was da passiert ist, ist eine Selbstbeschädigung inbegriffen. Selbstzweifel auch. Und Selbstdemontage sowieso. Das hier ist ein hochpeinlicher Akt und dem setze ich mich gerne aus und so überlebe ich.

(Wien, 13.6.2000, Interview mit Robert Buchschwenter)

Nach der Container-Aktion kamen plötzlich alle angerannt: »Sensationell, ganz toll, Christoph ist super!« Überall nur Begeisterung und Umarmungen und Einladungen. Im »Spiegel« hieß es noch eine Woche vorher, Schlingensief sei fertig, kaputt, die Partei habe nicht geklappt, aus, vorbei. Dann kam der Container und ich war plötzlich Everybody's Darling. Natürlich habe ich mich über den Erfolg gefreut, aber die Sache war auch missverständlich. Ich glaube bis heute, viele Leute fanden es einfach nur toll, dass Österreich mal so richtig in die Pfanne gehauen wurde. Dabei ging es überhaupt nicht darum, vorzuführen, wie beschissen rechtsradikal

die Österreicher sind. Ich wollte eine Bilder-Störungsma-
schine bauen. Ich dachte: Wenn mich ein Bild, eine Inszenierung wie diese ÖVP/FPÖ-Regierung stört, dann
habe ich dafür zu sorgen, dass dieses Drecksbild, was sich
da als sauber darstellt, gestört wird. Und das habe ich
vielleicht auch geschafft.

Trotzdem habe ich mich hinterher total unwohl gefühlt. Denn im Kern fand ja wieder keine richtige Diskussion darüber statt, was da überhaupt vor sich geht.
Ob zum Beispiel Fremdenfeindlichkeit und Rassismus
in Zeiten des globalen Markts nicht sowieso bald verschwinden werden und wir uns da ganz unnötig aufre-
gen. Oder ob es nicht vielleicht doch sein kann, dass der
Arbeitslose, der Mann mit 900,- Euro netto im Monat
mehr denn je eine Ersatzwährung braucht, mit der er bezahlen kann, das heißt, mit der er an jedem Stammtisch
der Welt verstanden wird. Der muss auf den Tisch hauen
können und brüllen dürfen: »Schwarz muss raus!« Wer
kein Geld hat, wer vom Markt ausgeschlossen ist, der
muss sich eine Ersatzwährung suchen, mit der er spe-
kulieren kann, und Haider und Konsorten waren ledig-
lich die Typen, die eine zwar altertümliche, aber effektive
Ersatzwährung zur Verfügung gestellt haben – das war
so ein Gedanke, über den man hätte nachdenken und
sprechen und streiten können. Stattdessen wurde nur gejubelt, dass ich's den Österreichern mal richtig gezeigt
hätte. So kam es mir zumindest vor.

Und da habe ich gleich danach U3000 bei MTV gemacht. Wenn die Umarmung sehr groß war, wenn ich
dachte, jetzt werde ich nur noch gelobt und geliebt,
musste ich das sofort brachial zerstören. Wie aus einem
Zwang heraus. Diese U-Bahn-Sendung war so ein Ding,
das war blutig, das war ekelhaft, das war versaut. Da war
ich für die anderen wieder der durchgeknallte Schlin-

»Bitte liebt Österreich – Erste österreichische Koalitionswoche«, 2000. Containerdorf neben der Staatsoper Wien und am Eingang der Kärtner Straße, Wiens belebter Haupteinkaufsstraße

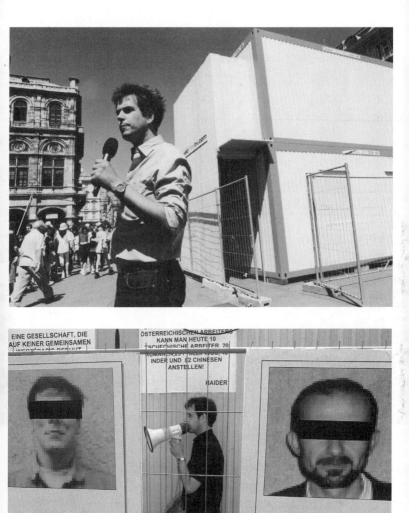

Mit Mikrofon und Megafon während der Aktionswoche

Anmoderation der allabendlichen Abschiebung

Die abgewählten Asylbewerber werden aus dem Container zum Taxi in Richtung Flughafen geführt

Mit Elfriede Jelinek vor den Containern, Filmbild aus »Ausländer raus! Schlingensiefs Container«, Buch und Regie: Paul Poet

gensief, laut, schrill, chaotisch, unverschämt. Und dann zieht der auch noch vor der Kamera die Hose runter. Nach U3000 war's auch erst einmal wieder vorbei mit irgendwelchen Einladungen aus der Hochkultur.

Am schlimmsten traf das natürlich meine Eltern. Die saßen da die ganzen Jahre in Oberhausen rum und bekamen eigentlich nur mit, dass ihr Sohn merkwürdige Sachen macht. All die Söhne ihrer Bekannten, Freunde und Nachbarn waren etwas geworden, alle hatten einen ordentlichen Beruf, Apotheker, Arzt, Anwalt – nur ihr Christoph turnt da rum, macht Kettensägen-Filme, veranstaltet Blutexzesse auf der Bühne und gründet eine Partei im Zirkuszelt. »Was ist nur aus eurem Christoph geworden? Das ist doch Mist, was der da macht«, hieß es jahrelang in Oberhausen. Sogar Postkarten mit Beschimpfungen bekamen meine Eltern. Eine besonders harte hatten irgendwelche Neonazis an meinen Vater geschickt: »Warum hast du deinen Sohn nicht in die Ruhr abgespritzt?« Das war grauenhaft. Unbeschreiblich grauenhaft.

Immer wieder habe ich versucht, die Dinge geradezubiegen, zu erklären, was ich da eigentlich mache, damit sie mich ein bisschen besser verstehen können. Ich wollte ja, dass sie mich verstehen, dass sie stolz sein können auf ihren Sohn. Und sie waren auch extrem lieb und haben immer wieder gesagt, ja, klar, verstehen wir, mach mal weiter, bleib bei deinen Sachen. Das war ihr größtes Ziel: dass ich nicht umkippe. Aber wirklich verstanden haben sie mich nicht. Wie auch? Das konnten sie einfach nicht.

Was macht man da?

Was hätte ich da bloß machen können?

»Dieses Gesellschaftssystem ist in sieben Jahren komplett zerstört«

Dass ich damals von allen wirklich geliebt wurde – wahrscheinlich war das für mich auch deshalb sehr schwer zu glauben, weil ich ja selbst nicht vorhersehen konnte, was da passiert. Weil ich's bei den Sachen, die ich gemacht habe, doch auch gar nicht in der Hand hatte. Schon die Möglichkeit mit dem Container ist durch Zufall entstanden. Auch bei dieser Sache in Bayreuth ist für mich bis heute unklar, wie das eigentlich zustande kam. Das hat sich ja nur entwickelt, weil irgendjemand in Bayreuth beim Warten durchgedreht ist. Was ja in Bayreuth öfters vorkommt. Und in Wien hat's eben der Luc Bondy erlaubt, dann ging das einfach los, mit Matthias Lilienthal, meinem Dramaturgen damals, aber es hat sich wie gesagt die ersten zwei Tage überhaupt nicht entwickeln wollen. Nur durch den Aufruhr der Leute kam immer mehr Energie rein, und dann fing es eben an, sich selbst zu tragen. Das sind ja die Momente, die ich bei Künstlern wie Dieter Roth oder auch Beuys immer so toll fand. Wenn solche Aktionen dann abheben, weil die Leute ins Bild eintreten. Aber das Problem ist, dass diese Sachen nachher oft total verweichlicht werden. Dass man es nicht wirklich schafft, anderen die Energie weiterzureichen. Dass man nicht sagt, das ist eine Fläche, auf der durfte ich turnen, jetzt darfst du, jetzt mach du weiter, mit neuen Ideen, ich kann nicht mehr, ich komm gerne als Opa vorbei und gebe vielleicht noch den ein oder anderen Tipp.

Dass das dann fast nie weitergeht, das finde ich so schade.

Kunst war bei uns zu Hause kein Thema. Mit Bildern hatten meine Eltern nichts am Hut. Da wurde zur Dekoration das ein oder andere Landschaftsgemälde und Stillleben von der Galerie Mensing gekauft, Abstraktes ließ man gelten – aber insgesamt interessierte man sich in meiner Familie nicht für bildende Kunst. Ich hatte aber zwei Kunstlehrer, die mich beide ziemlich fasziniert und geprägt haben, ohne dass ich mir damals irgendeinen Gedanken darüber gemacht hätte, Künstler werden zu wollen. Ich wollte immer nur eins: Filmregisseur sein.

Aber ich habe jemanden kennengelernt, der für mich wichtig wurde. Das war 1976, im Saalbau in Essen. Mein Vater war Mitglied im Lions Club, und die organisierten dort regelmäßig Veranstaltungen mit bekannten Persönlichkeiten. An einem dieser Abende hatten sie Joseph Beuys zu einem Vortrag eingeladen. Wahrscheinlich bekam er auch ein bisschen Geld dafür, damit er sich weiter sein Fett und seinen Filz kaufen konnte. Jedenfalls nahm mich mein Vater an diesem Abend mit. Da stand da vorne also so ein Mann mit Hut auf dem Kopf und faselte unglaubliches Zeugs, hat geredet und geredet von Gesellschaft, von Transformationen, zwei Stunden lang – ich habe kaum etwas verstanden, aber ich fand den Mann unglaublich faszinierend. Mein Vater und all die Herren, die da neben uns saßen, fielen in kollektiven Schlaf und dösten vor sich hin. Doch dann sagte Beuys plötzlich mit dem Brustton der Überzeugung den Satz: »Ich garantiere Ihnen, dass dieses Gesellschaftssystem in sieben Jahren komplett zerstört ist.« Und all die Mittelständler sind schlagartig wieder aufgewacht und bellten empört: »Ach, das geht doch nicht! So ein Quatsch! Sie spinnen!« Und gedacht haben sie: »Ziehen Sie erst mal den Hut ab, Herr Beuys« – diese Haltung hat man gespürt.

Das hat mir damals ziemlich imponiert: dass da jemand mit einem einzigen Satz einen ganzen Saal mit dösenden Menschen in Aufruhr versetzen konnte, dass da eine Prognose, ein Gedanke die Leute zu einer Reaktion zwang. Vor ein paar Jahren, als mein Vater noch lebte, habe ich ihn mal gefragt: »Weißt du noch, dass der Beuys damals behauptet hat, unsere Gesellschaft sei in sieben Jahren am Ende?« »Klar weiß ich das noch«, antwortete er. »Ich habe mir das Datum sogar in meinem Kalender notiert, immer wieder übertragen und nachgeschaut, ob es wohl stimmt, was er gesagt hat: noch sieben Jahre, noch sechs Jahre, noch fünf Jahre ... und dann ist es eben nicht eingetreten. Beuys lag falsch!« »Aber er hat dich sieben Jahre mit dem Gedanken beschäftigt, dass eine Veränderung kommen könnte«, entgegnete ich. »Er hat eigentlich nur die Ungewissheit, die Angst in dir selbst ausgesprochen, dass auch du damit rechnest, dass es anders werden könnte.« Und mein Vater sagte: »Ja, das stimmt!« Da habe ich erst begriffen, dass dieser Auftritt von Beuys im Grunde ein großartiges Kunstwerk war, weil er die Leute, zumindest meinen Vater, in Bewegung gesetzt hat, über das Leben nachzudenken und ihren Ängsten zu begegnen.

(4.2.2010, Interview mit Klaus Biesenbach)

Durch die Situationen, dass sich Leute im falschen Bild aufhalten, haben wir auch immer wieder gemerkt: Der Raum überprüft uns und nicht wir den Raum. Als wir zum Beispiel damals bei der »Bahnhofsmission« hier in Hamburg rumzogen, sind wir zur Scientology-Zentrale gestürmt. Da waren wir mit 400 Mann unten im Keller drin und dachten, jetzt machen wir hier erst mal richtig Klar-Schiff, danach machen wir den Laden dicht und damit ist Scientology tot. So ungefähr hatten wir uns das vorgestellt. Das Einzige, was stattfand, war: Wir haben uns von denen einen fürchterlichen Film zeigen lassen, in dem die ihren Brachialentzug für Drogenabhängige anpreisen. Was wir gesagt haben, wurde von denen alles absorbiert. Irgendwann haben wir nur noch zugehört mit offenem Mund. Und sind nachher wie die Dackel von dannen gezogen, wie angepisste Pudel. Es war jämmerlich, richtig jämmerlich.

Die große Frage ist halt: Wo setzt man tatsächlich an? In der Auseinandersetzung über die politische Kultur, über das, was wir als Bürger tatsächlich machen können, ist ja schon so viel Resignation im Schiff, dass das längst auf der Seite liegt. Wir haben das Gefühl, alles, was wir anfangen könnten, wird nicht klappen, denn es geht sowieso keiner mit. Wenn wir's trotzdem machen, wird man uns nachher sagen, ja, kenn ich schon, hab ich schon, danke. Das war ja schon früher so, dass dann die 68er kamen und sagten: Ja, ihr da mit dem brennenden Auto, bei uns waren das aber zwanzig brennende Autos, bei uns waren die auch richtig ausgebrannt. Bei euch kokelt ja gerade mal der Reifen, alles zu rational, alles zu billig, was ihr da macht. – So verändern sich eben die Zeiten. Und jeder versucht dem anderen eigentlich nur zu erklären, dass er es sowieso nicht packen kann.

Aber das ist nicht gut. Gar nicht gut. Zum Beispiel das Afrika-Ding: Da stelle ich mir vor, dass man öffentlich, vielleicht via Internet, daran Anteil nehmen kann, wie die anfangen, ihre Kultur zu archivieren. Das heißt nicht, dass wir da unten ankommen mit Theater, Symphonieorchester, Dirigent etc., laden das ab und sagen, so, bitte schön, jetzt will ich, dass ihr hier den Wagner lernt und dass wir dann nachher, so wie beim Behindertentheater, sagen, ja, hast du ganz toll gemacht, du bist ja fast schon ein kleiner Brandauer, toll. Und in Wirklichkeit hat der Mensch nur Lölö gesagt und ist umgefallen.

So was geht nicht. Der Behinderte hat eine ganz andere Qualität, er hat die Möglichkeit, mit metaphysischen Dingen zu arbeiten, aber er wird gezwungen, so zu sein wie Klaus Maria Brandauer. Das würde doch sogar ich noch nicht mal wollen. Wer möchte schon gerne Brandauer sein? Um Gottes willen! Ich hoffe doch, keiner!

»DIESES GESELLSCHAFTSSYSTEM IST IN SIEBEN JAHREN ... 115

Ich arbeite wahnsinnig gerne mit meinen behinderten Freunden zusammen. Weil sie eine Autonomie auf die Bühne bringen, die ich nicht beeinflussen kann. Weil sie Antennen auf dem Kopf haben, die bei uns schon längst abgeknickt sind, und auf ihre ganz eigene Weise genial sind. Zum Beispiel Mario Garzaner: Der schafft es, den Raum zum Leuchten zu bringen. Unsereins turnt da rum und hat mal, boing, ganz kurz Licht an. Aber die meiste Zeit ist alles dunkel. Nicht bei Mario. Da kann man machen, was man will, der schafft es, dass alles hell leuchtet, wenn er auftritt.

Angefangen hat die Zusammenarbeit mit diesen mir liebsten Schauspielern 1992, als ich auf dem ehemaligen DDR-Militärgelände Massow »Terror 2000« gedreht habe. Während einer Drehpause bin ich nach Teupitz gefahren, dem benachbarten Ort. Und sah zufällig, wie ein Downsyndrom-Junge mit seiner Einkaufstasche den Andenken- und Ramschstand eines Russen zusammenfaltete. Diese Händler traf man damals ja noch an jeder Ecke. Mittlerweile verkaufen sie ihre von nepalesischen Kindern hergestellten russischen Fellmützen, DDR-Abzeichen und Mauerreste nur noch am Berliner Dom. Der Downsyndrom-Junge muss sich damals irgendwie über diesen Russenramsch geärgert haben. Erst war ich etwas perplex: »Was macht der dann da? Was ist da los?« Aber mir hat's auch imponiert, wie er seinem Ärger Luft machte. Dann hab ich das Schild »Landesklinik« gesehen, mein Auto auf dem Parkplatz abgestellt und bin einfach spontan in die Klinik reingegangen. Das war ein echtes Horrorkabinett. Zimmer mit 12 bis 16 Mann Belegung, auf den Gängen schreiende, sich schlagende oder herumwippende Schwerbehinderte, dazwischen andere Patienten, die aussahen, als wären sie gerade aus einem brennenden Haus geflüchtet. Ich habe dann einen Professor gefunden und ihn direkt gefragt, ob es nicht Leute bei ihm gäbe, die mal Lust hätten, rauszukommen und bei uns im Film mitzuspielen. Er hat sich die Geschichte bzw. die Rollen schildern lassen und ließ dann zwei Männer holen: Achim von Paczensky und Frank Koch. Frank war Epileptiker, supergesprächig und lebte schon seit Ewigkeiten in der Klinik. Achim war sehr zurückhaltend und sprach kaum einen Satz. Die beiden hatten aber dasselbe Hobby: rauchen und Kaffee trinken. Und zwar nonstop. Also kamen sie gut miteinander aus, obwohl sie so verschieden waren. Die beiden spielten dann tatsächlich bei »Terror 2000« mit. Als Söhne der Leitung des Asylbewerberheims mussten sie die eingesperrten Insassen immer wieder ermahnen, nicht nur faul herumzuliegen. Ich habe damals sehr viel gelacht, weil ich bis dahin noch nie mit Leuten wie Achim oder Frank zu tun hatte.

Und da begann die Zeit, in der diese Leute immer öfter dabei waren, an die Volksbühne kamen, zu Freunden wurden, die mir immer eine große Ruhe gaben. Da kam der nächste Angriff: »Das ist menschenverachtend! Hier werden Behinderte ausgebeutet und erniedrigt!« Es war nicht zu fassen. Genau von den Leuten, die entweder noch nie in ihrem Leben mit Behinderten zu tun hatten oder immer auf diesem Belohnungslevel operieren: »Guck mal, die kleine Behinderte da, die kann zwar nicht sprechen und glotzt nur blöd rum, aber süß ist sie doch irgendwie, und so brav, hast du toll gemacht, fast so toll wie ich, du kleines Krüppelchen ...« Wie ich so etwas hasse! Dieses Vergleichs- und Belohnungslevel ist es, das in Wahrheit erniedrigend ist.

Dabei habe ich im Laufe der Jahre immer mehr kennenlernen dürfen, wie viel Kraft diese Menschen haben, wenn man ihnen zutraut, aus sich selbst heraus etwas zu entwickeln. Wenn man nicht sagt »Mach mal wie ...«, sondern sie ermuntert, mit ihrem Fehler, ihrem »Sprung in der Schüssel«, produktiv umzugehen. Sie besitzen eben eine ganz eigene Dimension, eine Dimension, die wir verloren haben, die aber eigentlich auch in uns allen lebt. Sie sind in ihrem eige-

»DIESES GESELLSCHAFTSSYSTEM IST IN SIEBEN JAHREN ... 117

nen System unterwegs, das nicht unbedingt unseres ist. Und das ist deshalb besonders genial, weil sie unser Regelsystem nicht etwa bekämpfen, sondern sich darin auch noch irgendwie zurechtfinden. Das ist natürlich nicht immer leicht, sondern eine Riesenleistung, die man einfach mal akzeptieren sollte. Mit ihrer Präsenz haben sie die Bühne immer sehr, sehr bevölkert. Wenn andere, »richtige« Schauspieler auf meine behinderten Freunde trafen, bekamen sie oft den Mund nicht mehr zu. Es gab sogar Schauspieler, die plötzlich auch so spielen wollten (vergeblich natürlich), weil sie merkten, dass mit den Behinderten eine Klarheit auf die Bühne kam, die sie bei ihrer eigenen Leidensschwitzerei vermissten. Hier meint es jemand so, wie er es sagt – das ist die Größe, die diese Menschen haben.

(1.1.2010, Schlingenblog auf www.schlingensief.com)

Eine Sache von früher finde ich noch erzählenswert, nämlich wie man etwas durchsetzt in den Köpfen der Leute. Und zwar gab es, als wir den Wien-Container machen wollten, vorher eine kleine Inszenierung von mir im Schauspielhaus in Graz, bei der auch Asylbewerber mitgemacht haben. Mit denen habe ich auf den Proben einen Satz geübt. Und zwar den Satz: »Tötet Wolfgang Schüssel.« Das war natürlich ein klarer Fall von Eigenplagiat. Aber Haider und solche Leute behaupten ja immer, dass die Ausländer unsere Sprache nicht können und daher nicht hier reinpassen. Also habe ich angekündigt, dass ich mit den Asylbewerbern zumindest schon mal den Namen des österreichischen Bundeskanzlers und einen kraftvollen österreichischen Satz trainieren würde, damit sie ein bisschen besser reinpassen.

Und dann kam der große Abend, der Mordaufruf hatte sich natürlich rumgesprochen, der halbe Saal war voll mit der Stapo. (So hieß das damals wirklich noch in Österreich, Stapo, die Staatspolizei.) Die Staatsanwaltschaft war auch gleich mitgekommen, alles in heller Aufregung. Und als es losging – ich hatte so ein Trachtenjankerl wie der Haider an –, bin ich erst mal durch den Zuschauerraum nach vorne gelaufen und hab alle begrüßt: »Hallo. Guten Abend. Was haben Sie denn da für einen Block? Funktioniert Ihr Stift auch? Schreiben Sie wirklich alles auf? Bitte tun Sie das! Können Sie auch wirklich alles hören? Ist das gut für Sie hier? Prima.« – Und dann bin ich hoch auf die Bühne und hab mich a) erst einmal vor der Veranstaltung von der Veranstaltung distanziert. Das ist ganz wichtig. Dass Sie rausgehen und dass Sie dann sagen: »Meine Damen und Herren, das, was wir gleich sehen, entspricht nicht meinem Maßstab, das ist für meine Begriffe nicht korrekt, hier wird, habe ich gehört, zum Mord aufgerufen. Das ist wirklich das Allerletzte, dazu ist die Kunst nicht berufen, so geht es nicht. Ich verurteile das und distanziere mich hiermit öffentlich. Herzlichen Dank!« – Dann treten Sie zurück und gucken Sie, wie der da aufschreibt: »Regisseur distanziert sich von seinem Stück« … erste Irritationen. Und dann ging es b) los, der erste Asylbewerber trat auf und rief: »Tötö Schüsse!« Dann kam der nächste: »Tütet Wolfgang Schüttet!« Der dritte: »Tütü wo schüschü!« Der vierte: »Lötet olf ang üssel!« So ging das minutenlang, der Typ von der Staatsanwaltschaft und die Leute von der Stapo horchten immer wieder auf: Hä? Ha, jetzt! – Doch nicht! Scheiße!

Das war natürlich schwierig für den Kopf: Man hatte es doch gerade gehört, aber irgendwie haben sie es doch nicht gesagt. Wie kriegt man das jetzt zusammen? Das Interessante war, dass an dem Abend keiner den Satz richtig gesprochen hat, aber alle haben den Satz gehört. Am Ende herrschte totale Verzweiflung, die Leute wurden halb kirre beim Horchen, ja, da war's, nee, ja doch, da, nee …

Dieser Moment ist total wichtig, weil einem dadurch niemand an den Karren kann. Das Verfahren gegen mich musste eingestellt werden. Aber das wirklich Tolle ist: Die wahren Transporteure und Archivare sind dann die Journalisten. Die schrieben alle so was wie: Anführungszeichen Tötet Wolfgang Schüssel Abführungszeichen, wurde wahrscheinlich gerufen, war aber nicht ganz zu verstehen. Oder: Anführungszeichen Tötet Wolfgang Schüssel Abführungszeichen dachte wohl die Staatspolizei, aber hören konnte man es nicht. – Es wurde permanent dieser Satz geschrieben. Überall stand er in Anführungszeichen als Beschreibung dieses Abends. Also wenn Sie das so machen, dann kriegen Sie natürlich genau das rüber, was Sie wollen. Ich meine, ich wollte ja nicht, dass jemand den Bundeskanzler umbringt, es ging ja immer um das System, für das er stand.

Auf jeden Fall sind Zeitungen perfekte Transporteure und Mitakteure. Und ich habe mich gefreut. Nicht weil mein Name da überall genannt wurde – das haben mir ja immer wieder bei solchen Aktionen die Leute unterstellt –, sondern weil es interessant war, wie sich durchs Zitieren noch mal die Perspektive verschiebt, natürlich auch, weil es ein erstes Zeichen dafür war, dass die Presse bei der Aktion in Wien mitspielen würde.

Authentisches Theater

Heute wurde Matthias Lilienthal 50 Jahre alt!

Als mein Vater 50 wurde, war ich ungefähr im selben Alter wie der Sohn von Matthias, der heute Abend mit seinen Freunden die Platten aufgelegt hat. Ich weiß noch, dass bei meinem Vater damals ein Drehorgelspieler im Wohnzimmer landete. Alle Freunde waren sehr laut und jeder frotzelte über jeden (diesen Ausdruck gibt es für mich seit damals).

Ich habe nur sehr selten ein so schnelles Feuerwerk erlebt wie damals zwischen meinem Vater und seinen Freunden. Vielleicht noch mit Udo Kier. Dessen Begrüßung fing meist schon mit so einer Frotzelei an: »Na, du siehst ja noch besser aus als unser Dackel nach seiner letzten Darmkolik.« Antworten musste man dann ungefähr so: »Na ja, im Gegensatz zu frisch gefönten Pudeln merken Dackel das zumindest ...« Mir kommt es so vor, als hätten wir solche Schnelligkeitsübungen mittlerweile verloren oder verlernt. Ich wüsste nicht, wer so etwas noch länger durchhält als zwei Minuten, am Geburtstag meines Vaters dauerte es in meiner Erinnerung mehrere Stunden. Vielleicht trauen wir uns auch nicht. Oder wir wissen einfach nicht mehr, wie man über Bande spielt.

Aber das will ich eigentlich gar nicht erzählen. Ich will erzählen, dass mich Matthias Lilienthal zum Theater gebracht hat. Er rief mich 1993 nach dem Krieg um »Terror 2000« an und meinte, so einer wie ich solle doch unbedingt mal ans Theater kommen. Matthias, der damals Chefdramaturg der Volksbühne war, lud mich ein, mir »Clockwork Orange« anzuschauen, eine Inszenierung von Frank Castorf, der gerade Intendant an der Volksbühne geworden war. Also gut, dachte ich, fahre ich da mal hin. Als ich dann zuschauen musste, wie der Schauspieler Herbert Fritsch in vier Metern Höhe über einem Abgrund baumelte, bin ich nach fünfzig Minuten wieder gegangen. Zumal ich Theater sowieso entsetzlich langweilig und bescheuert fand. Thomas Meinecke hatte immer die Parole ausgerufen: »Theater zu Parkhäusern« – und das war damals auch meine Meinung. Matthias Lilienthal erwischte mich dann aber noch im Treppenhaus und wir haben ein wenig übers Theater und diesen übertriebenen Körpereinsatz gestritten. Ich habe argumentiert, dass ich an lebensgefährlichen Versuchen von Einzelpersonen nicht beteiligt werden möchte. Erst recht nicht in einem so primitiven Vorgang wie dem Theater.

Im Kern ist es dabei auch geblieben. Noch heute finde ich Theater eine leider zu neunzig Prozent sinnlos genutzte Fläche. Im Vergleich zu anderen europäischen Ländern ist Deutschland natürlich gesegnet, aber ich mag Vergleiche sowieso nicht. Theater ist einfach oft extrem verblödet, weil es einem Naturalismus nachhängt, der den Kopf in keiner Weise fordert. Oft sitze ich hilflos im Theater und denke, mein Gott, was verdrehen die sich da alle, ich glaub doch sowieso nicht, dass sie jemand anderer sind. Und dann schreiben da tatsächlich irgendwelche simplen Gemüter, wie ergreifend und sensibel manche Darsteller irgendetwas dargestellt haben. Tut mir leid, aber mich interessiert ein Gedanke, die philosophische Seite der Theatermedaille mehr als ein schwitzender Leidensbeauftragter.

Aber auch wenn ich bis heute immer wieder hadere mit dem Theater: Der Anruf von Matthias war natürlich die Rettung für mich. Das war das absolut Beste, was passieren konnte. Sonst säße ich wahrscheinlich heute noch schlecht gelaunt in Mülheim an der Ruhr und würde darauf warten, endlich wieder Geld für meine Filme zu bekommen. Ich will, dass man dankbar ist, wenn man Flächen benutzen darf, die von anderen beobachtet werden. Und das Theater war damals genau die Fläche, die mich im Kopf auf neue Wege gebracht hat. Denn die Volksbühne war ein toller Ort, und Matthias, der viele Jahre mein Dramaturg war, hatte verstanden, dass ich Theater nur dann interessant finden kann, wenn ich nicht irgendwelche alten Stücke zertrümmern oder auf neu trimmen muss. Und deswegen ging's dann im April 1993 mit »100 Jahre CDU« los mit dem Theater und meiner Volksbühnen-Zeit.

Aber auch da gab's immer wieder so viele Missverständnisse, immer wieder diese Behauptung, ich wolle nur provozieren. Oder der Vorwurf, ich wäre nur daran interessiert, mich selbst zu produzieren. Das tat oft verdammt weh, da waren bösartige Unterstellungen unterwegs. Klar: Ich Depp habe auch öfters Leuten vor die Füße gekotzt und dabei noch gedacht, das werden die mögen. So ist es manchmal gelaufen, da war ich natürlich ein Idiot. Aber im Kern habe ich zusammen mit den Schauspielern doch auch bei sehr vielen Leuten im Publikum eine Türe geöffnet, sodass man plötzlich sah: Theater kann auch etwas anderes sein als das Abklappern von irgendwelchen klassischen Stücken, Theater kann im besten Falle eine echte Forschungsanstalt sein. Meine völlig verunglückten Abende waren fast immer die, bei denen ich auch mal »richtiges« Theater machen wollte. Das ist fürs Abo, das ist okay, das ist auch hin und wieder ganz schön, wenn man einfach so reingeht und feststellt: Ach, guck mal da, Theater, wie schön, dass der da turnt, um stellvertretend für uns Wahnsinn darzustellen (neunzig Prozent aller Klassiker bevölkern die Bühne ja mit Wahnsinnigen). Das soll alles bleiben, das will ich auch gar nicht mehr bekämpfen. Aber ich finde trotzdem, Theater darf nicht immer nur gespielter Wahnsinn, sondern muss auch mal gelebter Wahnsinn sein.

(21.12.2009, Schlingenblog auf www.schlingensief.com)

Für mich ist die große Frage beim Theater: Ab wann wird Theater authentisch? Peter Zadek hat behauptet, Theater sei authentisch, wenn die Schauspieler ihn überraschen. Auch wenn das, was ich angezettelt habe, nicht im Verdacht steht, irgendetwas mit Zadeks Inszenierungen zu tun zu haben – ich denke, er hatte recht. Wahrscheinlich habe ich deswegen viele Jahre lang ausgerufen, alle müssten sich immer wieder transformieren. Transformation war das Hauptziel. Momente schaffen, wo keiner genau weiß, was jetzt passiert, die Kontrollmechanismen verlieren, sich in einen fließenden, rauschartigen Zustand versetzen. Eben authentisch werden. Bei sich sein. Das heißt: Es lief fast alles so ab, wie man es vorher auf den Proben abgesteckt hatte, aber dazwischen gab es Freiflächen, wo wir alle rüberschwimmen mussten. Wie auf einer Insel, auf der ich stabil stehe, dann aber irgendwann zur nächsten Insel muss und mich damit der Instabilität aussetze. Bei »Schlacht um Europa« zum Beispiel hatten wir 27 Aufführungen und an jedem dieser 27 Abende gab es neue Szenen. Das musste man natürlich gemeinsam trainieren. Einmal haben wir sogar versucht, das Ganze rückwärts zu spielen. Hinten angefangen und versucht, nach vorne zu kommen. Das klappte natürlich gar nicht. Trotzdem haben wir uns immer wieder solche Aufgaben gestellt, damit der Abend bloß nicht gleich ist. Das landete oft in der totalen Verkrampfung, aber manchmal konnte man doch Momente erzeugen, wo in einem ganz merkwürdigen, metaphysischen Zustand gehandelt wurde und auch die Zuschauer merkten, irgendetwas hier ist jetzt gerade nicht normal.

Den Anfang machte der Tod von Alfred Edel bei »100 Jahre CDU«, da haben wir, glaube ich, zwölf Sekunden Metaphysik geschafft. Alfred wollte nach vier Aufführungen kurz nach Hause fahren, kam in seiner Frankfurter Wohnung aber nicht mehr an: Herzinfarkt. Man fand ihn vor seiner Wohnung, das erste der zwei Sicherheitsschlösser hatte er noch aufbekommen, das zweite nicht mehr. Ich war sehr, sehr traurig, weil ich Alfred geliebt habe. Aber die Volksbühne kam an und erklärte: »Der Lappen muss hochgehen, wir brauchen Ersatz.« Ich weiß noch, wie entsetzt ich war: »Nein, es gibt keinen Ersatz! Ich habe doch den ganzen Abend um ihn herumgebaut, das kann ich doch jetzt nicht einfach mit jemand anderem auffüllen. Wer soll das denn sein? Alfred ist doch einmalig!« Also habe ich mich geweigert, einen Ersatz zu suchen. Dass das Stück abgesetzt wird, wollte ich aber auch nicht. Ein Riesenkampf war das damals, Matthias half mir, das durchzusetzen. Dann kam die nächste Aufführung. Und an der Stelle, wo Alfred hätte auftreten müssen, war einfach eine Lücke. Das Stück blieb plötzlich stehen. Das war kein Fehler, weil sich jemand verspricht oder den Text vergisst, sondern das war eine so authentische Lücke, dass alle auf der Bühne und im Zuschauerraum den Atem anhielten und den Stillstand zulassen konnten. Zumindest mal ein paar Sekunden lang.

Das sind die kurzen Momente, die Theater leisten kann, weshalb ich auch immer wieder dorthin zurückgekehrt bin. Und nach dieser Spiritualität im Theaterraum sehne ich mich mehr denn je. Nur glaube ich inzwischen, dass der Vorgang der Transformation zu kurz greift und ich damit zu oft in irgendeinem Brei gelandet bin. Tief drin weiß ich, dass ich sehr oft zu Hause unglücklich rumsaß, weil ich selbst nicht wusste, wo die Kante ist. Ich war wohl oft auf der Flucht vor mir selbst, wollte nicht bekennen: Das ist es jetzt! Das habe ich gemacht! Durch die Krankheit ist das jetzt anders. Ich will nicht mehr die permanente Transformation. Ich will konkreter werden. Endlich auch mal landen und wissen, wo ich hingeraten bin. Und warum.

Wir behaupten ja oft, dass wir uns verändern. Sagen uns: Ich will nicht mehr so hart sein, ich bin auch schon weicher geworden, esse nicht mehr mit Messer und Gabel, sondern mit einem Schieber, damit ich die Nahrung nicht kaputt schneiden muss und sie ihre Form behalten kann. Tja, da hat sich jemand beim Mittagessen transformiert – das kann's ja nicht sein, das ist zu wenig. Das hat nichts mit echter Befreiung zu tun. Ich glaube inzwischen, die Metamorphose ist das entscheidende. Sich wirklich verwandeln können, wie eine Raupe – das wäre es.

Wenn man sich mal so eine Raupe mit ihren 150 000 Füßchen vorstellt, die an einem Bäumchen rumschlabbert, nicht so genau weiß, ob das noch ihr Fuß ist oder schon der vom Nachbarn, dann macht's plötzlich schwupp – und schon ist sie in der Luft. Das ist doch irre. Da hat etwas stattgefunden, was nichts mehr mit Transformation zu tun hat. So eine Metamorphose müssten wir eigentlich auch erreichen, die geht viel tiefer, ist natürlich auch viel härter, weil man sich in unbekanntes Terrain wagt. Diese Verantwortung müssten wir für uns übernehmen, dann könnten wir auch fliegen.

Ich weiß, es sind manchmal nur Sekunden, in denen einen das Theater aus der Kurve schleudert, in denen sich Dinge zusammenfügen, die eigentlich nicht zusammengehören, und alles zu fliegen beginnt. In denen sich ein Vorhang auftut in eine Welt, die plötzlich einfach da ist und die man nicht korrigieren kann. Dann geht es wie im Leben natürlich ganz schnell zurück in die Funktionalität: Du musst zur Türe! Du musst in deinem Stuhl sitzen! Wo bleibt die Torte? Wieso geht das Licht nicht an? Warum dreht sich die Bühne nicht? Wer ist hier schuld?

Ich will, dass wir uns zu unserer Widersprüchlichkeit bekennen. Ich verlange einfach, dass der Mensch aufhört zu tun, als wisse er, wer er ist. Wir wissen nicht, wer wir sind, weil niemand von uns analysiert, was wir ursprünglich einmal wollten. Natürlich gibt es Militärkarrieren, die von Kindesbeinen an wissen, dass sie wie der Opa nach Stalingrad wollen, die mit diesem Glauben dann auch sterben. Aber ich habe selbst Verwandte, die mit einer Gewissheit erzogen wurden und durchs Leben gingen und am Ende nun ganz weich werden und die Dinge infrage stellen. Ich bin im Grunde ja religiös, nicht in einem esoterischen Sinne, aber ich sehe immer diese große Qualität im 1. Buch Mose, als Gott sagt, dass er alles wieder vernichten werde, was er geschaffen hat. Das ist ein Satz, der dem Menschen guttäte, sofern er ihn wirklich einmal innerlich vollziehen würde. Wir haben doch eigentlich nichts Sinnvolles auf die Beine gestellt, wir haben immer nur so getan, als ob – um abzulenken von unserem eigenen Dilemma. Dieser Gedanke könnte zu einer regelrechten Massenbewegung werden, die jedoch nichts mit dem schleimigen Zusammenrücken zu tun hätte, mit Selbstmitleid oder den Solidaritätsbekundungen, die mir zum Beispiel als Krebspatient entgegenschlagen. Natürlich gibt es Leute, die in Tränen ausbrechen, weil sie sich in meinem Leid wiedererkennen oder weil sie wirklich darüber trauern, dass ich sterbe. Aber ich bin überzeugt, dass es einem besser geht, wenn man aufhört, diese ganzen Trauertermine wahrzunehmen, und den Befindlichkeitsbrei des Gutmenschentums radikal ablehnt.

(17. Juli 2010, Interview mit Thomas David)

Auch wenn ich die Idee der Transformation immer heftig propagiert habe, seit der Krankheit habe ich wirklich massive Probleme damit. Als ich Anfang 2008 in Bhaktapur war – das war eine Woche, bevor ich den Befund bekam –, war ich ja noch auf der Suche nach solchen Orten, die als eine Art Transformationskasten funktionieren. Bhaktapur kann ich diesbezüglich auch wirklich sehr empfehlen, da wird man wahnsinnig vor lauter Transformation. Da kreisen die Götter und Geister in einer Art und Weise durch die Gegend, wie wir Monotheisten und Atheisten uns das nicht vorstellen können. Wir bleiben ja letzten Endes vorm Alter oder vorm Kapital stehen, schauen gebannt hoch und warten auf die Geldscheine oder die Zungen oder auf irgendwelche andere Momente von Erleuchtung. Und meist schlafen wir beim Warten einfach ein. Aber durch den Altar durchlaufen – das trauen wir uns nicht.

Wenn wir das Talent der Leute aus Bhaktapur hätten, würden wir durchlaufen. Da finden Sie kleine Löcher in der Wand, wo der Geist durchfliegt. Wenn der Nachbar drüben diesen Geist von Ihnen nicht mag, schiebt er seinen Schrank davor. Das ist etwas, was die Leute dort tatsächlich spüren. Sie fragen sich, was ist hier los, irgendwas stimmt hier nicht, gucken da rein und sehen, dahinten ist gar kein Licht mehr, also hat jemand etwas davorgehängt. Und dann geht man die Nachbarn besuchen, lernt die kennen, spricht über das Problem und anschließend wird der Schrank meist auch wieder weggeräumt.

Das Hospiz in Bhaktapur ist auch interessant: Da hat man drei Tage zum Sterben, wenn man dann nicht tot ist, muss man wieder nach Hause. Falsches Timing. Im selben Haus gibt's auch ein Zimmer, in dem die Frauen ihre Kinder gebären. Und es laufen Horden von Affen rum. 200, 300 Affen rasen immer wieder wie irre den Tempelberg runter, hüpfen über die Flussbrücke und auf der anderen Seite des Ufers wieder rauf. Dort ist der Treffpunkt der Paare, die sich vom Brahmanen für die Hochzeit einweisen lassen. Also alles ganz eng miteinander verwoben: Geburt, Leben, Liebe, Tod. Und dann noch die Verbrennungen. Je nach Vermögen gibt's mehr oder weniger Holz. Die Reichen haben sehr viel Holz und verbrennen sehr üppig, werden vorher noch mit Farbe beworfen und mit Blumenkränzen geschmückt. Entzündet wird die Leiche am Mund, da wo der Atem rauskommt.

Bhaktapur hat mich wirklich irre gemacht. In meiner Kitschbirne hatte ich mir natürlich ausgemalt, die Hinduisten seien irgendwie freier. Aber in Wahrheit sind sie so was von unfrei, weil sie die ganze Zeit beschäftigt sind mit ihren Hunderten von Göttern. Schon um fünf Uhr morgens geht's da los mit der Betriebsamkeit: Da wird gebimmelt, Telefonnummer von diesem Gott, Telefonnummer von jenem Gott, da wird gerannt, Reis hierhin, Reis dahin, Farbe drauf, möglichst noch ein paar Reiskörner vor die Tür der Nachbarn, als Geste des Danks. Dann geht's zur Arbeit, aber da wird auch schon wieder gesammelt für das nächste Fest oder für die nächste Verbrennung, dann noch zu dieser Zeremonie und zu jener. Eigentlich sind die da in einem permanenten Rauschzustand. Und dieser ganze Wahn, der da drinsteckt, ist natürlich auch ein Grad von Unfreiheit. Also ich glaube, die wirkliche Erlösung ist, nicht zu sagen, wir transformieren uns dann nachher, also wir sterben, dann werden wir transformiert und sind dann im Himmel. Ich habe überhaupt keine Lust, in den Himmel zu kommen. Ich möchte nicht da oben auf einer Wolke sitzen und Harfe spielen. Ich hab noch nicht einmal Lust, meinen Vater zu treffen. Ist vielleicht komisch, aber ich stell's mir fast unangenehm vor, ihn zu treffen. Weil es doch wichtig ist, dass man auch mal ohne Eltern ist. Nicht, dass meine Mutter jetzt sterben soll, aber ich sag es trotzdem: Es wäre vielleicht ganz gut, wenn man mal das Gefühl hätte, frei zu sein. Ohne diese ständigen Zurechtweisungen, ohne all meine Rechtfertigungsversuche. Um die Geschichte noch zu Ende zu führen: Am Anfang hat mein Vater meiner Mutter die Filme mit einem kleinen Zettel in der Hand gezeigt, immer vorgespult zu den Landschaftsaufnahmen, sodass meine Mutter irgendwann dachte, ich sei Dokumentarfilmer. Was war da los? Was ist da passiert? Ich weiß es ja nicht.

Und kann man jetzt noch etwas tun?

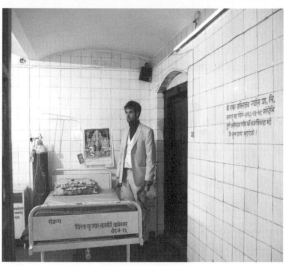

»Der König wohnt in mir«, 2007. Film- und Fotoaufnahmen in Bhaktapur/Nepal

»Zum Raum wird hier die Zeit«

Der Hasenverwesungsfilm in Bayreuth war natürlich auch
so ein Transformationsvorgang. Das, was man im Zeitraffer sieht, dieses vermeintliche Atmen des toten Hasen,
ist eigentlich ein Verwesungsprozess: wie langsam Larven und Würmer in der Wunde entstehen, irgendwann
platzt die Wunde und der Hase löst sich auf. Das mochte
die Familie Wagner gar nicht, das wollten sie unbedingt
verhindern. Dabei ist doch der Hase ein christliches Symbol der Auferstehung und Verwesung ein Vorgang, der
uns allen bevorsteht. Das soll man nicht weglügen, finde
ich. Ich hab's dann auch durchsetzen können. Und ausgesehen hat es wirklich nicht schlecht, wenn die Würmer und Krabben da ihren Hunger stillen und alles wieder so wunderschön in den Kreislauf der Natur eingeht:
wie ein Ballett, würde ich sagen. Wenn man gesund ist,
wenn man gerade glaubt, keinen Krebs, keinen Parkinson, keine multiple Sklerose, kein Aids, kein ALS oder
was auch immer zu haben, dann kann man sich das ganz
gut anschauen, vielleicht sogar poetisch finden. Dann ist
das die Wahrheit und nichts als die Wahrheit. Inzwischen
habe ich allerdings gemerkt: Wenn man sich im Randbereich des Lebens bewegt, dann kann man damit nicht
mehr viel anfangen. Dann denkt man: Scheiße, mich interessieren die Würmer nicht, die da in mir entstehen!
Ich will und muss erst mal wissen, wer ich bin. Deshalb
habe ich bei der »Kirche der Angst« diese Sache dann
auch noch mal weitergeführt, die Transformation ein
bisschen in den Kitsch gezogen, indem am Ende so eine
kleine glitzernde Figur auftaucht.

Am Tag, als der Anruf aus Bayreuth kam, war ich gerade
in Karlsruhe. Ich hatte eine Gastprofessur da, erzählte ge-

rade etwas über meine Church of Fear, da klingelte es. Handy in der Vorlesung, das soll man nicht machen, aber ich war froh, weil es gerade so langweilig war, und ging dran: »Ja, hallo?«

»Hallo, hier ist Bayreuth.«

»Ja, hallo, wie geht's denn so?«

»Katharina Wagner möchte Sie gerne sprechen. Darf ich durchstellen?«

Vorsicht, das ist doch »Versteckte Kamera«, schoss es mir durch den Kopf. Oder dass die anfragen wollen, ob ich auf dem Festivalgelände auf Stelzen rumlaufe und mit meinem Megafon »Tötet Wolfgang Wagner!« rufe. Nach zwanzig Minuten schellte es wieder, diesmal war direkt Katharina Wagner dran und sagte, sie müsse mich ganz dringend sprechen. »Ich fliege aber nachher nach Venedig zur Biennale. Können Sie vielleicht dahin kommen?« Ich war immer noch total misstrauisch. »Ach, das ist schlecht«, meinte Katharina: »Wie wäre es, wenn ich gleich komme?«

Nach drei Stunden war sie da. Wir sind essen gegangen und nach einer halben Stunde rückte sie mit der Sache raus: »Im Namen meiner Eltern möchte ich Ihnen gerne den ›Parsifal‹ anbieten.« Mir blieb der Spargel im Hals stecken. Aber sie war durch nichts zu stoppen und holte gleich die Probenpläne raus. Am liebsten hätte sie wahrscheinlich an Ort und Stelle meine Zusage gehabt. Aber ich musste erst mal kapieren, was da jetzt überhaupt los ist.

Völlig durcheinander bin ich dann nach Venedig geflogen, konnte einfach kaum glauben, dass die das ernst meinen. Und was mache ich, wenn doch? Wenn da bei dem alten Herrn inzwischen tatsächlich der Wahnsinn ausgebrochen ist? Das ging immer so hin und her in meinem Kopf. Als ich auf dem Gelände der Biennale ankam, habe ich erst mal versucht, mich abzulenken: Komm, jetzt bleib mal ganz ruhig und schau erst mal, wo du hier deine Church of Fear aufbauen kannst und dein Pfahlsitzen organisierst. Sieben Leute aus sieben Ländern sollten eine Woche lang am Eingang des Biennale-Geländes auf zwei Meter hohen Pfählen in freiwilliger Askese ausharren. Die Idee war, einen öffentlichen Ort zu schaffen, der es möglich macht, seinen Ängsten zu begegnen, ohne dass diese von der Gesellschaft gleich schon wieder für irgendwelche Fremdzwecke verwertet werden. Wie diese frühchristlichen Säulenheiligen, die sich von der Gesellschaft entfernt haben, die in die Höhe umgezogen sind und damit aber doch im Zentrum waren. Einige sind auf ihren Säulen sogar gestorben. Das Tolle an diesen Leuten war, dass sie sich öffentlich von der Gesellschaft verabschiedet haben. Die sind nicht zu Hause in den Keller gegangen, haben sich nicht weggesperrt, nein, sie sind sichtbar geblieben. Und die anderen haben sich unten beim Heiligen verabredet, weil das der Ort war, den alle sehen konnten. Großer Treffpunkt beim Säulenheiligen also. Aber er selbst hat nicht mehr mitgeredet, er war ganz bei sich da oben.

Wie diese Faultiere im Amazonasbecken, die ich gesehen habe, als ich in Manaus war. Die hängen da in den Ästen rum, mit dem Rücken nach unten, und bewegen sich nur in Zeitlupe. Einmal in der Woche gehen sie zum Kacken runter – und unten wartet der Jaguar. Fragt sich: Warum macht das Faultier das? Bewegt sich kaum, am liebsten gar nicht, aber trotzdem geht es runter, wenn es scheißen muss. Weil es höflich ist? Weil es denkt, ich gehe lieber runter und mache da mein Häufchen, sonst scheiße ich vielleicht jemandem auf den Kopf? Ich glaube ja eher, das Faultier geht runter, weil es ab und zu dem begegnen muss, was ihm Angst macht, um lebendig zu bleiben.

Auf jeden Fall stand ich damals auf dem Biennale-Gelände rum, immer noch ziemlich durcheinander durch die Bayreuth-Sache – da kam der zweite Wahnsinnsanruf des Tages. Diesmal war's meine Mutter, die am Telefon war: »Christoph, der Möllemann ist vom Himmel gefallen. Sag nichts, wenn die Polizei anruft!« Dann legte sie auf.

Was war das jetzt? Ich war eh schon komplett durch den Wind – und dann kommt noch meine Mutter mit: »Der Möllemann ist vom Himmel gefallen.« Ich hatte ein Jahr vorher im Rahmen von »Theater der Welt« ja die »Aktion 18« gemacht: Nachdem Möllemann antisemitische Flugblätter in Nordrhein-Westfalen verteilt und gegen Michel Friedman polemisiert hatte, bin ich zusammen mit meinen behinderten Freunden vor Möllemanns Firma in Düsseldorf gefahren, da, wo er diese Waffengeschäfte mit dem arabischen Raum abgewickelt hatte, und habe eine Art Voodoo-Fluxus-Ritual veranstaltet. Jetzt wird zurückbeschmutzt – das war damals unsere Parole. Und da hat meine Mutter in ihrer Aufregung wohl kurz gedacht, ich hätte Möllemann verhext und jetzt wär ich dran.

Am Montagmittag, 12.00 Uhr in der Düsseldorfer Achenbachstraße. Die Jeans in die Stiefel gesteckt und die Fischerweste an. Beuys ist bei uns, der einzige Verfechter einer demokratischen Kunst. Die Wahlkampfhelfer Kerstin und Achim fahren gemeinsam mit mir in einem sonnig gelben US-Schulbus zum Waffenhändler Möllemann. Vor uns der Requisitentransporter mit ortskundigem Fahrer. Bei unsererseits steigt die Orientierungslosigkeit. Was hat dieser Hetzer nicht alles angerichtet in seinem führergleichen Größenwahn. Er hat eine längst totgeschwiegene Logik wieder belebt. Um Wählerstimmen zu bekommen, muss man den Antisemiten geben. »Deportationen jetzt!« Die Achenbachstraße ist dicht. Polizei, Pressefotografen und Filmstudenten

vom Staatsschutz. Wir bahnen uns den Weg durch die schau-
lustigen Demonstranten. Vor uns hält der Transporter. Wir
steigen aus und der Polizeieinsatzleiter kommt auf mich zu.
Er weist mich auf mögliche Gesetzesverstöße hin und kün-
digt einen Gegenangriff an, sobald das Deutschland Möllemanns beschmutzt werde.

Aber genau das ist der Haken, an dem wir gerade zappeln,
das ist der Fehler im System! Beschmutzt worden sind doch
wir! Also das Klavier aus dem Transporter und in den Eingang
der Firma WEB/TEC. Waschpulver ins Klavier und die Töne
auf ihre Reinheit hin untersucht. Dieser Ort bedarf eines Ri-
tuals der Sauberkeit. Die Altlasten der Möllemann-Ära müssen entsorgt werden: die beschmutzte Flagge des Staates Is-
rael und eine anonyme Strohpuppe. Sie steht für die Achse
des Bösen. Nun werden 20 Kilo Federn verteilt, 7000 Patro-
nenhülsen in Möllemanns Waffenfirma-Garten geworfen.
Dazu noch stinkender Fisch. Ein altes Hexenritual. Auf Be-
schmutzung folgt Abwehr.

Die Kunst hat das Theater verlassen und auf der Straße
das Leben getroffen. Politiker empören sich über den ihrer
Auffassung nach unhaltbaren Zustand, dass politische Parolen und ihre populistischen Subtexte auf und abseits der
Bühne zitiert werden. Artaud hätte seine helle Freude an
ihrem fadenscheinigen Entsetzen, Breton würde nochmals
nachladen, um in die Menge zu schießen. Politisches Theater findet nicht länger in ebendiesem statt, n-tv und Phoe-
nix übertragen ab sofort jede Aufführung live – demnächst
in ihrem Bundestag. Aktion 18 hat diesen Irrweg von Anfang
an vermieden, sie hat ihn nicht einmal gekreuzt. BILD und
Bildkopien fahren auf der gleichen Straße und sind auf Kol-
lisionskurs. Die Frage ist nur, mit wem sie bald zusammen-
knallen.

(Aktion-18-Tagebuch, 25. August 2002)

»ZUM RAUM WIRD HIER DIE ZEIT« 135

Die Polizei rief übrigens nicht bei mir in Venedig an. Aber die Bild-Zeitung, die wissen wollte, ob ich den Friedman gesehen hätte, weil der gerade mit ein paar Frauen und Kokain im Hotel gefunden worden war. Da hat's mir echt gereicht. Ich hab einfach behauptet: »Ja, der ist bei mir, der sitzt hier bei mir in Venedig auf einem Baum und macht auf Säulenheiligen.« Und die Reporter sind tatsächlich gekommen und wollten ihn interviewen. Ich nur: »Tut mir leid, der ist eben weggeflogen. Ich weiß auch nicht, wie das geht, das ist ja hier alles der Wahnsinn in Venedig, diese Hitze, all die Leute – der ist einfach weggeflogen!«

Als ich aus Venedig zurück war, kam dann das erste Treffen mit der Familie Wagner zustande. Das war in Berlin im Hyatt-Hotel. Katharina fing mich im Foyer ab und brachte mich hoch in die Beethoven-Suite. Die Wagners in der Beethoven-Suite – das war schon wieder merkwürdig, fand ich. Wir klingeln, und dann macht so ein kleiner Mann die Tür auf, schüttelt mir minutenlang die Hand, ist aber dabei die ganze Zeit total nach unten gebeugt und macht so merkwürdige, schnalzende Geräusche. Ist er das jetzt? Ist das Wolfgang Wagner? Ich versuche, irgendwie nach unten zu kommen, um sein Gesicht zu sehen, und flüstere zu Katharina rüber: Ist das der Papa? Nach fünf Minuten taucht sein Gesicht dann auf und er bittet uns rein: »Wie haben Sie sich entschieden? Eins müssen Sie wissen: Die Gage ist nicht verhandelbar!« Das war wirklich das Erste, was er sagte, und spätestens da wusste ich: Das ist Wolfgang Wagner.

Als ich anfangen will, ein bisschen zu erzählen, was ich so vorhabe mit dem »Parsifal«, geht die Tür vom Schlafzimmer auf und Gudrun Wagner kommt rein, ziemlich förmlich, mit so einem komischen, aufgesetzten Lachen. Nach der Begrüßung sagt sie: »Wir kommen gerade von der dänischen Königin und haben Ihnen etwas mitgebracht.« Dann geht sie zur Minibar und holt eine Plastiktüte raus. In der steckt eine Alubox und die drückt sie mir in die Hand: »Das ist dänische Leberpastete, die hat uns die dänische Königin geschenkt – und die schenke ich jetzt Ihnen, sehr geehrter Herr Schlingensief.«

Wirklich wahr. Ich dachte, ich treffe das heimliche deutsche Königspaar – und dann sitze ich da, mit Leberpastete auf dem Schoß, neben einem winzigen Mann, der merkwürdige Schnalzgeräusche von sich gibt, und einer Frau mit komischem Lachen. Da musste ich fast wieder denken, das ist doch alles nur Fake hier. Auf der anderen Seite war auch alles sehr ernst. Wolfgang Wagner holte Berge von Probenplänen raus, auf denen Tausende von Terminen notiert waren. Hier gehe es los, da wäre dann das Wochenende frei, hier könne ich auch mal nach Berlin fahren, und da sei dann Orchesterprobe. Und das alles nicht nur für 2004, sondern gleich schon fürs zweite, dritte und vierte Jahr. Ich wusste bis dahin noch nie, was ich das Jahr drauf mache – und jetzt hatte ich gleich vier Jahre vor der Brust.

Dann sind wir noch im Hotelrestaurant essen gegangen. Wolfgang und ich haben uns super verstanden, weil wir beide Wohnmobilfans sind. Ich bin Wohnmobilist, er auch. Das verbindet natürlich. Zumal Gudrun es gehasst hat: »Ich fand's immer schrecklich, alle vier Tage mit dem vollgeschissenen Eimer zur Güllestation, und dann immer dieses Krutz, Glutsch, Glutz.« Wie sie dieses Geräusch nachgemacht hat, war wirklich sehr, sehr beeindruckend ... Und sie hatte natürlich recht – das ist schon eklig am Campingplatz, wenn man da am Gülleloch steht und seinen Mist entsorgt. Aber es verbindet eben auch ungemein, weil da ja alle hinmüssen, egal ob Luxuscampingwagen oder kleines Zelt.

Dieses Gespräch über Wohnmobile und Gülle war jedenfalls der Moment, als kameradschaftliche Gefühle aufkamen und Wolfgang und ich eine Art Freundschaftspakt schlossen. Ein bisschen wie diese Staatsgründungen mit besoffenem Kopp von Alexander Kluge. Am nächsten Morgen bin ich aufgewacht und habe gedacht: Oh Gott, was habe ich denn da gestern gemacht? – Ach ja, Wagner und ich haben einen Freundschaftspakt geschlossen, ich inszeniere in Bayreuth den »Parsifal«, genau!

Richard Wagner wollte eine seiner Kompositionen am Rhein aufführen – ich glaube, es war sogar »Rheingold«. Und danach wollte er die Partitur mitsamt dem Aufführungsort abfackeln – das war's dann. Bleibt nur noch Asche übrig, da kann man dann noch draufgucken, vielleicht ein bisschen drin rumstochern und vor allem: projizieren – dann sieht man vielleicht mehr als das, was die Veranstaltung selbst gezeigt hat. Der Gedanke ist sensationell. Müsste bei 95 Prozent aller Kulturveranstaltungen von vornherein Grundbedingung für Sponsoren sein: Hier wird es nachher garantiert nichts mehr geben. Hier kann man sich nur noch auf dieser Fläche treffen und den Stimmungen nachspüren, die von dem Ort ausgehen. Und dann sieht und hört man vielleicht doch irgendetwas im Nichts. Dann kann man vielleicht Glücksmomente erleben wie ich damals am Amazonas, wo man auf dem Schrott der Vergangenheit herumläuft, der Dünger für die Zukunft ist. Oder als ich während meiner Flitterwochen mit Aino irgendwo auf einer Alm in den Dolomiten saß. Da findet man in dreieinhalbtausend Metern Höhe Muscheln und Fische, in Stein eingepackt vor 200 Millionen Jahren, weil die Dolomiten mal ein Korallenriff waren. Ein Atoll in den Dolomiten – Wahnsinn! Da saß ich abends und hörte die Schreie von 200 Millionen Jahren: die Lustschreie, die Liebesschreie, die Todesschreie, die Angstschreie. Das war wie Musik – 200 Millionen Jahre sind halt ein Riesenkonzert. Und der kleine Fliegenschiss, den ich hier selbst aufführe, ist nur ein kleiner Brocken in der Ölmaschine von Zukunft. Aber auch in dem kleinen Fliegenschiss ist Musik drin, eine kleine Stimme, die nicht verloren geht, davon bin ich überzeugt. Sonst könnte man diese kurzen Glücksmomente einer völligen Einheit nicht erleben.

(25. Februar 2010, Tonbandaufzeichnung)

Sie haben sich in Bayreuth auch ehrlich auf mich gefreut, es fing eigentlich alles wunderbar harmonisch an. Zu Probenbeginn erhielt ich einen superfreundlichen Brief von Gudrun Wagner und so bin ich ziemlich gut gelaunt zur ersten Probe gegangen, wollte erst einmal erzählen, was ich vorhatte, welche Gedanken zum »Parsifal« bei mir so kreisten. Ich kann solche Anhörungssituationen nicht leiden; trotzdem habe ich mir sehr viel Mühe gegeben, weil ich wollte, dass die Leute mich kennenlernen, dass sie verstehen, wer ich bin – und mir nicht mit diesen Schablonen im Kopf begegnen. Mit der Nachricht »Schlingensief ist berufen« gingen die Spekulationen ja schon los: Wahrscheinlich Hakenkreuze und George W. Bush auf der Bühne ... kotzt bestimmt in den Orchestergraben und scheißt denen noch einen braunen Haufen hin ...

Also habe ich vor der versammelten Mannschaft erst mal versucht, Missverständnisse auszuräumen, habe erklärt, dass es mir nicht darum geht, billige Aktualisierungsbilder zu produzieren, unter dem Motto: »Da, guck mal hier, wie witzig, Kundry auf einem Eisblock«, oder »Ach interessant, Amfortas als Vorstandsvorsitzender«. So etwas hat mich nie interessiert. Für mich ist in Wagners Musik die Frage nach dem Metaphysischen und der Transzendenz zentral, nach den Kräften, die zwischen den Menschen walten und die uns entweder auf- oder entladen, die Frage nach dem Universum. Und die Frage, was das eigentlich ist, dieses Mitleid, das Parsifal lernen soll, um den zerstörten Verein erlösen zu können. Wie soll Mitleiden überhaupt gehen, wenn jedes Leid einzigartig ist? Und gibt es für dieses Erlösungsbedürfnis eine praktikable Lösung? Oder bricht da nicht doch wieder der Kollektivwahn aus?

Also habe ich den Leuten von Sternen und Fernrohren erzählt, von meinem Nahtod-Erlebnis, vom Mutterkorn bzw. LSD, das Ernst Jünger so gerne genommen hat, um sich der Grenze zum Unbekannten, zu einer anderen Welt, einer anderen Zeit zu nähern. Habe erzählt, dass ich den Dirigenten auf einen Planeten projizieren will, der über den Köpfen des Publikums kreisen soll. Habe Dias von meinen Reisen nach Nepal und Afrika gezeigt und erklärt, dass ich den »Parsifal« von dem christlichen Schmier befreien will und deswegen nach anderen spirituellen Räumen suche. Dass ich mit einer Drehbühne arbeiten will, damit die Zeit zum Raum werden kann. Und mit Filmprojektionen, nicht als Bebilderung der Musik, sondern als Bilder, die auf der Musik tanzen.

Als ich fertig war, hat einer ganz zaghaft geklatscht, ansonsten herrschte eisige Stille. Die waren abgekühlt bis unter hundert Grad minus. Mag sein, dass die Leute nur Bahnhof verstanden haben – aber diese Eiseskälte und dieses Schweigen im Raum waren schon ziemlich unheimlich.

Jedenfalls hieß es plötzlich: Jetzt wird probiert. Ich war überhaupt nicht vorbereitet, dachte, man muss sich doch erst mal kennenlernen, bevor man loslegen kann. Und dann sollte es gleich die schwere Liebesszene zwischen Parsifal und Kundry sein. Sie ist deswegen so schwer, weil

Wagner-Sänger aus Beton sind. Bei meinem Parsifal war's besonders schlimm. Wenn man Glück hatte, ging er an einem Abend drei Schritte nach rechts und drei Schritte nach links, weil er Angst hatte, dass ihm bei zu viel Bewegung die Stimme wegrutschen würde.

Als ich gerade mit der Probe loslegen wollte, zockelte Wolfgang Wagner über die Bühne. Die Kundry, Michelle de Young, tolle Stimme, tolle Frau, aber doch auch ein Berg, begrüßte ihn mit einem lang gezogenen »Hi« – und Katharina Wagner flippte sofort aus. Wie von der Hornisse gestochen, sprang sie auf: »Was soll das? Wie grüßen Sie denn meinen Vater? Der ist hier der Chef, ohne ihn läuft hier gar nichts.« Daraufhin brach Michelle de Young in Tränen aus und rannte von der Bühne. Sofort alle ganz hysterisch hinterher, nur ich nicht. Ich dachte: Gott sei Dank! Zeitgewinn! – und blieb erst mal sitzen. Irgendwann bin ich natürlich auch ein bisschen auf der Bühne rumgeschlichen, hab in die Ritzen vom Bühnenboden geguckt, damit man mir nicht vorwerfen konnte, ich suche nicht mit. In Wirklichkeit habe ich die ganze Zeit nur gedacht: Super, wie lange noch? Wann ist die Probe vorbei?

Der Tenor hat Michelle dann völlig aufgelöst im Keller gefunden, große Diskussion, Geheule, am Ende dann Versöhnung. Das Ganze dauerte eine Stunde, also blieb leider immer noch eine halbe Stunde für die Probe. Irgendwie habe ich sie überstanden, ich weiß nicht mehr, wie, es war jedenfalls schrecklich. Anschließend sind alle wortlos rausgestürmt, nur der liebenswürdige Pierre Boulez hat sich von mir verabschiedet.

Als ich gerade gehen will, stürmt Gudrun Wagner aus der Kantine, sieht mich und brüllt ziemlich betrunken zu mir herüber: »Herr Schlingensiiiief!« Das hätte ich nicht mehr geschafft. Blitzschnell habe ich mich hinter Carl ver-

»ZUM RAUM WIRD HIER DIE ZEIT« 141

steckt, ihn vor mir hergeschoben und angefleht: »Carl, bitte, lass dir was erzählen, ich kann nicht mehr, ich bin im Hotel.« Gudrun Wagner hat Carl dann ungelogen zwei Stunden lang vollgequatscht, dass wir keine Ahnung hätten, dass wir besser sie hätten fragen sollen. Sie hätte die Kostüme besser gemacht, sie hätte das Bühnenbild besser gemacht, wenn wir auf sie gehört hätten, hätten wir jetzt nicht diesen Müllpark auf der Bühne, wahrscheinlich hätte sie auch besser gesungen … Sie muss einen Wahnsinnsauftritt hingelegt haben, Gott hab sie selig.

Ich saß derweil völlig verzweifelt in meinem Hotelzimmer und habe mir mein Hirn zermartert, was ich jetzt machen soll. Dann habe ich mir die Aufzeichnung einer berühmten Inszenierung des »Parsifal« geschnappt und mir besagte Szene angeschaut. Da sieht man Folgendes: Gralsritter Gurnemanz steht, faltet die Hände und schaut zum Himmel, Kundry sitzt und faltet die Hände. Gurnemanz kniet nieder und schaut zum Himmel. Kundry steht auf, schaut zum Himmel und faltet die Hände. Parsifal tritt auf, faltet die Hände und schaut zum Himmel. Und so weiter und so fort – eine halbe Stunde lang. Super, dachte ich und hab alles in mein Probenbuch eingetragen: Kniet sich hin, faltet die Hände, steht auf, schaut zum Himmel, kniet nieder, schaut zum Stuhl, geht zum Stuhl, liegt unterm Stuhl.

Am nächsten Tag laufe ich mit Fotokopien unterm Arm gut gelaunt zur Probe. Die Skepsis der Sänger ist zum Greifen, aber mir ist's egal. Ich verteile die Fotokopien und fange an zu erklären: »So, also Folgendes, passen Sie auf. Ich habe folgendes Konzept: An dieser Stelle knien Sie, Gurnemanz, nieder, ab hier bitte die Hände falten, ja genau, dann schauen Sie zum Himmel hoch. Und schließlich gefaltete Hände gen Himmel, okay? Ja, genau so, prima. Dann kommen Kundry und Parsifal von dieser Seite, Kundry bitte hinsetzen und Blick zum Himmel, und Sie, Parsifal, setzen sich bitte hierhin, an dieser Stelle dann aufstehen, drei Schritte nach rechts bitte und Hände falten.« Während ich alles minutiös erkläre, höre ich von den Sängern nur: »Ah ja, prima, prima.«

Dann haben sie tatsächlich alles genauso gespielt: Hingekniet, Hände hoch, Hände runter, aufgestanden, hingesetzt – es war unglaublich. Alle waren beschäftigt, alle haben irgendwo hingeschaut, waren mit irgendwelchen Heiligen und Engeln zugange, Erlösung, Erlösung. Nach zwei Stunden Probe stand die Szene. Die Sänger strahlten und bedankten sich überschwänglich: »Super Probe, Herr Schlingensief, großartig, superintensiv, wirklich, ganz toll.« Und zum krönenden Abschluss kommt abends auf ihrer Geburtstagsfeier Gudrun Wagner zu mir und sagt tatsächlich: »Na bitte, geht doch!« Mir fiel fast die Beuys'sche Baby-Eiche aus der Hand, die ich ihr gerade als kleines Geschenk überreichen wollte. Inzwischen haben ja auch die Jünger von Beuys den Markt entdeckt und verkaufen solche Kindereichen von den berühmten 7000 Eichen aus Kassel. Und eine davon habe ich Gudrun Wagner geschenkt, sie hat wahrscheinlich gedacht, ich drücke ihr Unkraut in die Hand. Inzwischen ist dieses »Na bitte, geht doch!« zwischen Aino und mir zum Code-Wort geworden: Immer wenn etwas klappt, womit wir gar nicht mehr gerechnet haben, kommt einer von uns unter Garantie mit diesem Spruch an. Und dann lachen wir uns kaputt.

Die Proben waren wirklich nicht leicht – es gab Streit ohne Ende. Zum Beispiel als Gudrun und Wagner mitbekamen, dass Kundry ein afrikanisch anmutendes Kostüm tragen sollte. Da bekam ich in der Mittagspause einen Brief zugestellt. Der ging ungefähr so:

»ZUM RAUM WIRD HIER DIE ZEIT« 143

Sehr geehrter Herr Schlingensief, nach einstündiger, Ihnen aus gutem Grunde zuvor nicht angekündigter Probenbeschau möchte ich folgende Fragen von Ihnen beantwortet wissen:

a) Was bezwecken Sie im zweiten und dritten Akt mit dem mehrmaligen Auftritt der dicken Frau? Im mir vorliegenden Konzeptpapier vom 15. Mai dieses Jahres wird die Rolle der Dame mit dem Oberbegriff der Urmutter aufgeführt. Mir will sich aber auch nach Rücksprache mit meiner Frau sowie dem Vorsitzenden der Wagner-Gesellschaft partout nicht erschließen, worin der Sinn dieses Auftritts zu finden ist. Die dicke Urmutter spielt nicht, sie singt nicht, steht nur herum und ist überdies fast unbekleidet, wenn nicht sogar nackt. Das kann und darf nicht Ihr werter Ernst sein, Herr Schlingensief.

b) Wieso muten Sie es Frau Michelle de Young im zweiten Akt zu, einen anschnallbaren Affenpo tragen zu müssen? So wie mir in der heutigen Probe sollte es Ihnen zu einem früheren Zeitpunkt aufgefallen sein, dass die dadurch für Frau de Young notwendig werdende Beugung nach vorne ihr Gesangsvolumen für jeden wahrnehmbar beträchtlich einschränkt. Wo wollen Sie mit solch störender, zumal überflüssiger Detailbesessenheit hin, Herr Schlingensief? Mit freundlichen Grüßen, Wolfgang Wagner.

Verbunden war dieser Brief mit der Mitteilung, dass für 14 Uhr auf der Bühne eine »Beschau« dieses Kostüms anberaumt sei. Ich bin sofort ins Hotel gerast, habe wie wild die Partitur durchgeblättert und gefleht: »Richard, hilf mir!« Und dann fand ich tatsächlich eine Regieanweisung, in der es ungefähr heißt: »Kundry in dunkelfarbenem Gesicht und mit knöchellangem Schlangenrock«. Ich habe sofort die Seite rausgerissen, »Danke, Richard« gerufen und bin zurückgerast zum Festspielhaus. Punkt

14 Uhr waren alle da, Gudrun saß irgendwo im Dunkeln des Zuschauerraums, Wolfgang stand neben mir auf der Bühne, und eine Komparsin lief mit diesem wabbeligen Teil von Riesenhintern ein bisschen hin und her. Dann legte Wolfgang los: »Das da, was soll das? So ein Quatsch. Das kommt nicht infrage, das geht nicht.« Ich bin ganz ruhig geblieben: »Aber Herr Wagner, das hat schon alles seine Richtigkeit. Schauen Sie mal hier, Regieanweisung von Richard Wagner, lesen Sie mal, da steht's doch: ›Schlangenhäute lang herabhängend, tief braunrötliche Gesichtsfarbe; stechende schwarze Augen‹.« Und dann habe ich den alten Herrn einfach nur noch zugetextet: dass das der Beweis sei, dass Wagner hier eine afrikanische Schlange meinen würde, weil eine europäische Schlange ginge nur bis zum Knie etc. etc. Irgendwann gab er völlig entnervt auf. Mit einem »Ach, machen Sie doch, was Sie wollen!« zockelte er über die kleine venezianische Brücke von der Bühne in Richtung Zuschauerraum. Gudrun schrie noch aus der Tiefe des Raums: »Wolfgang, was hast du vor?« »Was soll ich denn machen, Gudrun?«, zischte er nur, und weg war er. Damit war das Thema durch. Kundry trat dann in diesem Sackkostüm auf.

Ärger gab's aber nicht nur mit der Familie Wagner, sondern auch mit dem Tenor. Bei dem hat mir Boulez sehr geholfen: »Passen Sie auf, ich mache Folgendes: Ich werde mit ihm reden, und dann sag ich Ihnen morgen, wie Sie's machen müssen.« Am nächsten Tag berichtete er: »Es ist so: Wenn er noch mal Probleme macht und sagt, ich verstehe nicht, das ist nicht Richard Wagner, das hat Richard Wagner nie gesagt, dann sagen Sie einfach: ›Aber Lieber, das ist ein Ritual.‹ Sie werden sehen, er wird's verstehen.« So habe ich das dann auch gemacht: »Aber Lieber, das Ganze ist ein Ritual, verstehst du? Das sind alles Rituale, die hier ablaufen, überschnittene, überblendete Rituale.«

»ZUM RAUM WIRD HIER DIE ZEIT« 145

Er schaute kurz verblüfft und sagte dann: »Ja, das verstehe ich.« Boulez hat sich gefreut wie ein Honigkuchenpferd.

Vor allem eine Sache, die mir wirklich am Herzen lag, habe ich nicht durchsetzen können. Carl und ich wollten unbedingt, dass eine längere Pause entsteht, bevor Titurel, der Begründer der Gralsdynastie, aus dem Jenseits seinen Sohn Amfortas fragt: »Mein Sohn, bist du im Amt?« Da gibt es auch in der Partitur eine Generalpause, Wagner wollte also eine Zäsur. Und ich wollte, dass diese Pause vier, fünf, vielleicht sogar zehn Minuten dauert, eine Phase der Ruhe – bei viereinhalb Stunden müsste das doch möglich sein, dachte ich. Ich war überzeugt davon, dass diese Stille eine metaphysische Kraft entfaltet hätte, auf der Bühne und beim Publikum. Denn gerade in der schlagartig einsetzenden öffentlichen Stille liegt der Hauptsprengstoff, glaube ich. Bei Wagner nicht anders als bei einem Rockkonzert. In dem Moment, wo die Stille eintritt, hört man, was in einem nachschwingt; das ist eigentlich das Hauptkonzert. So wie die Dunkelphase zwischen den Bildern eigentlich der Hauptfilm ist. Nicht wenn Amfortas ununterbrochen schreit: die Wunde, die Wunde, aua, aua. Und alle hören zu, gib's uns, los, »zeig uns deine Wunde«, und noch mal, »zum letzten Mal«. Das ist laut, ist auch unterhaltsam und alle können schön mitsingen: »Wir im Verein wollen wir sein.« Aber wenn in diesen christlichen Mitleidsschmier die Stille reingeknallt wäre, wäre man auf sich selbst zurückgeworfen worden. Wie auf einer Beerdigung: Wenn man plötzlich da steht, es ist kalt, die Füße sterben ab, der Pfarrer hat zu Ende gebetet, und wir warten und warten und nichts passiert. Dann können wir vielleicht die Stille des Toten hören, in diesem Moment können wir vielleicht diesen inneren Aufruhr aufspüren, was das heißt: Der ist jetzt weg.

Die Aufführung kam auch ohne die Pause besser an, als wir gedacht haben. Die Kritik war sehr gnädig, das Publikum gespalten, natürlich gab's ziemlich viele Buhs, aber es gab auch Fans. Nach dem Premierenapplaus bekam ich hinter der Bühne gleich einen Brief überreicht, in dem mir die Familie Wagner mitteilte, dass ich ab jetzt freihätte, weil sie die Wiederaufnahmen in den nächsten Jahren an die künstlerische Mitarbeiterin Katharina Wagner übergeben würden. Für meine berufliche Zukunft alles Gute, hieß es noch.

Das kam für mich nicht in die Tüte. Ich wollte mich nicht wegschicken lassen und habe gleich geantwortet, dass ich weiterarbeiten und weiterlernen möchte. Und wir haben ja tatsächlich die vier Jahre durchgehalten, weil mein Team toll war und weil wir immer wieder mit dem Anwalt, meinem Freund Peter Raue, interveniert haben. Das war prima: Die Familie Wagner musste blechen und blechen für ihren wahnsinnig teuren Anwalt, während meiner da aus Freundschaft loslegte. Irgendwann haben sie mir dann den Wahnsinnsbetrag von 1000,– Euro für Kostüm- und Bühnenbildänderungen für 2005 genehmigt. Wahrscheinlich hofften sie, dass ich jetzt endlich aufgebe. Hat aber nicht geklappt. Ich habe die Jahre drauf einfach viel selbst gemalt, was aber auch nicht recht war. Schon im ersten Jahr hatte ich während einer Probe »Kirche der Angst« auf eine Bühnenwand gemalt, weil ich weiterhin mit der Church of Fear unterwegs war und weil ich inzwischen eh dachte: Hier ist sie, der grüne Hügel ist die Hauptstadt meiner Kirche der Angst. Am nächsten Morgen war alles wieder überpinselt. Mit der Begründung, sie würden nicht daran teilnehmen, eine Sekte zu unterstützen.

Und ich war ja glücklicherweise schon vorher mit

meinem Team losgezogen und hatte in Afrika Filmmaterial gedreht, alles haben wir selbst bezahlt, Alexander Kluge hat uns da finanziell glücklicherweise ein bisschen ausgeholfen. Besonders in Namibia waren wir unterwegs, Meika Dresenkamp, Jörg van der Horst, Voxi Bärenklau und ich. Diese Reisen haben wahnsinnig Spaß gemacht, weil sie den christlichen Mitleidsschmier, der den Nietzsche beim »Parsifal« nicht umsonst aufgeregt hat, noch mal ganz anders infrage gestellt haben. Es gab plötzlich auch den Gedanken, die Wunde des Amfortas könnte eine Wunde sein, die in anderen Ländern geschlagen wurde. Auch eine interessante Perspektive.

Und ich habe mich um meine Hasen gekümmert in Afrika. Die liegen da oft tot am Straßenrand rum, weil sie nachts von den Autos überfahren werden. Die meisten werden natürlich mitgenommen, aber es bleiben eben auch welche liegen. Das waren dann für mich der kleine Klingsor und der kleine Parsifal. Einmal haben wir sogar einen Hasen mit einer richtigen Wunde gefunden, das war dann der kleine Amfortas. Man nimmt ja seine Fantasie mit, wenn man unterwegs ist. Und dann stellt man plötzlich fest: Wo man auch hinkommt, spielt der Hase in Mythen und Geschichten eine wichtige Rolle. Es gibt ihn in Asien als Hase im Mond, es gibt ihn bei Fibonacci, diesem mittelalterlichen Mathematiker, der mit seiner Zahlenreihe das Wachstum einer Hasenpopulation beschrieb, es gibt ihn bei Beuys. Und es gibt ihn in Afrika, bei dem Märchen der Namas in Namibia. Das erzählt, wie der Mond den Menschen einmal eine Botschaft senden wollte: dass sie auf ewig lebend sterben und sterbend leben werden – wie er. Ein Hase sollte den Menschen diese frohe Botschaft ausrichten, konnte sich aber die Worte nicht merken und sagte: Wer tot ist, bleibt tot und lebt nie wieder. Da schlug der Mond dem Hasen vor Wut auf

148 **Ich weiß, ich war's**

die Nase. Seitdem hat er eine Hasenscharte, und die Menschen fürchten den Tod.

Das letzte Mal gesehen habe ich Wolfgang Wagner bei der Trauerfeier von Gudrun Wagner. Das war sehr traurig und sehr anrührend, wie er da saß. Das letzte Mal gesprochen habe ich ihn im letzten Jahr von Parsifal kurz vor Eröffnung der Festspiele 2007. Es gab da damals diesen kleinen Konferenzsaal, in dem die Königsfamilie Wagner in den Pausen gerne einige Auserwählte zu einem kleinen Plausch einlud. Und in diesem Raum fanden auch die Sitzungen für neue, aber auch laufende Produktionen statt. Da müssen also alle mal gesessen haben. Jedenfalls in den letzten zwanzig Jahren. Zu Beginn der Besprechungen zum Parsifal bekamen wir großartige Schnittchen mit Lachs, Leberwurst vom Feinsten, hervorragende Fleischwaren, Getränke rund um den Globus und zum Kaffee sogar noch hervorragende Pralinen oder Kuchenstücke, die ihresgleichen suchten. Im Verlaufe der Produktion stürzten wir aber ab und saßen bereits im zweiten Jahr nur noch mit einer von jenen Keksdosen am Konferenztisch, die man normalerweise von schlecht sehenden Großtanten kennt. Irgendwelche zerbrochenen, ausgetrockneten Plätzchen mit leicht grauer Schokoladenfüllung oder merkwürdigem Käsegeschmack. Diese Reduzierung aufs Mindeste hatte nicht nur mit der finanziellen Situation zu tun, die bewirkte, dass mir jedes Jahr schriftlich mitgeteilt wurde, dass nur 1000,– Euro für Kostüm- oder Bühnenänderungen zur Verfügung stünden, sondern vor allem mit der dadurch sinnfällig werdenden Tatsache, dass man in der Gunst von Gudrun extrem abgestürzt war. Aber auch das war egal, weil es ja um die Arbeit ging und nicht um irgendwelche Schnittchen. Und genau diese Arbeit, und das möchte ich an dieser Stelle ausdrücklich noch einmal wiederholen, weil es noch immer irgendwelche

»ZUM RAUM WIRD HIER DIE ZEIT« 149

Hofschranzen gibt, die behaupten, ich wäre undankbar und wolle Bayreuth nur noch schlechtreden, weil sie damit ihre Chance wittern, irgendwann zum inneren Zirkel des großen Wagnerkuchens zu gehören, diese Arbeit in Bayreuth war, egal wie groß der Stress und die Gehässigkeiten, die Verachtung und der Widerwille an diesem Ort geschürt wurden, für mich die größte Freude, die man mir jemals bereitet hat. Die Momente, über die so viele Gerüchte kursieren, einmal live erlebt zu haben, ist eine Belohnung, die ich nicht missen möchte. Was war das für eine helle Freude, wenn Wolfgang Wagner selbst gegen den Willen seiner Frau mit mir Kontakt aufnahm, um dann ganz großartige Geschichten über die Wollunterhose von Winnie zu berichten oder über Furtwängler, der auf der Judenwiese bei dem Versuch, ein weiteres Blumenmädchen zu verführen, fast vom Mähdrescher überrollt worden wäre. Da lachte Wolfgang, da blitzten seine Augen. Oder wenn er erzählte, wie er es geschafft hatte, Gelder vom Marshallplan so umzuleiten, dass sie in der Bayreuther Scheune landeten. Der Mann war ein Schlitzohr und das genoss er jede Stunde!

Ich weiß noch, wie er vor der ersten Probe im zweiten Jahr auf die Probebühne kam und schrie: »Was soll das? Ist jetzt schon schlechter als im letzten Jahr!« Da hörte man ihn in seinem tiefsten Inneren regelrecht grölen. Denn er liebte seine Kommentare, seine Geschichten, seine Auf- und Abtritte. Wenn er dann die große Bühne »endgültig« verließ und schrie, dass es auch der Letzte in der letzten Reihe hören konnte: »Machen Sie doch, was Sie wollen. Das interessiert mich nicht mehr!«, saß er schon zwei Minuten später wieder auf seinem eigenen Inspizientenstuhl. Oder er marschierte gleich zu Gudrun, die in ihrem Zimmer sämtliche Überwachungskameras oder Abhörmikrofone bedienen konnte. Es war wirklich viel los in diesem kleinen Königshaus, was nicht mit Geld zu bezahlen ist. Und wenn ich dann lese, ich würde die Hand meines Arbeitgebers schlagen – dann lache ich noch lauter als Wolfgang, denn zum einen lebe und arbeite ich mittlerweile woanders und zum anderen war die Zeit mit Wolfgang so ziemlich das Tollste, was ich überhaupt je auf einer Bühne erlebt habe. Alleine in den ersten zwei Jahren Pierre Boulez erleben und von ihm lernen zu dürfen, dann zu sehen was passiert, wenn der neue Parsifalsänger plötzlich anfängt zu leben, ein wirklicher Mensch zu sein, oder im dritten Jahr zu lernen, wie einige Sänger nicht mehr über eine Verlängerung informiert wurden, weil sie sich kritisch über das Haus geäußert hatten und deshalb plötzlich umbesetzt wurden – das waren Sternstunden der Musikausbildung! Und das Tollste war Wolfgang, der zwar im dritten Jahr stark vernachlässigt mit Löchern in der Hose durchs Haus stolperte, bis sich dann Katharina für ihren Vater einsetzte und dafür sorgte, dass er nicht jeden zweiten Tag die Treppe runterfiel, wenn er immer wieder durch »sein Haus« und somit »sein Werk« schritt! Ja, so muss ich es sagen. Bei allen Alterserscheinungen fand er immer wieder Kraft in seiner Scheune, in seinen Probenräumen, den Konferenzen, den kleinen und großen Kriegen. Wolfgang war wirklich Bayreuth! Und über Gudrun muss ich ja nichts schreiben. Aber Wolfgang hat mich sehr beeindruckt, und nach vier Jahren, als unser Parsifal mittlerweile mehr als positiv denn als negativ für die Entwicklung Bayreuths eingestuft wurde (worüber nicht nur ich mich gefreut habe, sondern auch Wolfgang und Katharina), da war der Laden schon wieder ein bisschen weicher geworden. Da war es teilweise sogar richtig angenehm. Und da endet dann auch meine kleine Geschichte über die Parsifalzeit in Bayreuth. Wir saßen wieder in diesem verwanzten Konferenzzimmer – und diesmal wurden wir mit Tramezzinis der allerbesten Art überschüttet. Wolfgang und ich saßen uns gegenüber. Gudrun links, mein Team rechts und links an meiner Seite. Und Wolfgang und ich haben vor lauter Glück, dass kein Intrigant mehr am Tisch saß, sondern plötzlich so ein kleiner Frieden eintrat, unzählige dieser Toastdinger in uns reingestopft. Es brach sozusagen ein großer gemeinsamer Hunger aus. Ein Hochgenuss, bis Gudrun dann irgendwann sagte: »Wolfgang, du bist mal wieder dein bester Gast!«, und da hörte Wolfang Wagner auf zu essen, wischte sich den Mund ab, stand auf, deutete mir an, dass er mich vorne an der Türe sehen wolle. Ich folgte ihm und dort, bei geöffneter Türe wohlgemerkt, sagte er zu mir: »Gell, das war schon toll! Das war eine tolle Sache mit uns. Wir waren doch immer Freunde, nicht wahr?« Und da habe ich »Ja, Herr Wagner« gemurmelt und musste fast heulen. Wir haben uns sogar kurz in den Arm genommen. Kurz, aber herzlich, und ich bin dann wie benommen davongegangen. Ob die anderen noch weitergegessen haben, weiß ich nicht mehr. Und ich rufe dem alten Herren zu: AUF WIEDERSEHEN! Das ist für alle Menschen die größte Drohung, die man aussprechen kann. Und in diesem Falle wäre es sogar eine sehr schöne Drohung, auch wenn die Hofschranzen daraus wieder etwas Böses lesen wollen. Ich mag Bayreuth und ich bin sehr gespannt, was daraus werden wird. Auch wenn die Zeichen momentan eher auf Keksdose stehen.

(22. März 2010, Schlingenblog auf www.schlingensief.com)

Bayreuth war trotz der ganzen Probleme eine echte Befreiung. Der Animatograph mit der Drehbühne, auf der man rumlaufen konnte, war so was wie eine Umarmung, ein »Alle-nehmen-teil«-Prozess, die Leute, der Film, die Oper, die Musik usw. Raus aus dem Theaterbunker, rein in den Keller oder den Bunker, nur mit dem Unterschied, dass der dann echt war und irgendwo in der Gegend stand – in Island, in Neuhardenberg oder eben in Namibia. Das hatte ganz viel damit zu tun, wie ich früher Filme gemacht habe. Bei »Menu Total« mit Alfred Edel und Helge Schneider war das eine alte Thyssen-Villa im Ruhrgebiet. Alles roch nach Erde und Kohle. Der Dreh war wie eine Expedition. Bei »Egomania« war es eine Hallig in der Nordsee, bei »100 Jahre Adolf Hitler« ein Kriegsbunker in Mülheim an der Ruhr.

Bayreuth war also der Vorabend, die Ursuppe, danach konnte sich die Verwandlung »Zum Raum wird hier die Zeit« nicht mehr im geschlossenen Theaterraum vollziehen. Das war schon klar. In Island und Neuhardenberg oder Afrika war der Animatograph als Organismus den kosmischen Strahlungen ausgeliefert. Danach war er so aufgeladen, dass er auch wieder ins Burgtheater gehen konnte. Die Befreiung vom Theater musste ins Theater zurück. In Wien kam zum Beispiel ein älteres Pärchen rein, das waren wohl Abonnenten. Die kamen also zur ersten Veranstaltung in den Zuschauerraum und bestanden darauf, dass der Platzanweiser sie zu ihren Stammplätzen führen soll. Nur waren die Sitze leider ausgebaut, weil der Animatograph ja auch im Zuschauerraum stand. Der hatte sich da reingefressen.

Ich wollte das Publikum auf der Bühne haben. Das war schon vorher so, bei »Schlacht um Europa« oder »Rocky Dutschke«. In Island hatten wir einen Raum, in dem sich die Leute wie in einem Labyrinth anderthalb Stunden Bildern und Tönen ausgesetzt haben. Am schönsten war es dann, wenn man alleine drinsaß. Man war Bestandteil des Unternehmens. Das ist die Formel, die da drinsteckt und die jeder für sich errechnet. Man betritt die Drehbühne und wird durch die Masse an Eindrücken aufgeladen. Man wird zu seinem eigenen Dokumentationszentrum. Das ist die funktionstüchtigste Waffe, die wir heute haben: das Dokumentieren, das Gedächtnis. Gedächtnis einschalten ist immer o.k., aber auch wahnsinnig schwierig.

»ZUM RAUM WIRD HIER DIE ZEIT« 153

Der Animatograph ist ein Lebewesen, ein Organismus, der durch die Kräfte, die in ihm wirken, bestimmt, ob er sich noch weiter aufladen will. Er legt Wert darauf, dass er den Ort vertritt, an dem er entsteht. Und den Ort der vorherigen Station bringt er mit, um zu sagen: »Das ist mein Gedächtnis.«

»Die Umgebung wird zum Werk und das Werk zur Umgebung« ist der Satz zum Animatographen, ein Satz von Dieter Roth. Das würde ich mir für meine Arbeit auch wünschen: dass die Leute das nicht als Kriegserklärung ansehen oder als Größenwahn, sondern dass sie merken, dass das alles Versuchsordnungen sind, in der Hoffnung, dass man Gemeinsamkeiten hat.

»Church of Fear«. »Erster Internationaler Pfahlsitzwettbewerb« auf der Biennale Venedig, Juni 2003

Kirchengebäude der »Church of Fear« auf dem Dach des Museum Ludwig Köln, 2005

»Dritter Internationaler Pfahlsitzwettbewerb« an der Hauptwache in Frankfurt/Main, September 2003

Plakat zur Lesereise
»Tötet Politik!« im
Anschluss an die
»Aktion 18«, 2002

»Aktion 18«. Mit Kerstin Grassmann und Achim von
Paczensky (v. l.) während der Aktion vor der Firma von
Jürgen Möllemann in Düsseldorf, 2002

»Parsifal«. Wiederaufnahmeproben zur dritten Spielzeit, Bayreuther Festspiele, 2006

Bühnenbildvorbereitungen zur Premiere, 2004

Mit Dirigent Pierre Boulez
in Paris, August 2003

Schlingensiefs Hausausweis für die
Bayreuther Festspiele

Mit Wolfgang Wagner auf der
Generalprobe, 19.7.2004

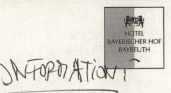

INFORMATION!

ICH WÜRDE GERNE NOCH PROBEN, ⊕
ABER WOLFGANG HAT ES* ~~VERBOTEN~~.
wie uns Herr Wersle mitteilte...
UNTERSAGT...

Christoph
Schlingensief

⊕ z.B. Ankunft Parsifal
1. Akt

Mitteilung Schlingensiefs an Ensemble und Bühnenarbeiter, 2004

»Parsifal«, 1. Aufzug, Verwandlung, Aufführung 2007 (Szenenfoto)

Von Schlingensief beschriebenes Probenfoto

Ein Opernhaus in Afrika

Meine Arbeit in Bayreuth, auch die Inszenierung in Manaus haben natürlich was zu tun mit der Idee, ein Opernhaus in Afrika zu bauen. Dieser Gedanke spukte ja schon vor der Krankheit in meinem Kopf – und irgendwann habe ich ihn dann ausgesprochen und angefangen, nach einem Ort zu suchen. Deshalb kommen jetzt natürlich die Fragen: Warum Oper? Was willst du denn damit machen? Bayreuth nach Afrika tragen? Nein, das will ich natürlich nicht! Ich finde, Afrika hat's auf keinen Fall verdient, dass da Bayreuth eröffnet wird und nachher irgendwelche Gottschalks oder Kanzlerinnen oder Außenministerinnen vorbeilaufen und sich das angucken. Und so ein Opern-Ufo wie am Amazonas landet auch nicht auf dem afrikanischen Kontinent! Da tauchte ja Ende des 19. Jahrhunderts bei den europäischen Kautschukbaronen in Manaus die Frage auf: Was machen wir denn bloß abends? Da kam die Idee auf: Hey, lass uns in die Oper gehen. Und dann haben die dieses Riesenteil mitten in den Dschungel gebaut, sämtliche Baumaterialien kamen natürlich aus Europa. Wenn man in der Mitte des Zuschauerraums steht und hochguckt, sieht man den Eiffelturm über sich, an der Seite sind in kleinen Kämmerchen die Büsten europäischer Kulturköpfe aufgereiht – und da saßen die Herren dann drin, war wie zu Hause, nur zu heiß, und draußen bekamen alle Malaria und Gelbfieber. Aber ein bisschen Heimat musste sein.

Das ist natürlich hanebüchen. Das ist nicht der Sinn der Sache. Aber die Oper als Instrument oder als Idee ist eben doch etwas Interessantes. Die hat die Leute mal so erregt, dass sie sogar eine Revolution gestartet haben, 1830 in Belgien, als »Die Stumme von Portici« von Eugene D'Albert aufgeführt wurde. Da sind die Leute in der Pause rausgerannt und haben Revolution gemacht. Und früher war es so, dass die Oper – man kann das sogar fast ableiten aus den vedischen Chören –, dass der Gesang in den griechischen Theatern verbunden war mit der Genesung des Menschen. Da wurden in Epidauros richtig Rezepte ausgestellt, da gab's Ärzte, die Ihnen Theaterbesuche oder Opernbesuche verschrieben haben. Damals war Kunst und Kultur eben auch zur Heilung da, was wir vollgefressenen, europäischen Kulturkämpfer natürlich völlig verlernt haben. Wir gehen nicht in die Oper, um geheilt zu werden, sondern a) sitzen wir da blöd rum und denken, wo gehe ich denn nachher essen, und b) sind wir sowieso nicht heilbar. Meine Idee von Oper ist eigentlich so etwas wie eine Arche, ein Dorf, ein Operndorf. Das heißt eine Fläche, auf der gebaut werden soll, was eine Oper vielleicht mal war, bevor wir so eine amputierte Veranstaltung draus gemacht haben, ohne Leben, ohne Improvisationskunst, ohne Spiritualität.

Wobei ich gerne zugebe, dass ich am Anfang tatsächlich von einem richtigen Opernhaus fantasiert habe. Ganz romantisch, kitschig war ich da unterwegs, roter Hügel statt grüner Hügel, was weiß ich was. Ich hatte sicherlich Altlasten, die ich mit mir rumgeschleppt habe. Und das waren eben solche Vermengungen und Übermalungen, die ich betrieben habe, mein romantischer Quirl. Und ich habe das natürlich bei meinen Arbeiten immer gehabt: Dass ich etwas ausdrücke, was riesengroß ist – und dann wird etwas ganz anderes daraus. Das gehört dazu, finde ich. Denn wenn man genau das umsetzt, was man sich vorher auf dem Reißbrett ausgedacht hat, dann wird das ja fast nie was.

Ich kann aber auch nicht sofort alles von dem ab- und weglegen, was ich erlebt habe. Zum Beispiel in Manaus: Wie da plötzlich 500 Leute aus den Favelas in diese Oper reinkommen und trommeln und draußen stehen Tausende Favela-Bewohner rum, die auch noch mitmachen. Das war großartig, das kann ich nicht vergessen. Will ich auch nicht. Denn ich hatte ja immer das Gefühl, man muss sie auch sprengen, diese Hochkultur. Nicht zerstören, das meine ich nicht, sondern man muss einfach Leute reinlassen, die damit eigentlich nichts zu tun haben und die da mal wieder Kraft reingeben. Ich kann auch immer noch nicht ganz Abstand nehmen von so einem Begriff wie Gesamtkunstwerk. Das ist zwar durch den Realismus, den ich durch die Krankheit immer mehr an der Backe kleben habe, weniger geworden, glaube ich. Ich kann nicht mehr so viel träumen. Ich muss konkreter werden. Ich will, dass man zu Ergebnissen kommt. Und so geht mein romantischer Quirl langsam aus. Aber er rotiert und blubbert doch noch ein bisschen.

Natürlich hab ich auch ganz bewusst von Begriffen wie Festspielhaus, Opernhaus gesprochen. Damit viele Leute eintreten in den Gedanken. Ihre eigene Fantasie freisetzen. Oper ist nun mal in Deutschland der Überbegriff für den elitären Glanz der Hochkultur. Eigentlich in der ganzen Welt. Deswegen fand ich den Begriff schon mal gut, weil er zu Missverständnissen eingeladen hat, weil man an den Reaktionen gemerkt hat, wie plakativ wir hier in Europa sind. Weil er uns zwingt, mal über unseren Kunstbegriff nachzudenken. Und weil wir mal überlegen müssen, was das denn eigentlich sein kann: sinnvolles Helfen, sinnvoll Gutes tun. Denn diese Idee, ich geh jetzt mit meinem europäischen Helfer-Gen mal

EIN OPERNHAUS IN AFRIKA   167

nach Afrika und tu was Gutes, ist Bullshit. Hatte ich ja auch. Ablasshandel: Wollte ein besserer Mensch werden, damit ich ein bisschen besser ertragen kann, dass ich hier auf Kosten so vieler anderer Menschen lebe. Diesen ganzen Gutmenschenbrei muss man von sich abkratzen. Gutes tun? Betroffenen helfen? Dieses Wort »Betroffene« ist doch grauenhaft. Niemand ist ein Betroffener – natürlich gibt's Leute, die keine Chance haben, da muss man was tun – aber das sind ja sachliche Vorgänge, da muss halt Geld hin, basta. Irgendwie ist das doch falsch, da so ein Patenkind zu haben, das natürlich total süß ist – und wir tun mit 100,– Euro ein bisschen Gutes, damit wir uns selbst besser aushalten. Das ist doch falsch, das geht doch nicht, diese Länder nur unter dem Image »die Armen, die Armen« zu betrachten.

Und dann all diese Entwicklungshilfeprojekte. Ich war zum Beispiel öfters in Nepal, Kathmandu. Was haben die Deutschen da gemacht? Die Deutschen haben ein Müllkraftwerk gespendet. Das verbrennt da Müll, und der Strom, der dabei entsteht, ist nur dazu da, das Müllkraftwerk zu beleuchten. Das heißt, es gibt gar kein Kabel nach außen. Das ganze Licht geht auf das Müllkraftwerk, man kann also sehen, was die Deutschen da Tolles gebaut haben. Und die Franzosen haben einen Oberleitungsbus gespendet, der fährt aber nicht, weil es keinen Strom gibt. Okay, ein Stückchen Oberleitung gibt's, da fährt der leere Bus dann immer hin und her, ist keiner drin, die Strecke lohnt sich nicht. Die Chinesen haben für den Bus dann noch eine Verkehrsampel geschenkt. Die Leute wissen gar nicht, was das sein soll. Und inzwischen gibt's Gruppen, die glauben, die Lichter seien Götter. Grüner Gott, gelber Gott, roter Gott. Die haben Streit, weil die gelbe Gruppe zu kurz kommt. Jetzt gibt's da schon Auseinandersetzungen und Hungerstreik, damit Gelb länger leuchtet.

Was ich sagen will: Wir stiften mit unserem Helfersyndrom so oft mehr Streit, als dass wir irgendetwas Gutes tun. Lukas Bärfuss, der Schriftsteller, der jetzt in Osnabrück den zweiten Preis bekommen hat, mit Henning Mankell zusammen, hat das in seiner wunderbaren Dankesrede ausgeführt. Ich kann auch seinen Roman »Hundert Tage« nur empfehlen. Da geht es um die Arbeit der Entwicklungshilfe und was alles nachher damit passiert, auch was die Kolonialzeit letzten Endes noch für Schäden hinterlassen hat.

Ich möchte noch mal kurz darauf hinweisen: Die Arbeit in Afrika hat nicht plötzlich mit der Krankheit begonnen, Afrika spielt bei mir schon seit Langem eine Rolle. 1993 war ich das erste Mal dort. Meine damalige Freundin Tabea kam auf die Idee: Du musst nach Afrika, das wird dir gefallen, sagte sie. Ihr Vater war Missionspriester in Südafrika gewesen und wurde ausgewiesen, weil er gegen die Apartheid gekämpft hatte. Tabea und ich sind also nach Simbabwe gefahren – damals war Robert Mugabe noch nicht der Diktator, der er heute ist. Und Tabea hatte recht: Zum ersten Mal habe ich gespürt, dass ich in Afrika weniger hektisch bin, dass ich dort ein anderes Zeitgefühl habe. Aber ich bin auch voll im Betrugssystem gelandet. Es ist schwer, in Afrika nicht als komischer Tourist rumzulaufen. In Namibia zum Beispiel, wo ich auch öfters war, fangen die Hereros abends auf Knopfdruck an zu tanzen und zu singen. Und als Weißnase ist man begeistert: Wow, ich bin bei den Halbaffen. Diese Begeisterung hatte ich am Anfang auch mal. Bis ich gemerkt habe: Es geht nur darum, dass die da Männchen machen, damit ich gönnerhaft sagen kann: Komm, guck hier, haste ne Banane. Das habe ich vor Kurzem noch erlebt: wie eine reiche Europäerin aus dem Auto heraus den Kindern in Burkina Faso aufblasbare Fußbälle und Bleistifte vor die Füße warf.

Diese Fehler stecken halt alle in dem Versuch, Kontakt aufzunehmen. Auch ich habe so viele Fehler gemacht. Zum Beispiel bei »United Trash«, diesem Comic-Film, den ich dann 1995 in Simbabwe gedreht habe. Ich hatte mich wahnsinnig aufgeregt über die UN-Soldaten, die einfach abgehauen waren, als es in Ruanda brenzlig wurde, und nur noch die Weißen ausgeflogen hatten. Da habe ich mir zusammen mit Oskar Roehler eine Geschichte ausgedacht, die ziemlich daneben war: Ein schwuler deutscher UNO-General, gespielt von Udo Kier, ist in Afrika tätig und schenkt dem afrikanischen Diktator eine V2-Rakete von Adolf Hitler, um an Heiligabend den amerikanischen Präsidenten zu töten. Jesus Peter Panne, das Kind des Generals und seiner Frau, hat eine Pussy auf dem Kopf, aus der unglaubliche Energie strömt. Der Diktator kommt auf die Idee, dieses Kind als Antrieb für die V2 zu benutzen. Vorherige Versuche, Schwarze mit Benzin zu übergießen, hatten nicht geklappt. Aber die Energie von Jesus Peter Panne reicht. Mit ihm und seiner Mutter fliegt der Diktator also zum Präsidenten und vernichtet an Heiligabend das Weiße Haus.

Was für ein Quatsch! Den Quatsch kann man vielleicht ganz lustig finden, aber im Kern ist der Film total missraten, weil ich Afrika nur benutzt habe. Man kann sich vorstellen, dass auch die Dreharbeiten nicht gut ausgegangen sind. Obwohl erst einmal alles toll war: viel möglich für wenig Geld, jede Menge Darsteller, großes Team. Aber ich war zum Beispiel von dem Gedanken besessen, bei Sonne zu drehen, weil Afrika gleich Sonne. Also habe ich gewartet und gewartet, total lächerlich, da längst die Regenzeit im Anmarsch war. Ich hab einfach gar nichts kapiert. Und dann kam der Tag, als wir das schwarze Continuity Girl gefeuert haben. Sie war wirklich unfähig, Anschlussfehler über Anschlussfehler, aber ihre Schwester arbeitete beim CIO, der Central Intelligence Organisation von Simbabwe. Das war unser Verhängnis. Ein paar Tage später fuhren wir morgens zum Drehen und sahen überall an den Zeitungsläden große Plakate, auf denen stand: Deutsche Filmcrew dreht rassistisch-pornografischen Film. Beim Vorbeifahren dachte ich noch: Ach guck, wer ist das denn? Dreht da noch irgendwer? Am Set fuhr dann ein Auto vor, noch ein Auto, schließlich stieg der Chef des CIO aus, ein dauergrinsender Typ mit Jurassic-Park-T-Shirt und Goldbrille. Das war der Moment, als die Handschellen kamen. Beschlagnahmung des Filmmaterials, dann ging's ab ins Gefängnis. Wir mussten da die ganze Nacht verbringen, dann durften wir wieder raus. Am nächsten Tag haben sie Udo Kier und ein paar andere Leute verhaftet, dann durften auch die wieder raus. Geholfen hat uns schließlich der deutsche Botschafter in Simbabwe, Graf von Leutrum hieß der, und ein Typ vom BND. Der war krass drauf und brüllte immer nur: »Ich hol euch hier raus.« Aber selbst das Flugzeug, in dem wir dann endlich saßen, wurde noch mal angehalten und durchsucht, weil die dachten, wir schmuggeln den Film irgendwie raus. Und zu Hause in Mülheim musste ich noch wochenlang warten, bis dank der Hilfe des BND endlich auch das Filmmaterial in Deutschland landete.

Meine Güte, was war das für ein Wahnsinn. Und alles nur, weil ich nichts verstanden hatte von Afrika. Vor ein paar Jahren bei der Sache mit dem Animatographen in Namibia immer noch nicht. Auch das war wieder ein Riesenfehler. Da habe ich dem Township Area 7 von Lüderitz meine Drehbühne aufgebaut. Da liefen dann abends Filme, die wir tagsüber gedreht hatten, nachgespielte Szenen aus bekannten Filmen oder Fernsehserien, Übermalungen, Überblendungen, durch die die Bilder natürlich immer unklarer wurden. Keiner wusste mehr, was wir eigentlich drehen, ich auch nicht. Dann gab's noch die Idee, dass die Leute aus dem Township mal den 11. September nachspielen. Weil ihnen die Bilder dazu ja fehlten, die wir bis zum Abkotzen gesehen hatten. Die kannten höchstens so ein verschrumpeltes Bild aus der Zeitung. Und bei der Eröffnungsfeier haben wir Essen anschleppen lassen, das endete dann in einer Schlägerei, weil wir das überhaupt nicht richtig organisiert hatten. Was für eine Scheiße. Das ist erst vier Jahre her, unglaublich. Vor vier Jahren bin ich da noch ohne Sinn und Verstand rumgeturnt, wollte irgendwie Kunst machen, Kunst fürs Museum, und habe das Ganze da abgeladen, nur um es ein paar Wochen später wieder mitzunehmen.

Ich muss ehrlich sagen, da war ich ziemlich am Ende, auch künstlerisch. Aber das kommt ja öfter vor, oder? Dass man nicht mehr weiß, was man eigentlich erreichen will, was der Sinn ist von dem, was man tut. Und dann gab's natürlich die romantische Phase, hinzufahren und mit den Schwarzen zu tanzen, ein paar Fotos für die Zeitungen, wir vertragen uns, wir sind Freunde geworden, toll. Über die Phase bin ich auch schon hinaus, glaube ich, aber im Kern habe ich immer noch diese romantische Ecke in mir, dieses Gefühl, dass Afrika eben doch ein ganz wichtiger Kontinent ist, dass man da mal eingreifen und, ja, auch helfen muss.

Und so sind wir losgefahren, um das richtige Land zu suchen, waren in Kamerun, in Mosambik zu Besuch bei Henning Mankell, dann in Burkina Faso. In Maputo, Mosambik, haben Sie auf der einen Seite Leute, die mit fünf Cent am Tag fünf Leute durchbringen müssen, auf der anderen Seite total reiche Schwarze, die ihr Geld mit den

Drogen machen, die an der Küste angeschwemmt werden, und die sich schon vor ihren eigenen Leuten schützen müssen. Da rollen Rolls-Royce durch die Straßen der Hauptstadt, überall Plakate mit iPhone-Werbung, der erste Hugo-Boss-Shop hat eröffnet – und auf dem Marktplatz kann man am Abend unter den Augen geschmierter Polizisten achtjährige Mädchen kaufen. Und sich mit sächselnden Schwarzen unterhalten, die nach der Wiedervereinigung einfach abgeschoben worden sind. Ingenieure, Wissenschaftler – die leben jetzt irgendwo am Meer und stellen Ananasbier für Touristen her.

Vor ein paar Jahren wäre ich wegen all dieser Plakatthemen sicherlich sofort nach Mosambik gegangen, aber die sind nicht mehr mein Thema. Drogen, Korruption, Prostitution – das sind alles wichtige Probleme, darüber soll man auch was machen. Aber mich interessiert inzwischen etwas anderes. Ich will keinen Tumult anzetteln, ich will, dass sich die Dinge in Ruhe entwickeln. Und dann treffe ich in der Berlinale-Jury erst Gaston Kaboré, den tollen Filmemacher aus Burkina Faso, der dort das größte Filmfestival Westafrikas ins Leben gerufen hat. Und vor Ort lerne ich plötzlich diesen Architekten kennen, er heißt Francis Kéré und ist Häuptlingssohn. Sein Vater lebt in Gando, zweieinhalb Stunden entfernt von Ouagadougou, der Hauptstadt von Burkina Faso. Burkina Faso ist für mich ganz klar der Favorit. Denn dieses Land ist in einer verhältnismäßig reinen, friedlichen Situation, kein Druck, keine Aggression, wenig Hektik. Ich habe mich sauwohl gefühlt, als ich das erste Mal da war, bin mit meinem Dolmetscher Mohammed durch die Gegend gefahren, hatte Fragen über Fragen, und als ich auf den Straßen diese ganzen Verkaufsstände wie an einer Perlenkette aufgereiht gesehen habe, da die Instrumente, dort die Schneiderei, die Motorräder, den Friseur,

EIN OPERNHAUS IN AFRIKA   173

kam das Operndorf automatisch in den Kopf. Da war alles da, was ein Operndorf braucht – wenn man das mal in Schneckenform anordnen würde.

Auch das, was mir musikalisch und tänzerisch in Burkina begegnet ist, ist großartig. Wenn man so eine Idee in den Raum wirft, begegnen einem ja Hunderte von Leuten, die ganz aufgeregt erzählen, sie würden einen tollen afrikanischen Tänzer kennen, der tanze wie Gott und sei schon in Avignon gewesen. Müsse ich mir unbedingt angucken. Die interessieren mich, ehrlich gesagt, überhaupt nicht. Ich will keine vom Training völlig ausgemergelten Tänzer anschauen müssen, die für uns vollgefressenen Europäer den Hunger der Dritten Welt darstellen. So etwas sieht man da unten auch gar nicht. Stattdessen Männer, die den Frauen ihre Geschichte vortanzen. Und die Frauen antworten dann darauf mit ihrer eigenen Geschichte. Und so weiter und so fort. Wie diese Improvisationen genau funktionieren, weiß ich nicht, das Ganze war praktisch ein Austausch der Körper, die in einer Erzählstruktur waren. Natürlich ist Bolschoi toll, soll auch alles bleiben, aber mir gefällt das sehr, wenn man sich beim Tanzen nicht selbst im Spiegel betrachtet, sondern den anderen anschaut, um zu sehen, was der so zu bieten hat.

Burkina Faso ist auch deswegen großartig, weil die Sache mit den Religionen ziemlich gut klappt. Da leben Muslime und Christen gleichberechtigt nebeneinander. Es ist sogar nicht ungewöhnlich, mehrmals im Leben die Religion zu wechseln. Mein Dolmetscher zum Beispiel war Katholik, hieß aber Mohammed. Er hatte also schon mal vom Islam gewechselt, wollte aber noch mal im Protestantismus gucken. Und in den Hütten sieht man Maria- und Josef-Figuren und daneben hängt ein getrockneter Rinderpimmel vom Voodoo-Ritual. Der Animismus ist also auch noch da. Das heißt vor allem, die Toten, die Ahnen sind anwesend.

Das ist natürlich bekannt, ich will auch nichts verklären, aber das alles ist schon sehr beeindruckend.

Und dieser Architekt Francis Kéré ist meine Eintrittskarte für Burkina, mein Zugang zu diesem Land. Er hat in Europa studiert, lebt halb in Berlin, halb in Burkina und reinvestiert sein Wissen in seiner Heimat, wie er sagt. Was für ein Glück war das, von ihm seine Welt gezeigt zu bekommen. So wie ich früher manchmal Freunde durchs Ruhrgebiet geführt habe. Als wir Francis' Vater in Gando besuchten, habe ich wieder dieses andere Zeitmaß gespürt. Zur Begrüßung standen wir bestimmt zwanzig Minuten nur so rum – und es tat sich nichts. Ich wurde nervös und wollte meine Geschenke überreichen. Aber Francis sagte: »Bleib ruhig jetzt! Wenn du ihm Geschenke gibst, heißt das, dass du gehen willst. Geschenke überreichen kommt hier ganz am Schluss. Bleib einfach stehen.« Tja, dann standen wir da rum. War ziemlich anstrengend, dieses Warten, dieses Gefühl von Peinlichkeit, verzweifeltes Überlegen, wie man ins Gespräch kommt. Aber diese Momente gehören eben dazu und sie sind so wertvoll! Das müsste man mal in Europa einführen: Beim Treffen erst mal fünf Minuten stehen, in die Ferne schauen oder den anderen angucken, nichts sagen, einfach nur warten und keiner weiß genau, wie es wird. Der Hektiker, der es nur ruckizucki will, fällt dann halt unangenehm auf.

Dass die Zeit da unten anders tickt, ist wahrscheinlich wirklich der Grund, warum es mich immer wieder nach Afrika gezogen hat. Die Zeit beginnt erst in dem Moment, wenn man tätig wird – dazwischen gibt es Ruhephasen, fast wie die Dunkelphase zwischen den Bildern. Die Zeit fängt erst an, sich zu bewegen, wenn ich mich bewege. Bis zu dem Moment ist es ein Warten, aber ein produktives. Da ist man dann in einer Art Existenz, in der man sich nicht mehr so sehr von der Welt um einen herum unterscheidet.

Das Wichtigste aber war die Erfahrung in der wunderschönen Schule, die Francis in Gando gebaut hat und für die er den Aga-Khan-Architekturpreis bekommen hat. Das Großartige an dem Gebäude ist, dass die Leute selbst an dem Ding mitgebaut haben. Da kam nicht irgendein Experte, hat da was hingeklotzt und ist wieder abgefahren, sondern der Geist und die Seele der Leute sind mit eingeflossen in das Gebäude. Das wird auch im Operndorf so sein. Die Beuys'sche Idee einer sozialen Plastik fand ich ja schon immer toll. Der Gedanke zündete vielleicht deshalb nicht, weil man immer dachte, man muss das Ding erst bauen. Aber für mich ist inzwischen klar, die soziale Plastik ist schon da. Die Leute, die Steine auf dem Kopf tragen und da hinkommen, machen sie sichtbar. Man sollte also nicht hingehen und sagen, wir bauen jetzt hier eine soziale Plastik, so, bitte sehr. Das ist es eben nicht, sondern diese soziale Plastik ist schon vorhanden – es geht nur darum, sie sichtbar zu machen.

Und als ich die kleinen Knirpse beim Schreibenlernen gesehen habe – Schule rappelvoll, muss jetzt angebaut werden, weil inzwischen auch die Kinder aus den Nachbardörfern kommen –, war das ein gewaltiges Erlebnis für mich. Wenn ein Buchstabe kommt, kann man es im Kopf der Kinder explodieren hören. Das surrt, das brummt, das zirpt – und dann plötzlich, wummm, ist es da, das Z, das F, das A. Man spürt richtig, wie der Kopf bebt, es ist wie ein Zukunftsfeuerwerk, weil die Kinder wissen, dass sie demnächst aufschreiben können, wo sie waren, wo sie hingehen, was sie vorhaben, was sie fühlen. Sie können Tagebuch führen, ein Archiv ihres Lebens und ihrer Kultur aufmachen. Der Blick in die glücklichen

Gesichter dieser Kinder war es eigentlich – spätestens in dem Moment war klar, dass das Operndorf kein jenseitiges Projekt bleiben muss. Nach der Kamerun-Reise hatte ich noch den Gedanken – sicher weil ich so wacklig war, aber auch weil ich natürlich immer zweifle –, dass das Opernhaus Afrika nicht in der Realität zu verwirklichen ist, sondern nur im Jenseits stattfinden kann. Aber in dieser Schule in Gando dachte ich dann, es passt eben doch. Ich sollte doch versuchen, es zu Lebzeiten zu realisieren, statt nachher mit Engelsscharen und anderem Kram dabei. Und eine Schule wird der Kern des Operndorfs sein: eine Schule, wo die Knirpse lesen, schreiben, rechnen lernen, wo ihnen aber noch ein bisschen mehr zur Verfügung stehen soll. Es soll eine Musikklasse geben, die erst einmal die Aufgabe hat, die vielen Musikinstrumente zu sammeln, die es da unten gibt. Es geht nicht darum, den Kindern Klavier oder Geige beizubringen, sondern es wird archiviert, was es da unten gibt. Dann tut man sich zusammen mit anderen und erprobt mal, was man mit den Instrumenten alles machen kann. Vielleicht wird der Fußballplatz ja auch Teil der Musikschule, wenn die Trillerpfeifen dort in der Musikklasse gebaut werden. Bands werden gegründet, es wird musiziert, sicher auch getanzt und dann wird das Ganze aufgenommen. Kleine Tonstudios wird es geben, da kann man sich dann mit Freunden reinsetzen und sich die Musik anhören. Man kann praktisch an sich selbst und auch am anderen studieren.

Und eine Filmklasse, die natürlich mein Steckenpferd ist, soll es auch geben. Die Kinder bekommen kleine Flipkameras in die Hand gedrückt, die nehmen sie mit und dann sollen sie einfach filmen: die Mama, den Papa bei ihren Arbeiten, die Freunde, was auch immer. Wenn sie zurückkommen, schneiden sie ihre Filme am Com-

EIN OPERNHAUS IN AFRIKA   177

puter selbst. Da gibt es keinen Redakteur, da kommt auch kein Scorsese und unterrichtet, sondern die Filme entstehen aus den Kindern selbst. Sie sollen den Freiraum haben, an sich selbst zu lernen. Das Ganze geht auf einen Server, damit die Kinder sich das mit ihren Freunden ansehen können. Und dann gibt's noch ein Kino, eine kleine Cinecittá. Und dadurch, dass die Filme verfügbar sind, können sie an sich selbst weitermachen und weiterbauen. Es geht ums Archivieren, wir haben unsere Bibliotheken, Videotheken, Mediatheken – das haben die da bis jetzt nicht. Es ist wie eine Stunde null, nicht in dem Sinne, dass da nichts ist, sondern, dass ab jetzt archiviert wird.

Und wenn dieses Archiv dann sichtbar wird, beklauen wir Afrika, um von dort zu lernen. Klauen und Lernen – die beiden Vorgänge muss man zusammenbauen, glaube ich. Indem man sich das erste Operndorf der Welt, den Prototyp vielleicht, mal vor Ort anschaut oder indem man sich das Archiv im Netz anschaut. Es wird die reine Freude sein, zu sehen, wie Kinder, die noch nicht mit Fernsehbildern und Computerspielen zugeballert sind, ihre eigene Film- und Musiksprache entwickeln werden. Da gibt es noch eine Realität, die mehr an Geistern zu bieten hat, als alle Computerspiele, die wir uns leisten – diese Computer-Geister, die wir so haben, sind nicht unbedingt die, die einen bereichern und zu Entscheidungen führen, die interessant sind. Ich bin fest davon überzeigt, dass das der Blick in die Entstehung von Bildern und Tönen sein wird, den wir überhaupt nicht mehr kennen, weil es bei uns eigentlich unmöglich geworden ist, aus sich selbst heraus etwas zu kreieren. Dabei will der Mensch sich doch ausdrücken. Nur leider wird das unscharfe Wesen der Seele bei uns immer wieder in ein Betonkleid gepackt, weil es ja sonst angeblich nicht weitergeht, weil sonst keine Ordnung reinkommt in das Ganze. Vielleicht schafft man es ja, das Ganze mal im Ansatz zu untersuchen, mal dabei zu sein, wie das ist, wenn die Seele sich entfalten darf, in ihrer Unschärfe akzeptiert wird und dabei Kräfte mobilisiert, vielleicht auch neue Währungen erfindet, die wir hier doch so dringend benötigen. Deswegen die Idee, dass wir Afrika beklauen müssen. Aber ganz offiziell. Das heißt: Wir geben zu, dass wir euch beklauen, weil wir von dem kulturellen und spirituellen Schatz, der da verborgen ist, lernen wollen. Der muss uns schon deshalb gefallen, weil wir davon profitieren werden, auch für die Zukunft, denn eigentlich kriegen wir doch kulturell gesehen nicht mehr allzu viel auf die Beine. Wo man hinschaut, nur Imitation. Ich habe ja auch ganz viel in dieser Richtung gemacht – inzwischen glaube ich nicht mehr daran, dass uns das weiterbringt. Ich glaube, dass wir wieder in den Ursprung der Entstehung von Bildern schauen müssen. Diese ganzen Hilfsprojekte, die immer die traurigen Kinder mit der Fliege am Auge zeigen, sind nicht das Thema vom Operndorf. Ich glaube, es ist mehr als überfällig, dass wir hingehen und den Reichtum Afrikas beschreiben! Auch wenn später Kinder aus Europa das entdecken und für ihre eigene Entwicklung nutzen könnten – das wäre sensationell und würde eine ganz andere Diskussion in Gang bringen als bisher. Wenn Hunger herrscht, muss geholfen werden. Das ist klar. Im Kriegsfall muss vermittelt und eingegriffen werden, ganz klar. Aber was ist mit den anderen Seiten Afrikas? Warum kommen die immer nur so exotisch vor? Muss das sein? Ich meine, nein!

Also um zu sagen, wie gebaut wird: Wenn der Vertrag mit der Regierung unterschrieben ist, soll erst mal die Schule entstehen für Kinder zwischen sechs und sechzehn. Die wird das absolute Zentrum des Geländes. Und

EIN OPERNHAUS IN AFRIKA 179

eine Musterhaussiedlung aus moderner Lehmbauweise wird es geben. Da können die Lehrer wohnen und Menschen aus der Umgebung können Tipps für den Bau ihrer eigenen Häuschen bekommen. Einen Sportplatz, Ackerflächen und vor allem: eine kleine Krankenstation. Später wird in dem Dorf dann hoffentlich ein großer Festsaal stehen, den uns die Ruhrtriennale geschenkt hat, weil sie ihn nicht mehr gebrauchen konnte: Remdoogo, auf Mòoré »Spielhaus«. Eine Bühne, die nicht schalldicht abgeschlossen sein wird wie in Bayreuth, sondern bei der sich hinten der Horizont öffnet und man sehen und hören kann: Da draußen lebt jemand. Und die Bühne wird immer zur Verfügung stehen, sowohl den Bewohnern als auch den Gästen, die irgendwann hoffentlich kommen werden. Was in diesem Saal alles passieren wird, darauf bin ich selbst gespannt. Vielleicht wird es so eine Art Speakers' Corner. Da kommt man hin, kann eine Nummer ziehen, geht auf die Bühne, bringt vielleicht seinen Kassettenrekorder oder ein paar Zettel mit – und auf der Bühne stehen ein Mikrofon und ein Glas Tee. Wie bei unserer Bahnhofsmission hier in Hamburg. Das funktioniert. Man braucht nur ein Mikrofon und ein bisschen Tee, vielleicht noch ein Brot – dann wird der Mensch gesprächig. Und dann erzählt er seine Geschichte, singt seine eigene Arie, das, was ihn ausmacht und was ihn letzten Endes überallhin begleitet. Der Mensch, der sich selber an der Backe hat und sich zeigt – das würde mir als Programmpunkt erst einmal genügen. Die Bühne ist nicht wichtig, weil da nachher irgendeine Sängerin eine Arie singt oder ein Sinfonieorchester spielt. Das kann kommen, in weiter Ferne, wer weiß. Aber nicht als Ablenkungsmaschine oder als afrikanischer Menschenzoo für frustrierte Europäer, sondern als ein Ort, an der sich Leben und Kunst durchdringen.

Lieber Francis,

ich will dir keine allzu lange Mail schreiben, nur ein paar kurze Sätze, die wir uns immer wieder mal durchgucken können, wenn Zweifel oder Probleme auftauchen. Ja? Also ich fange mal vorne an: Du sollst dem ganzen Operndorf deine Ästhetik geben, nach deinen Plänen soll gebaut werden. Ich bin derjenige, der diese Idee inhaltlich vertreten und verteidigen muss, aber auch durchsetzen will! Ich will, dass Burkina Faso als reiches Land angesehen wird, dass auch der Tourismus von unserem Projekt profitiert, dass die Menschen das erste Operndorf der Welt als ein Geschenk betrachten. Nicht als Eintagsfliege und nicht als Anmaßung, sondern als ein Geschenk für Leib und Seele und Kopf!

Ich habe natürlich auch meine Ängste. Ich brauche die sichere Zusage der Regierung, mich zu schützen und zu begleiten. Ich habe Angst, dass sie das Projekt plötzlich uninteressant findet, schlechtmacht oder schließt. Ich habe Angst, dass sie die Idee der Schule nicht energisch genug vorantreibt, dass da nachher keine Schüler sind, keine Lehrer, sondern nur leere Räume. Ich habe Angst, dass ich da ein Projekt beginne, das für mich das größte und auch das risikoreichste Projekt meines Lebens ist, und ich ständig in einer Bringschuld stehe. Ich kann nicht mehr leisten, als wir alle zusammen leisten können! Alle zusammen!

Ich will, dass die Bürger von Burkina Faso und ihre Regierung verstehen, dass ich Angst habe, dass man mich wie eine von den weißen Nasen ansieht, die da so oft durch euer Land gelaufen sind. Ich meine es wirklich im höchsten Maße ehrlich, wenn ich mich für Burkina Faso entschieden habe! Und ich möchte nicht, dass die Leute mir Angst machen, weil irgendwelche anderen Deppen wirklich Mist gebaut haben. Ich bringe kein Müllkraftwerk und reise dann ab, ohne eine Leitung für die erzeugte Energie nach draußen zu legen. Sag das allen Leuten! Sag ihnen, dass ich versuche, etwas nach

Burkina zu bringen, das der Staat und seine Regierung auch dann noch nutzen können, wenn ich tot bin. Wenn wir tot sind! Wenn sechs Milliarden Menschen in den nächsten hundert Jahren gestorben sind! Gesetzt den Fall, ich krepiere, werden wir uns mit dir an einen Tisch sitzen. Und in dieser Sitzung bitte ich alle, dieses Projekt für weitere fünf Jahre zu unterstützen. Dann können vielleicht keine neuen Gebäude gebaut werden, aber das, was da ist, kann weiter genutzt werden! Und wenn es doch geschlossen wird, warum auch immer, dann steht da immer noch dein Schulbau! Und der ist allein schon äußerlich tausendmal toller und für die Seele der Menschen heilsamer als der Schulbau neben dem Steinpark. Dann können die Leute umziehen und die schöneren Räume nutzen. Auch das ist doch eine Weiternutzung! Genauso das Theater. Sollte alles nicht funktionieren, dann schenken wir das Theater zehn Theaterleuten aus Burkina Faso. Und die Beamer kann die Universität haben, die Computer auch, was weiß ich ...

Ich will nur sagen: Selbst wenn das Operndorf nicht klappen sollte – und es wird klappen!!!! da bin ich mir sehr sicher!!! –, selbst dann ist da kein Haufen Scheiße, der zurückbleibt, sondern etwas sehr Schönes und Edles, ein Hinweis auf Menschen, die einen Traum hatten! Ja, ich werde da plötzlich emotional, traurig, gerührt, pathetisch: Das Operndorf ist ein Traum! Und Träume sind Schäume, aber manchmal werden im Traum Entscheidungen getroffen, die einem im Leben weiterhelfen! Also lass niemanden von Langzeitwirkung reden. Was soll das sein? Wenn da nur 500 Kinder über drei Jahre diese Schule mit ihren Möglichkeiten besuchen können, dann haben sie so viele neue Dinge in sich entdeckt und für uns auf die Beine gestellt, dass das effektiver und langlebiger ist als ein einzelner blöder Opernabend! Darum geht es! Die Langzeitwirkung zeigt sich im Menschen, der sich selber zur Wirkung bringen darf!

Und wenn wir den Familien zeigen, wie sie deine Module in informellen Siedlungen als sicheres Haus nutzen können, dann ist das unsere Mustersiedlung! EINE MUSTERSIED-LUNG. Hier kann man wohnen und andere können gucken, wie man so was baut. Und vielleicht kosten sie dann nach-her sogar 1500 Euro, weil es doch noch so was wie ein Klo gibt, damit nicht um das Operndorf herum geschissen wird! Vielleicht kann man auch zu vier Häusern immer ein Toilet-tenhäuschen plus drei Duschen in ein weiteres Modul unter-bringen, ein sogenanntes Waschhaus.

Und kein Stilmischmasch, nur so kann es laufen. Andere bauen sicher schnell und funktional, aber ist es das, was wir wollen? Ja, natürlich, aber wir wollen auch die Seele und den Geist ansprechen. Wir wollen Afrika nicht immer nur auf ei-ner kaputten Kochplatte präsentieren! Und die Langzeitwir-kung kann nur am lebenden Menschen gemessen werden! Nicht am Geldfluss! Wir stellen da etwas auf die Beine, was das Ansehen Burkina Fasos weit über die Landesgrenzen ver-bessern wird! Ich sehe schon eine Buslinie, da steht oben über dem Fahrer auf dem Schild: OPERNDORF!

Ich hoffe, ich konnte dir meine Gefühle gut vermitteln. Wir lassen niemanden an unsere Seele! Und die Leute sollen uns helfen und mir bitte keine Angst machen! Liebe Grüße, dein Christoph!

(18. Januar 2010)

Die Operndorf-Seite im Netz wird übrigens einen Sta-cheldraht haben, da wird man nichts reinschreiben kön-nen. Wie ein Einmachglas, fest verschlossen. Ich bin nicht daran interessiert, herumschreibende Foren zu be-füttern. Natürlich sollen Netzwerksysteme genutzt wer-den, aber das hirnlose Reinschwätzen wird hoffentlich ganz lieb auf der Strecke bleiben. Ich habe ja selbst erlebt, wie beschissen die Beurteilungsmechanismen um mich

EIN OPERNHAUS IN AFRIKA 183

herum oft waren. Das war oft alles komplett vergiftet. Und nun ziehe ich die Schlüsse und will diese Einflüsse von außen ausschließen bzw. begrenzen. Alle dürfen zuschauen, aber keine Kommentare abgeben. Das Fernrohr ist nur zum Anschauen geöffnet, keine Nebengleise der Bewertung. Der Knirps, den ich da vor mir sehe in seiner Entwicklung, kann von mir nicht beschmutzt werden. Und das ist mehr, als in unserem Lebenskreis zu bekommen ist.

Die größte Sache wäre, dass wir hier in unserer Armut in Sachen Improvisationskunst mal denen zusehen, die die größten Improvisationskünstler sind. Und damit meine ich nicht irgendwelche abgehobene Kunstscheiße, sondern ganz existenziell die Frage des Überlebens. Zu überleben – das haben wir doch völlig verlernt. Wir wollen dem afrikanischen Kontinent helfen, dabei können wir uns selbst nicht helfen. Was soll dieser Quatsch? Wir jammern doch schon, wenn ein Zug vier Minuten Verspätung hat. Bei 30 Millimeter Niederschlag im Sauerland haben wir gleich vier Sondersendungen im Fernsehen, die Politiker rasen noch vier Wochen später mit Gummistiefeln herum, damit alle sehen, wie aktiv sie sind. Und wenn dann wirklich mal ein großer Knall kommt, wenn das Finanzsystem zusammenkracht, dann glauben wir, dass das irgendwie schon alles abgesichert werden kann. Und weiter geht's. Mit dieser Schizophrenie wollen wir über die Runden kommen, das ist doch unmöglich. Wir haben doch völlig verlernt, was Gefahr bedeutet und was Selbsthilfe heißt. Stattdessen erwarten wir mit unserer Lebens-Kranken-Renten-Kinder-Hunde-Auto-Versicherung die Rundumversorgung. Wir schaffen es nicht zu sagen: Ich komme auch ohne Rundumversorgung aus, ich organisiere dies und das jetzt mal selbst. Dieses Selbstbewusstsein findet man auf dem afrikanischen Kontinent. Nicht unbedingt freiwillig, werden jetzt die Besserwisser sagen. Das stört mich aber nicht, weil sie es nur aufgrund ihrer eigenen schizophrenen Superfreiheit sagen. Eins muss klar sein: Das Operndorf ist keine Hilfsorganisation, kein Entwicklungshilfeprojekt! Und wir werden keine Leute erlösen, weder hier in Europa noch in Burkina Faso. Wer an Erlösung glaubt, soll in eine Partei eintreten.

Und ansonsten möchte ich noch sagen: Wenn ich in den Himmel schaue, dann ist das reine Energie, die ich da sehe. Das Licht von vor Millionen von Jahren gestorbener Sterne. Diese Sensation wird in keiner Weise ernst genommen, sondern wir tun seit Ewigkeiten so, als wären wir die Eroberer dieses Universums. Als hätten wir die Weisheit gefressen. Wenn wir aber mal sagen würden, dass die Welt, in der wir leben, eigentlich nur einen Miniausschnitt von möglicher Freiheit darstellt, dann wäre es doch leichter zu verstehen, dass gerade hier auf diesem Miniplaneten noch gigantisch viel möglich ist und dass wir tatsächlich eingreifen können! Ja, wir können sogar eingreifen. Was für ein Privileg gegenüber Tonnen von abgestorbenen Gesteinsbrocken, die sonst so durchs All rasen. Man kann jetzt und hier etwas tun, Sie können sich tatsächlich Ihren Traum erfüllen – nicht den amerikanischen Traum, den meine ich nicht –, aber Sie können hier und jetzt alles hinterfragen, berühren und ausprobieren. Aber Sie müssen sich dafür auch einbringen. Sie müssen sich wirklich mal investieren und Sie werden extrem viel Kraft brauchen und es nicht sehr leicht haben. Sie werden oft dasitzen und denken: Hätte ich mich lieber für die andere Seite entschieden. Die sind schon viel weiter als ich. Die haben schon ein Auto, die haben schon eine Familie, die sind schon, was weiß ich, in Kanada gewesen oder auf dem Mond. Ich bin immer noch hier und traue der Sache nicht. Traue mir selbst nicht.

Das ist wahrscheinlich der Hauptpunkt: Da das Leben nicht leicht ist, verliert man als Allererstes das Vertrauen in sich selbst. Wir suchen vielleicht deshalb immer nach etwas, an das wir glauben können, weil wir das Vertrauen in uns selbst verloren haben. Wenn man es wieder hat, dann kann man in diesem Leben wahrscheinlich wunderbar glücklich werden.

Dreharbeiten zu
»United Trash«,
Simbabwe, 1995

Dreharbeiten zur Vorbereitung der
»Parsifal«-Premiere, Namibia, 2004

»Deutschlandsuche '99«.
Wagnerbeschallung der Robbenkolonie in
Cape Cross, Namibia, 1999

In Namibia, 1999

»Der Animatograph«. Einweihung der Drehbühne im Township Area 7, Lüderitz/Namibia, 2005

Dreharbeiten zu »The African Twintowers«, Namibia, 2005

»Der fliegende Holländer«,
Teatro Amazanos, Manaus/
Brasilien, Premiere, 2007

Dritter Aufzug (Szenenfoto)

Dreharbeiten zum »Fliegenden Holländer«, Brasilien, 2007

»Operndorf Afrika«, Burkina Faso, 2012 (Luftbild)

Zu Besuch in der von Francis Kéré gebauten Schule in Gando/Burkina Faso, 2009

Oberhausen

Erörterung 28.11.1975

Was erwarte ich von meinem zukünftigen Beruf? (Regisseur)

Im letzten Jahr wurden vom Land Nordrhein-Westfalen Umfragebögen an die Schüler verteilt. Jeder Schüler sollte in Punkt 5 erörtern, was er von seinem zukünftigen Beruf erwarte. Da sich in meiner Klasse ein kleiner Filmklub gebildet hat und ich bei jedem unserer Filme Regie führe und auch später gerne den Regisseurberuf ergreifen möchte, stellte ich mir die Frage: Was erwarte ich von meinem zukünftigen (Regisseur)-Beruf?

Der Regisseurberuf ist leider heute schon mehr oder weniger zu einem Konkurrenzkampf geworden. Heute gibt es sehr viele und sehr gute Regisseure. Wenn man heute im Regisseurgeschäft aufsteigen will, muss man schon Qualität beweisen. Zu Beginn wird man sicherlich nur kleine, unwichtige Filme drehen. Wenn man aber darin sehr geschickt ist und sich wirklich sehr viel Mühe gibt und in einem solchen kleinen Film sehr viel Qualität beweist, werden mit der Zeit andere Leute darauf aufmerksam und wollen dann mit mir ins Geschäft kommen. Langsam, aber sicher wird sich dann die Filmpalette steigern und natürlich auch das Honorar. Als Regisseur verdient man zwar nicht gerade regelmäßig, wenn man aber dann den Film zur Zufriedenheit der Produzenten erfüllt, wird sich das Honorar auch dementsprechend steigern. Zu Beginn eines Auftrages erhält man dann je nach Größe und zu erwartender Leistung einen Vorschuss von ca. 5000 DM. Später dann, bei Dreharbeiten, erhält man wohl ein immer gleichbleibendes Honorar. Ich selbst mache zurzeit auch eine solche Erfahrung. Da unser Filmklub jetzt bald in einer Sendung der ARD ein paar Ausschnitte von unseren Filmen zeigt und ich zu Beginn dieser Sendung interviewt werden soll, bekomme ich, wie man mir bestätigte, eine Tagesgage von 50 DM. Aber nicht nur Tagesgagen bekommt der Regisseur. Er bekommt dann auch noch bestimmte Fahrtkosten für außerhalb seines Wohnortes zu drehende Szenen ersetzt. Dies ist besonders reizvoll, wenn man eine Serie dreht, die meinetwegen in der Gegend von Amerika oder sonst irgendwo spielt. Die zurzeit laufende Serie »Simplizissimus« ist größtenteils in Prag gedreht worden. So konnten Regisseur, Schauspieler und das Team auf Kosten der Produzenten nach Prag reisen. Aber nicht nur die kostenlosen Reisen verlocken einen, Regisseur zu werden, sondern mich lockt dieser Beruf besonders deshalb sehr, weil er keineswegs eintönig ist. Ich könnte mir nicht vorstellen, dass ich später einmal von 6-12 und von 13-17 Uhr am Fließband stehen muss, immer die gleiche Handbewegung machen muss. Als Regisseur muss man sich um viele Dinge kümmern. So zum Beispiel um die Organisation der Drehorte, des Technischen und des Schauspielerischen. Man kann seine Fantasie spielen lassen und braucht nicht in Manie verfallen. Der Film bietet so viele Möglichkeiten, die Fantasie spielen zu lassen. Da gibt es zum Beispiel Kriminalfilme, in denen die Drehorte und die Art der Darstellung dem Regisseur frei überlassen werden. Selbstverständlich muss er sich an das Drehbuch halten. Tut er dies nicht, liegt er bald auf der Straße. Es ist für einen Regisseur noch besser, wenn er vom Produzenten das Exposé bekommt und er daraufhin das Drehbuch selbst schreiben darf. Ich zum Beispiel habe mal das Exposé zum Teil selbst ausgedacht, andernfalls mit meinen Freunden.

So ist mir zur Verwirklichung des Drehbuchs alles selbst überlassen und ich kann meine Fantasie frei spielen lassen. Ich erwarte aber auch noch, dass ich die Zuschauer mit meinen Filmen voll anspreche. Ich kann mich sehr darüber freuen, wenn ich sehe, wie sich die Zuschauer von meinem Film angesprochen fühlen. Ich muss aber selbst zugeben, dass ich Kritik nicht sehr gut ertragen kann. Gerade aber Teamarbeit ermöglicht es jedem Einzelnen von diesem Team, schon während der Dreharbeiten an anderen und an sich selbst Kritik zu üben. Die Teamarbeit verschafft mir eine Gabe, die ich so, glaube ich, bis dahin noch nicht sehr gut kannte, nämlich die Rücksichtnahme. Durch diese Teamarbeit musste ich oft auf andere Rücksicht nehmen. Zum Beispiel bei einigen Szenen konnte ich lernen und auch erst verstehen, was es bedeutet, auf andere Rücksicht zu nehmen. Ich habe gemerkt, wie sehr ich auf die anderen Menschen angewiesen bin. Denn wenn mich plötzlich mal einer sitzen lässt, ist das ja noch zu verkraften, wenn dann aber zwei Mann weggehen, sitze ich schon leicht auf dem Trockenen. Der letzte und meines Erachtens auch der wichtigste Grund ist der des Gefordertwerdens. Sicher werde ich nun in den Augen von ein paar als völlig verrückt angesehen, aber es stimmt, dass ich das Gefühl haben muss, voll gefordert zu werden. Wenn ich dies nicht spüre, so mache ich die ganze Filmerei ohne jede Lust. Und ich hoffe, dass ich auch in meinem zukünftigen Beruf voll gefordert werde.

Dies wären meine Erwartungen an den Beruf des Regisseurs. Ich hoffe, dass auch einmal alles so eintreffen wird, wie ich es mir vorstelle. Zum Schluss möchte ich hier aber noch das schreiben, was mir ein Regisseur namens Imhoff einmal sagte, als ich ihn fragte, wie man denn Regisseur würde. Er antwortete mir: »Christoph, du bist schon voll drin, Regisseur zu werden.«

Beurteilung: Bei allem Verständnis für deine jugendlichen Berufsträume erscheinen mir deine Vorstellungen und Erwartungen doch teilweise etwas naiv und unrealistisch. Anzuerkennen bleibt allerdings auch, dass du schon eine Reihe von erreichbaren, konkreten Vorstellungen mit anführst. So kann die Gesamtleistung noch als befriedigend bezeichnet werden.

(06.12.1975)

(aus dem Nachlass)

Ich habe natürlich auch gemerkt, dass man durch die Position des Regisseurs einen Mittelpunkt darstellt, und den brauchte ich ganz sicher. Da habe ich den Filmklub gegründet, die »Amateur-Film-Company 2000«. Da taucht zum ersten Mal diese Zahlenkolonne auf, die ich so häufig verwendet habe: Terror 2000, Chance 2000, Freakstars 3000, U 3000, immer wieder solche Zahlenkolonnen, um dem Ganzen den gigantischen Kosmos zu eröffnen, um zu behaupten: Das ist die Amateur-Film-Company des Jahres 2000 und überhaupt des gesamten Universums. Für unsere Filme hatten wir auch einen Vorspann gebastelt, der sah ein bisschen aus wie bei 20th Century Fox: ein Hochhaus, zwei Raketchen links und rechts – das war so ein Fontänen sprühendes Tischfeuerwerk –, und eine Zahl, die von zehn auf null runterzählte. Natürlich ruckelte und blitzte es, weil ja alles mit der Hand gemacht war, aber ich war wahnsinnig stolz drauf. Irgendwann konnte ich auch fast alle Gespräche so umlenken und umbauen, dass es ums Filmemachen ging und ich mitteilen konnte, dass ich Regisseur bin. Ich glaube, mit 12, 13 hat dieser Wahn angefangen. Und mit 16 kam dann der Spleen mit Seidenschal und Cowboystiefeln, wahrscheinlich weil ich irgendwo gesehen hatte, dass Regisseure so rumlaufen.

Unsere Filme hießen »Wer tötet, kommt ins Kittchen«, »Rex – der unbekannte Mörder von London«, »Das Totenhaus der Lady Florence«, »Das Geheimnis des Grafen von Kaunitz«, und ich habe mit meinem Team die halbe Stadt auf Trab gehalten. Was war das für ein sensationelles Ereignis für mich als 13-Jähriger, als wir bei »Rex« eine Puppe von einem Hochhaus in der Oberhausener Innenstadt werfen durften. Zu organisieren, dass die Leute da nicht in die Szene reinlaufen, und dann flog da einfach eine Puppe vom Dach – das war für mich das Größte.

Schrecklich fand ich nur, dass plötzlich Mädchen an unserem Gymnasium auftauchten. Wir waren ja Horden von Jungs, und dann kamen mit einem Mal zehn Mädchen auf die Schule. Und die waren so was von eifrig ... Da habe ich gleich mal allen verboten, Mädchen mitzubringen. Mit denen wollte ich nichts zu tun haben: keine Mädchen im Filmklub! Die machen hier unsere Struktur kaputt, die bringen alles durcheinander, da kann sich niemand mehr konzentrieren, hab ich verkündet.

Mit 14 war ich dann aber doch verliebt. Sie hieß Claudia, war die Schwester eines Schulkameraden und das erste Mädchen, mit dem ich auf einer Party geknutscht habe. Wie das ging, haben mir Freunde erklärt, weil sie in der Sache alle schon Experten waren. Ich weiß noch: Immer wenn ich beim Tanzen die Kurve nahm, sah ich meine Freunde auf der Bank sitzen und mir irgendwie mit der Zunge signalisieren, dass ich endlich loslegen soll. Das war total furchtbar. Irgendwann hab ich mich dann aber doch getraut: Schwupp, die Zunge rein, zehn Sekunden oder so, dann schwupp, wieder raus, hinsetzen, Arm rumlegen – und dann saß man da, völlig verkrampft. Nach zwei Wochen habe ich Claudia verlassen, mit der Begründung, sie würde mich zu sehr ablenken, ich müsse mich wieder mehr auf meinen Film konzentrieren, da seien einige Szenen im Schnitt nicht in Ordnung. Von da an klappte ziemlich lange nichts mit Mädchen – was mir natürlich auch nicht recht war.

Ich habe langsam angefangen, öffentliche Stellen einzuschalten, die Stadtverwaltung und die Stadtwerke zu mobilisieren, damit alles etwas gigantischer aussehen konnte. Einmal haben wir illegal versucht, auf die Züge am Rangierbahnhof zu klettern, um dort oben eine Verfolgungsjagd zu drehen. Das klappte nicht, weil wir entdeckt wurden. Dann habe ich ganz offiziell einen Antrag bei der Bundesbahn gestellt und denen ein immenses Märchen erzählt, behauptet, ich sei so etwas wie 20th Century Fox, nur eben mit Sitz in Oberhausen. Wahrscheinlich fanden die Leute meine Aufschneiderei lustig, jedenfalls erlaubten sie uns tatsächlich, über die Züge zu laufen. Über einen stehenden Zug rennen, der aber aussehen musste, als sei er in Bewegung. Das hat mich immer fasziniert: im stehenden Zustand so zu tun, als sei man unheimlich schnell, auch während des Stillstands im Kopf, den man ja immer wieder hat. Eine ähnliche Szene kommt dann später auch in »Terror 2000« vor.

Irgendwann brauchte ich unbedingt einen Helikopter. Im »Geheimnis des Grafen von Kaunitz« nimmt ein Mann nach einem Banküberfall fünf Jungs und Mädchen als Geiseln. Aber der Täter wird nicht geschnappt, weil er mit dem Polizeihubschrauber abhauen kann. Ich hatte herausgekriegt, dass es in Mülheim an der Ruhr eine Firma gab, die irgendwelche Pipelines verlegte und das Ganze aus der Luft überwachte. Und so habe ich denen einfach gesagt, ich sei ein junger Filmemacher und bräuchte für eine Szene einen Hubschrauber, in den jemand einsteigen und wegfliegen kann. Hat geklappt!

Ich bekam immer alles heraus, weil ich rumtelefoniert habe wie ein Irrer. Mein Vater musste einmal eine Telefonrechnung von, ich glaube, 600 Mark bezahlen, weil ich in Hollywood bei einem dieser Filmstudios angerufen hatte, um zu fragen, was für eine Lampe sie benutzen und wo man die bestellen kann. Mein Vater war supersauer. Nicht nur wegen des Geldes, sondern auch weil es bei uns nur einen Telefonanschluss gab; das heißt, wenn ich oben in der Wohnung telefonierte, um meine Filme zu organisieren, dann wár mein Vater unten in der Apotheke von der Medikamentenbestellung abgeschnitten. Wenn er das merkte, dann war er auf hundertachtzig. Aber eine halbe Stunde später war's meist wieder gut, da musste er lachen und fand's wohl auch toll, was ich da alles in Bewegung brachte.

Der »Graf von Kaunitz« war ein richtiger Erfolg, lief zweimal in der Schulaula, im Stadtkino, bei den Oberhausener Kurzfilmtagen wurde er sogar in irgendeinem Sonderprogramm gezeigt. Da war alles da: Hubschrauber, Verfolgungsjagd, Filmmusik – knapp am »Tatort« vorbei, würde ich sagen. Und keine Doppelbelichtungen. Aber die Filme hatten andere Probleme. Die Groschenromane, die wir als Vorlage verwendet haben, operieren nämlich mit unzähligen Rückblenden. Das heißt: Es geht mit der Gegenwart los, man will sich gerade gemütlich in der Geschichte einrichten – und zack: Nach einer Minute springt die Geschichte in die Vergangenheit. Und das geht dann immer so weiter.

Wie markiert man da den Unterschied? Wie zeigt man »jetzt« jemanden, der »früher« dies und jenes erlebt hat? Wie überblendet die Vergangenheit die Gegenwart und wie kann man das kenntlich machen? Und was passiert, wenn man nur alle zwei Wochen Geld für Filmmaterial hat oder nur am Wochenende drehen kann, weil man in der Woche keine Zeit hat? Dann geht der Kommissar mit langen Haaren und gelbem T-Shirt in den Verhörraum – und kommt mit kurzen Haaren und grünem T-Shirt wieder raus, weil er inzwischen beim Friseur war und sich neue Klamotten gekauft hat.

Man lernt also: Es gibt Anschlussfehler. Und dass man die unbedingt vermeiden muss, sonst wird man ausgelacht. Ich hatte, mit 15 glaube ich, ein paar Fernsehredakteure vom WDR zu meinen Eltern nach Hause eingeladen. Die Redakteure kamen tatsächlich und sahen sich »Das Totenhaus der Lady Florence« an. Der Film war völlig ernst gemeint, aber die Leute vom Fernsehen saßen da und lachten sich kaputt. Das war natürlich der Dolchstoß für mich, das Gelächter der Redakteure hat mich damals ziemlich fertiggemacht.

Aber irgendwann auch Widerstand erzeugt. Denn dieses verzweifelte Beschwören der Kontinuität, der Geradlinigkeit, des Eins-nach-dem-Anderen ist ja eigentlich viel absurder als die absurdesten Anschlussfehler. Im Film wie im Leben. Durch die Probleme bei der Filmerei habe ich wahrscheinlich ziemlich früh begriffen, dass wir es auch im Leben permanent mit Diskontinuität, mit Brüchen und Fehlern, mit drohender Instabilität und Chaos zu tun haben. Und dass alles noch komplizierter wird, weil wir diese Diskontinuität nicht zulassen wollen, weil wir ein unstetes, widersprüchliches Leben partout nicht akzeptieren wollen. Viele Leute plagt ja das diffuse Gefühl, von anderen nicht richtig wahrgenommen zu werden. Mich natürlich auch. Ich glaube, dass das viel damit zu tun hat, dass wir immer nur ein einzelnes, hübsch gerahmtes Bild darstellen sollen. Und wenn es schon mehrere Bilder sein müssen, dann bitte nicht gleichzeitig, sondern schön ordentlich hintereinander. Das heißt, ich werde belichtet – und zack: Ich bin heute Abend alternativ, heiße Joschka Fischer, bin beim Parteitag der Grünen und habe einen Strickpullover an. Den Joschka Fischer, der mit tiefer Stimme und in dunklem Anzug und Krawatte irgendetwas weltpolitisch Wichtiges organisiert, gibt es erst morgen wieder. Und übermorgen den, der mit Otto Schily in Italien bei der Olivenernte ist. Eins nach dem anderen, saubere, akkurate Schnitte dazwischen, bloß keine Verschmelzungen.

Aber so ist es eben nicht.

Bei den Oberhausener Kurzfilmtagen war ich in deren Jugendmediengruppe dabei. So zwischen 12 und 15 muss ich da gewesen sein. Die Kurzfilmtage selbst waren für mich damals aber nicht so interessant. All diese Dokumentarfilmer mit ihrem politischen Anspruch, die uns mit der Verfilmung einer Straßenbahnfahrt durch Leipzig mal den Ostblock in seiner Einsamkeit zeigen wollten – da hakte es bei mir immer aus. Mit diesem ganzen politischen Wahn, der da in den Siebzigerjahren unterwegs war, wollte ich nichts zu tun haben. Und das Gehabe dieser Jugendgruppe fand ich einfach nur grauenhaft. Oft sind wir mit so einem riesigen Aufnahmegerät losgezogen, um irgendwelche politisch total brisanten Berichte über das Leben im Ruhrgebiet zu drehen. Da wurde die Essener Lichtburg gestürmt und die Kassenfrau mit der Kamera mal richtig zur Rede gestellt, warum sie nur diese imperialistische Scheiße aus Amerika zeigen würde, warum keine deutschen Filme laufen würden. Ich fand das widerlich. Habe auch gleich einen Streit angefangen und gesagt, sie sollten mal aufhören, die arme Kassenfrau zu bedrohen, ich fände das unangenehm, sie hätte ja wohl gar nichts damit zu tun. Doch, sie sei ja die Verkäuferin dieser Scheiße, sie sei Bestandteil des Systems und müsse sich gegen ihren Arbeitgeber stellen, hieß es. Aber das kann die doch gar nicht, dann kriegt die doch einen aufs Dach, habe ich die Frau verteidigt. Von da an war ich ziemlich umstritten, ich weiß noch, dass mich einer von denen richtig scheiße fand. Balou hieß der und war dummerweise auch noch Leiter der Pfadfindergruppe, bei der ich mitmachte. Für den war ich ein verwöhntes Bürgersöhnchen. Stimmte ja auch: Ich war ein Bürgersöhnchen, ich war durch meine Eltern finanziell abgesichert – trotzdem finde ich, dass ich in der Sache mit der Kassenfrau recht hatte.

Ich habe halt damals schon den Impuls gehabt, Harmonie zu zerstören. Und bei den Kurzfilmtagen, wo die Leute immer genau zu wissen glaubten, wieso ein Film gerade politisch wertvoll ist, habe ich immer auf allem herumgehackt, was den anderen gefiel, um anschließend so sehr darunter zu leiden, dass ich mich entschuldigen musste. Ich bin von meiner Mutter zwar erzogen worden, beinahe zwanghaft die Wahrheit zu sagen, hatte aber dennoch stets das Gefühl, dass es zwei Seiten der Medaille gibt. Wenn meine Mutter mich früher fragte, ob das Essen schmeckt, konnte ich nie sagen: »Ja, es schmeckt.« Ich habe immer gesagt: »Kann sein, kann aber auch nicht sein.«

Im Kino war ich natürlich so oft wie möglich. Auch in Filmen, die damals total umstritten waren. Zum Beispiel »120 Tage von Sodom« von Pasolini: Mit hochgestelltem Kragen habe ich mir mit 15, 16 eine Karte im Gloria, im kleinsten Kino Oberhausens, erschlichen, weil man ja eigentlich erst ab 18 Jahren reindurfte. Dann saß ich da im Kino, dachte plötzlich, ich sehe meinen Griechischlehrer, und bekam Schiss. Nach einer halben Stunde, ich glaube, während der Szene, in der sie die Scheiße mit Nägeln drin essen, bin ich aufgestanden und habe laut fluchend den Kinosaal verlassen. »So eine Unverschämtheit! Eine Unverfrorenheit! So ein Scheißfilm!«, habe ich gebrüllt, um zu rechtfertigen, dass ich da anwesend war. Dann bin ich auf die Straße und mehrere Stunden mit superschlechtem Gewissen durch die Stadt geirrt. Weil ich Angst hatte, dass mein Lehrer schon zu Hause bei meinen Eltern angerufen hat. Aber dann stellte sich heraus, dass er gar nicht im Kino war, und vier Tage später bin ich wieder hin und habe den Film ganz geschaut. Geekelt habe ich mich, mich wahnsinnig schuldig gefühlt, aber ich fand ihn großartig. Immer wieder musste ich in den Film gehen.

OBERHAUSEN 203

Bei »Der Exorzist« war ich noch etwas jünger, da kam ich mit allen Tricks nicht ins Kino rein. Aber ich habe mir den Film im Foyer angehört, bestimmt dreimal. Das heißt: Ich saß da, hörte die Töne und die Bilder dazu liefen in meinem Kopf ab. Das war sensationell. Ich mag ja auch heute noch Hörspiele sehr, sehr gerne. Später, als ich den Film dann gesehen hatte, fand ich ihn immer noch toll, aber längst nicht so toll wie den Film in meinem Kopf.

Die Tonspur hatte ich schon bei meinen Kinderfilmen immer vermisst. Das waren Stummfilme, sie mit Ton zu drehen, war zu teuer. Also kam das Problem auf: Wie bekommt der Film einen Ton? Mit 10, 11 habe ich sie manchmal auf unseren Fernseher projiziert: das Bild ausgeschaltet, aber den Ton laufen lassen. Die Asynchronität erzeugte sogar manchmal Synchronität, ein großartiger Vorgang. Ganz aufgeregt war ich dann, habe meine Mutter gerufen und wollte ihr das vorführen: Das hättest du sehen müssen, da war die Tür synchron, da ist es spannend geworden durch die Musik, da war's plötzlich witzig wegen der Dialoge. Ich glaube, das war eine ganz wichtige Erfahrung für mich zu merken, wie Fremdmaterial eine neue Ebene hineinbringt und das eigene Material neu belichtet. Aber ich konnte es eben nicht wiederholen, es war ein Zufallsgenerator. Immer wenn meine Mutter kam, klappte es nicht, da lief dann gerade die Tagesschau. Doch auch wenn der Ton nicht zu den Bildern passte, er hat die Bilder erweitert und in einer Art und Weise autonom werden lassen, dass ich nicht eingreifen konnte.

Diese Autonomie, die durch den Zufall entsteht, finde ich großartig. Zum Beispiel beim »Fliegenden Holländer« in Manaus: Wir hatten da eine Drehbühne auf der Bühne, die von Hand gedreht werden musste, weil kein Motor zur Verfügung stand. Es gab aber nur zwei Funkgeräte und unsere Frequenz war außerdem noch vom Polizeifunk belegt. Da saß dann der Typ am Inspizientenpult, schrie in das Funkgerät »Drehen, jetzt drehen!« und gleichzeitig wurde irgendein Polizeieinsatz durchgegeben. Ein totales Stimmengewirr. Der auf der Bühne war sowieso meist im Halbschlaf, und wenn er die Ansage trotzdem hörte, war es oft zu spät: »Was? Ah, okay! Drehen, ja gut.« Da wurden die Sänger dann schon mal mitten in der Szene weggedreht. Und der Holländer kam durch die Tür und suchte seine Kollegen: Hallo? Hallo?

Das mit der Drehbühne klappte fast nie auf den Punkt genau. Aber genau das war so wertvoll: Das Leben war plötzlich wieder da, der Zufall. Wie bei der Geschichte mit den Trommlern. Irgendwann hatte ich auf der Probe mal gesagt, dass ich es toll fände, wenn bei der Verlobungsszene die Trommler aus den Favelas in den Saal kommen würden. Das hatte ich aber völlig vergessen. Während der Premiere sitze ich also da und frage mich plötzlich: »Was ist das denn für ein Lärm da draußen? Was ist denn da los?« Da geht die Tür auf – genau in dem Moment, wo der Vater sagt, es wird geheiratet – und vierhundert Trommler kommen rein und trommeln, sodass fast der Stuck runterfällt und der Dirigent aufhört zu dirigieren. Diese Trommler waren der Hit. Einige Wagnerianer haben ein bisschen die Nase gerümpft, aber die meisten fanden es toll. Plötzlich war da etwas passiert: nicht durch genaue Rechenkunst, sondern durch Asynchronität. Und ich bin sicher, dass Richard Wagner vor Begeisterung kurz aus seinem Grab gestiegen ist. Denn die Wagnerianer beschwören ja dauernd eine Geradlinigkeit und Folgerichtigkeit in Leben und Werk Richard Wagners, die es so nie gegeben hat. Wo man hinschaut, nur Scheitern bzw. Umwege. Irgendwann waren plötzlich die Juden schuld. Und zu guter Letzt ließ er sich und sein Festspielhaus von einem bekloppten bayerischen König finanzieren. Alles nicht gerade das, was man sich unter dem Lebensweg eines deutschen Genies vorstellt. Also muss wahrscheinlich alles, das Leben, das Werk, die Inszenierung, so lange umgebogen werden, bis es in die Schablone passt – und dann wird bis zur Erstarrung fixiert. »Herr Schlingensief, Sie müssen fixieren!« war der Satz, den ich in Bayreuth permanent zu hören bekam.

Bei »Mensch, Mami, wir dreh'n 'nen Film!« fing ich schon an, die Dreharbeiten so zu organisieren, dass man nicht mehr zu Hause in Oberhausen war, sondern woanders hinfuhr. Dieses Weg-Sein wurde später sehr wichtig für mich: raus aus dem normalen Kontext, irgendeinen abgeschiedenen Ort finden, dann alle da rein und warten, was untereinander passiert. Für »Mensch, Mami, wir drehn 'nen Film« sind wir in den Sommerferien nach Much in die Nähe von Bonn gefahren. Meine Mutter ist in Much aufgewachsen und ihre Schulfreundin Elfriede hatte dort eine Pension und Gastwirtschaft, in der wir wohnen konnten. Und da Tante Elfriede nicht da war, hatten wir die ganze Pension für uns. Mit 16 war das natürlich großartig: Da wurde gesoffen, da wurde geknutscht und ich weiß nicht, was – es war wirklich alles möglich. Aber morgens um acht Uhr war ich derjenige, der alle aus den Betten trieb und gesagt habe, wir drehen jetzt.

Und dann kam halt dieses Desaster mit dem WDR-Redakteur, der nach der Filmvorführung behauptete, ich würde niemals einen Menschen lieben können. Dieser Satz ist so in mir eingebrannt, dass ich bis heute ganz vorsichtig bin, wenn ich mit Kindern rede. Und damals habe ich verzweifelt überlegt: Wie kann ich denn endlich mal beweisen, dass ich lieben kann? Ich war auch deswegen so geschockt, weil ich eh schon dachte, das mit den Mädchen wird nie was. Während der Pubertät habe ich einfach keine Beziehung auf die Beine gekriegt. Die erste mit Claudia hatte ich Idiot ja nach zwei Wochen abgebrochen, weil ich der Überzeugung war, ich müsse mich mehr um meinen Film kümmern, ich hätte keine Zeit für eine Beziehung. Dann wollte ich immer Freundinnen, das klappte aber nicht – und ich wurde immer verzweifelter bis hin zur Totalverkrampfung. Auch weil ich mich total hässlich fand: die Nase zu groß, Ohren abstehend, Haare scheiße, alles furchtbar. Als kleiner Junge war ich ja recht hübsch, die Leute fanden mich jedenfalls süß und haben mich oft für ein Mädchen gehalten. Aber in der Pubertät sah ich wirklich unangenehm aus, finde ich.

In der Zeit gab es natürlich auch die ersten Konflikte mit meinen Freunden. Wir waren ja ein Team, jeder hatte seinen Bereich beim Drehen. Problem war nur: Ich war so egomanisch, dass ich überall mit rumgefummelt habe. Und ich hatte meine Pläne, die bis ins kleinste Detail ausgearbeitet waren. Jede Einstellung war von mir vorgestoppt und entsprechend festgelegt, hier drei Sekunden, dort fünf Sekunden – und das hatte dann auch so zu klappen. Wenn es nicht klappte – was natürlich dauernd passierte, weil die Pläne viel zu genau waren –, war ich fix und fertig und bin ausgerastet. Das mochten meine Freunde überhaupt nicht. Einmal, als ich gerade vom Klo zurückkkam, hörte ich sie über mich reden: dass der Film totale Scheiße sei, dass ich sowieso irgendwie nicht alle Tassen im Schrank hätte; und wie ich mich aufführen würde, wäre ja eh unmöglich. Das tat so weh, wie da alle über mich hergezogen sind. Superallein habe ich mich plötzlich gefühlt – aber keinem etwas davon gesagt.

Mit meinem Vater bin ich in dieser Zeit auch heftig aneinandergeraten. Mit 17 war ich bei uns im Haus in den Keller gezogen, nicht aus Protest, sondern weil ich mehr mit mir alleine sein wollte. Und außerdem gab es ja dann auch Inge, meine erste große Liebe, mit der ich ziemlich lange zusammen war. Einmal hatten Inge und ich uns nach der Schule unter einem Tisch verkrochen, Decke drüber, und angefangen, miteinander rumzumachen. Da kam mein Vater in den Keller, schlenderte herum, als wolle er nur mal schauen, ob ich vielleicht da bin, und pfiff dabei irgendeine Melodie, ein bisschen wie Peter Lorre in Fritz Langs »M – eine Stadt sucht einen Mörder«. Dabei wusste ich genau, er weiß, dass ich da bin. Er hatte immer den siebten Sinn. Auch später, wenn ich zu Besuch nach Hause kam, egal wann, mein Vater stand schon Minuten vorher am Fenster, als hätte er so ein GPS-System für seinen Sohn. Das fand ich immer ziemlich unheimlich.

Irgendwann geht er jedenfalls an diesem Nachmittag auch in das Nebenzimmer, wo Inge und ich nackt unterm Tisch liegen, beugt sich runter, streckt plötzlich seine Hand unter den Tisch und tut ganz erschrocken: »Was ist denn das hier?« Als Nächstes dann die Empörung: »Komm sofort da raus. Wir sprechen uns oben!« Ich raffe meine Klamotten zusammen, ziehe mich blitzschnell an und renne aus dem Haus. Mein Vater hinter mir her: »Du bleibst jetzt hier!« »Nein, ich bleibe nicht hier!« Mitten auf den Altmarkt bin ich gelaufen, habe so getan, als sei er ein Fremder, und gebrüllt: »Lassen Sie uns in Ruhe, Sie Schwein, Sie Drecksau!« Das war natürlich ein Riesenskandal: Altmarkt, die Apotheke, die Kirche, zig Leute standen da rum und hörten zu, wie ich meinen Vater als Schwein beschimpfe. Das war wirklich ein Riesenknall damals, mein Vater hat mir diesen Auftritt lange nicht verziehen.

München

Nach dem Abitur hatte ich nur ein Ziel: die Filmhochschule in München. Aber meine Bewerbung wurde abgelehnt. Ich kann nicht leugnen, dass ich sehr, sehr traurig war und keine Ahnung hatte, was ich jetzt machen sollte. Ich wusste nur, ich wollte weg aus Oberhausen, obwohl ich noch mit Inge zusammen war. Verzweifelt habe ich versucht, sie zu überreden mitzukommen, aber sie wollte lieber in Oberhausen bleiben. Also bin ich alleine nach München und habe mich an der Uni eingeschrieben: für Germanistik, Theaterwissenschaften, Philosophie, Schraubenkunde, keine Ahnung, was noch – für alles und nichts. Mein Vater wollte, dass ich Pharmazie studiere, die Bewerbungsunterlagen hatte er schon für mich ausgefüllt, Zettel drangeklebt »Hier unterschreiben« und mir auf den Schreibtisch gelegt – aber ich habe nicht unterschrieben. Da gab's ein bisschen Streit, aber irgendwann sagte mein Vater dann: »Ist in Ordnung, mach halt, was du willst.« Im nächsten und übernächsten Jahr lagen die Unterlagen allerdings wieder da – so schnell wollte er wohl doch nicht aufgeben.

In München bin ich dann in ein Haus geraten, das meine Eltern in einer Zeitungsannonce entdeckt hatten. Da stand: Apotheker vermietet Zimmer. Meine Eltern behaupteten, das kann nur gut sein. Apotheke im Haus sei super. Außerdem hieß die Apotheke des Vermieters auch noch Herz-Jesu-Apotheke! Das war interessant, weil wir in Oberhausen in der Nähe der Herz-Jesu-Kirche wohnten und ich dort jahrelang Messdiener war. Deshalb sagten meine Eltern: Das passt! Und ich fand's, glaube ich, auch nicht so schlecht. Man sucht sich in der Fremde halt doch oft einen Ort, den man irgendwie schon zu kennen meint. Also bin ich in dieses Haus eingezogen, vierter Stock, Dachgeschosszimmer. Ich hatte Strom, aber kein Wasser. Mein Nachbar hatte Wasser, dafür aber keinen Strom. Er war hauptsächlich auf der Straße unterwegs und kam meist mitten in der Nacht nach Hause, sturztrunken. Dann versuchte er entweder seine Türe einzutreten oder sägte irgendwie an seinem Schloss rum, brüllte dabei ständig: »Wos für a Scheißdreck« — und ich stand vor Angst senkrecht im Bett. Ich hatte bis dahin ja immer nur zu Hause gewohnt und kannte so etwas nicht.

Dieses Haus mit der Herz-Jesu-Apotheke war wirklich sehr abwechslungsreich. Im dritten Stock wohnte eine Prostituierte, die immer ihren Schal aus dem Fenster hängte, wenn sie fertig war. Der Schal war also das Zeichen dafür, dass der nächste Freier kommen konnte. Wenn er drin war, war sie beschäftigt. Erika hatte aber auch einen Mann, die beiden waren eigentlich ein Herz und eine Seele, aber mindestens zweimal in der Woche brach eine heftige Prügelei zwischen denen aus. Einmal fand ich sie im Treppenhaus, sie konnte nicht mehr laufen, war ziemlich blutverschmiert, mindestens ein Bein war gebrochen. Glücklicherweise wohnte in dem Haus eine Krankenschwester, was auch passte, weil meine Mutter ja auch mal Kinderkrankenschwester war. Zusammen mit dieser Krankenschwester habe ich Erika ins Krankenhaus geschafft, ziemlich fertig hat mich das gemacht — aber das Gute war: Als ich den Mann ein paar Tage später sah, trug der so ein Korsett am Oberkörper und eine Halskrause, an der der Kiefer irgendwie festgeschraubt war. Erika hatte also zurückgeprügelt.

Es war wirklich alles sehr laut in diesem Haus, aber ich gewöhnte mich langsam dran. Zumal ich bald sowieso kaum noch zu Hause war. Nicht, weil ich fleißig zur Uni gerannt wäre. Das mit dem Studium funktionierte nicht, ich fand die Räume nicht, und wenn ich sie fand, verstand ich nicht so recht, was da unterrichtet wurde. Das einzige Seminar, was ich mit Begeisterung besucht habe, war ein Hörspielseminar bei Jürgen Goslar. Immerhin eine Ausbildung, die ich richtig zu Ende gemacht habe. Ich habe ja auch einige Hörspiele produziert, die sind sogar richtig erfolgreich gewesen, ich hab sogar Preise dafür bekommen.

Filmseminare gab es in München ganz wenige, fast immer ging es ums Theater, das mich damals überhaupt nicht interessierte. Nur an ein Seminar über Stummfilme kann ich mich erinnern: Da ging es um »Cabiria«, einen der ersten Monumentalfilme, für den Gabriele D'Annunzio das Drehbuch geschrieben hatte und der vor allem kameratechnisch revolutionär war. Da sieht man einen der ersten Kameraschwenks der Filmgeschichte: Als der Kameramann einen kleinen Lavastrom, der den Ätna herunterkam, filmte, ruckelte er ein bisschen mit der Kamera nach links. Wahrscheinlich aus Reflex: Ach, scheiße, die Lava fällt mir aus dem Bild. Als der Regisseur das sah, kam er auf die Idee, einen Kamerawagen zu bauen, der das Bild zum Fließen bringen konnte, und ließ sich diese Erfindung patentieren. Das fand ich interessant. Aber nicht dieses Gerede über Shakespeare oder über Goethe. Das war nicht mein Thema und da habe ich auch nichts verstanden. Das heißt, ich habe schon etwas verstanden, aber scheinbar immer das Falsche. Schon in der Schulzeit war ich gestraft, weil meine Interpretationen regelmäßig falsch waren. Ich dachte immer, das ist interessant und das ist interessant; aber die Lehrer sagten: »Was soll das für eine Interpretation sein? Das ist völliger Quatsch, und das ist auch völliger Quatsch.« Nur mein Kunstlehrer war da anders, der sagte immer: »Ja, die Arbeit ist sehr gut, Sie haben die Unterschiede zwischen synthetischem und analytischem Kubismus schön sauber dargestellt, das ist alles wunderbar erklärt, ich würde sagen: eine glatte Vier.« Oder er sagte: »Das ist falsch, das ist auch falsch, ich würde sagen: eine Eins minus.« So hat er uns permanent durcheinandergebracht. Das hat mir gefallen, das gab es an der Uni nicht.

Also bin ich fast nur noch ins Kino gelaufen, bestimmt dreimal am Tag: 15, 18, 21 Uhr, Sendlinger Tor. Und mein größtes Glück war, dass ich irgendwann Franz Seitz kennenlernte. Der verfilmte auf dem Bavaria-Gelände gerade »Doktor Faustus« mit Jon Finch als Adrian Leverkühn, André Heller als Satan und Hanns Zischler als Dr. Serenius, Herbert Grönemeyer spielte irgendeine Minirolle. Und ich durfte als Kameraassistent dabei sein – das war der Traum! Von da an war ich eigentlich nur noch auf diesem Filmgelände unterwegs, nebenan drehte Wolfgang Petersen »Das Boot«, da durfte ich mal zuschauen. Fassbinder hatte ich schon ein, zwei Jahre zuvor kurz gesehen, ich glaube, beim Dreh von »Lili Marleen«. Der Produktionsleiter hatte mir erlaubt, ihn eine halbe Stunde lang durch die Glasscheibe zu beobachten. Für Fassbinder war bei mir inzwischen echtes Interesse ausgebrochen, natürlich wegen der Filme, aber auch weil ich sehr mochte, wie er Interviews gab, wie er sich da so lässig rumlümmelte. Und dann sah ich durch die Scheibe, wie er im Studio stand und auf irgendetwas wartete: die rechte Hand bis zum Popoloch in der Unterhose, sich genüsslich kratzend, in der linken Hand eine Zigarette. Dann kam Hanna Schygulla: Er nahm die Hand aus der Unterhose, schüttelte ihr kurz die Hand und steckte sie danach gleich wieder hinten rein. Dann ging's los mit drehen, aber da musste ich auch schon wieder gehen.

Als ich merkte, dass das mit der Uni definitiv nichts für mich ist, habe ich es noch einmal bei der Filmhochschule versucht. Diesmal wollte ich schlauer sein und habe den Vater von Wim Wenders angerufen und ihn gefragt, ob er mir helfen könne, an seinen Sohn ranzukommen. Wenders' Vater war Chirurg in Oberhausen-Sterkrade und ich dachte: Apotheker, Arzt, das ist doch alles eine Clique, also ruf ich da mal an. »Guten Tag, ich bin der Sohn des Apothekers von der Schlingensief-Industrieapotheke am Altmarkt und möchte auf die Filmhochschule in München.« Er war wohl ein wenig verwundert, aber sehr freundlich: »Ach so, ah ja, die Apotheke, die kenne ich, ja, ja. Und was soll ich jetzt tun?« »Ich brauche die Hilfe Ihres Sohnes, weil ich will doch auf die Filmhochschule.« Und dann hat Wenders' Vater tatsächlich seinen Sohn angerufen und mir am nächsten Tag erklärt: »Mein Sohn ist in Venedig bei den Filmfestspielen. Wenn Sie da hinfahren, können Sie ihn sprechen. Treffpunkt übermorgen, 14 Uhr auf dem Lido im Hotel Excelsior an der Bar.«

Als ich meinen Eltern davon erzählte, waren sie toll und haben mir sofort das Geld gegeben. Also bin ich mit dem Nachtzug nach Venedig, mit dem Vaporetto rüber auf den Lido, Punkt 14 Uhr war ich in diesem berühmten Hotel und wartete auf so einem Barstühlchen, total nervös. Und tatsächlich, fünf nach zwei kam Wim Wenders rein. Mit Isabella Rossellini! Ich war eh schon völlig durch den Wind, Venedig, Filmfestspiele, Hotel Excelsior – und dann noch die Rossellini. Neben ihr Wim Wenders, ich fand die Filme nicht so toll, trotzdem schoss mir nur noch durch den Kopf: »Ooooh! Der Wenders! Ooooh! Mit der Rossellini!« Irgendwann hatte ich mich dann etwas beruhigt, ging auf die beiden zu und tuschelte ganz vorsichtig: »Guten Tag! Ich bin der Sohn des Apothekers in Oberhausen und würde so gerne auf die Filmhochschule. Ist das möglich? Können Sie mir helfen?« Ich weiß noch, dass ich immer wieder ganz leise getuschelt habe: »Kann ich vielleicht auf die Filmhochschule? Können Sie mir helfen?« Plötzlich waren bestimmt zwanzig Fotografen um uns herum, wahrscheinlich weil es sich schon herumgesprochen hatte, dass Wenders für seinen Film »Stand der Dinge« den Goldenen Löwen bekommen würde. Und ich rutschte da als Knirps aus Oberhausen vor Wenders fast auf den Knien: Kann ich auf die Filmhochschule? Geht das? Kann ich auf die Filmhochschule? Dabei immer: Oooh, die Rossellini, oooh, der Wenders. Und überall um mich herum Blitzlichtgewitter. Ich bin fast zusammengeklappt, ich war komplett durch, als Wenders mich endlich erlöste: »Ja okay, dann ruf ich mal den Längsfeld an, den kenne ich ganz gut.«

Professor Wolfgang Längsfeld war ein Typ, der nur mit Cowboyhut und Sonnenbrille herumlief und damals Chef der Abteilung für Kino- und Fernsehfilm an der Filmhochschule war. Wim Wenders hat ihn tatsächlich angerufen und ich durfte dann auch vorbeikommen, um ihm meine Filme vorzuführen. Im Gang vor den Klassenräumen hat er sich die dann angeschaut, natürlich mit Sonnenbrille und Cowboyhut – und ist dann irgendwann eingeschlafen. Als er wieder aufwachte, hieß es nur: »Ja, sehr interessant, dann bewerben Sie sich ruhig noch mal.« Und was war? Ich wurde wieder abgelehnt. So ist es also gelaufen mit der Filmhochschule.

Gott sei Dank hatte ich meinen Kreis um Thomas Meinecke. Der wohnte nämlich mit seiner damaligen Freundin auch in diesem Herz-Jesu-Haus in München und war eigentlich der Einzige, bei dem ich mich zu klingeln traute. Ich verstand mich blendend mit ihm. Und Thomas Meinecke war ja schon damals eine Instanz. Er hatte so ei-

nen Kreis von Philosophen und Kunststudenten um sich,
die waren klug, die produzierten eine Avantgarde-Zeit-
schrift mit dem tollen Titel »Mode und Verzweiflung«, die
waren wahnsinnig weit vorne – und ich dachte: »Wow,
ich bin dabei, jetzt bin ich angekommen, ganz weit vorne.
Scheiß auf den Mann mit dem Cowboyhut und der Sonnenbrille.« Ich glaube, da gab es erste Veränderungen in
meinem Hirn, weil ich zum ersten Mal Leuten zuhörte,
die nicht mainstreammäßig dachten und redeten, sondern
Wahnsinnige waren. Jedenfalls durfte ich in diesem Zirkel dabeisitzen und auch mal einen Artikel in »Mode und
Verzweiflung« schreiben. Das war irre, ich hatte keine Ahnung, aber ich fand's toll. Außerdem hatte Meinecke diese
Band gegründet, die »Freiwillige Selbstkontrolle« – deren
erstes großes Konzert fand etwas außerhalb von München
auf einem Bauernhof statt. Das Irre war, dass die Bandmit-
glieder in Bundeswehrklamotten aufgetreten sind. 1980,
81 mit einer Band in Bundeswehrklamotten auf die Bühne
zu gehen, »Ab nach Indien!« oder: »Wir sind gesund und
du bist krank« zu singen – das war der Wahnsinn. Was war
das für eine Empörung! Heute müsste man wahrscheinlich gelb-blaue FDP-Krawatten tragen, um eine ähnliche
Aufregung zu erzeugen.

In diesem Kontext bin ich in München also unterwegs gewesen: Kino, Bavaria-Gelände, die Prostituierte
mit dem Schal, der Penner, der nachts fluchend an seiner Tür rumschraubt, die Kanonenofen-Hitze in der
Bude und morgens die Eiseskälte, unten Thomas Meinecke mit Hegel, Schopenhauer und Nietzsche, »Vier Kaiserlein«, meine eigene kleine Band, mit der wir manchmal als Vorprogramm der FSK auftreten konnten – das ist
meine Ausbildung. Meine Mutter behauptet heute noch,
dass meine Filme deshalb so komisch seien, weil ich in
München in komische Verhältnisse geraten sei.

Zurück im Ruhrgebiet

Irgendwann bin ich dann zurück ins Ruhrgebiet gezogen, 1982, glaube ich. Ich war frustriert, weil's irgendwie nicht richtig losging mit dem Leben, ich wollte nach Hause, aber auf gar keinen Fall wieder nach Oberhausen. Also musste es Mülheim an der Ruhr sein. Die Stadt, die direkt an Oberhausen grenzt – das war die Lösung, fand ich. Außerdem hatte ich den Filmemacher Werner Nekes kennengelernt, der dort lebte und dessen Assistent ich wurde. Begegnet bin ich ihm in der Filmwerkstatt Essen-Borbeck. Nekes schnitt gerade seinen Film »Uliisses« und ich bearbeitete »Phantasus muss anders werden«, einen meiner ersten 16-mm-Kurzfilme. »Phantasus« ist eine 10-minütige Liebeserklärung, die mit den Bildern spielt, die man von Liebeserklärungen so im Kopf hat, also Rosen, Kniefall, feierliche Sätze usw. Aber ich wollte das anders erzählen, um auch mal den Druck, der in so einer Situation steckt, zu transportieren. Da sieht man jemanden, wie er sich total in Rage redet, mit einem Strauß Rosen rumfuchtelt, bis er völlig zerfleddert ist, in seinem hysterischen Liebeswahn eine Partizipialkonstruktion nach der anderen in die Welt schleudert und dabei immer lauter brüllt. Der Darsteller war ich selbst.

Als Nekes den Film sah, fand er ihn blöd, zeigte mir aber trotzdem Ausschnitte seines »Uliisses«. Da war jede Filmtechnik auf den Kopf gestellt, Hunderte von unterschiedlichen Einzelbildern waren hintereinandermontiert. Und obwohl diese Montage in normaler Filmgeschwindigkeit lief, habe ich gesehen, dass Nekes selbst auf einer der Aufnahmen zu sehen war. Dass ich so schnell war, fand er toll. Wahrscheinlich hat er mich deshalb am nächsten Tag angerufen und gefragt, ob ich sein Assistent werden will. Ich fand dieses Bilderchaos, was ich da gesehen hatte, nicht unbedingt so, wie ich mir Filme vorstellte, ich hatte auch keine Ahnung, wer Werner Nekes war – trotzdem war ich froh über dieses Angebot und habe die nächsten drei Jahre mehr oder weniger bei ihm und seiner Familie verbracht. Nekes hatte eine sehr gesellige Familie, die meist sehr nett zu mir war, weil ich viel Blödsinn gemacht und sie immer zum Lachen gebracht habe. Irgendwann kam auch mal Beuys zur Tür rein oder Bazon Brock oder Kurt Kren – das war schon sensationell.

Aber natürlich auch ein bisschen schwierig. Ich weiß noch: In den ersten zwei Wochen musste ich in Nekes' Keller Hunderte von verrosteten Nägeln gerade kloppen. Ohne Erklärung, einfach so. Und er hat mir ständig Fehler vorgeworfen, ich war eigentlich an allem schuld. Nach vier Wochen Superarbeit beim Aufbau seiner Ausstellung in Frankfurt fragte er mich, was ich dafür haben wolle. Ich glaube, ich habe 500,– DM vorgeschlagen. Eine Stunde lang hat er kein Wort dazu gesagt, mir dann mindestens 24 Sachen aufgezählt, die ich in den letzten Monaten falsch gemacht hätte: Nägel nicht gerade genug gekloppt, Bilder schräg aufgehängt und so weiter – und mir am Ende 300,– DM pro Monat als Höchstmarke genannt.

Aber ich habe sehr, sehr viel bei ihm gelernt, denn er hat mich mit einem Virus gegen den Mainstream versorgt. Sein experimenteller Blick war damals wirklich wichtig für mich, wahrscheinlich hätte ich sonst die ganze Zeit verzweifelt versucht, Spielfilme mit einem ordentlichen Plot, stabil gebauten Charakteren und einem schönen Schluss zu machen. Nekes hat mir erklärt, dass man auch anders Filme machen kann, von ihm habe ich zum ersten Mal das Godard-Credo gehört, dass Anfang-Mitte-Schluss nicht unbedingt in dieser Reihenfolge stattfinden müssen. Man müsse auch die Kamera nicht nur dazu benutzen, um irgendetwas schön sauber abzufilmen, sondern könne

ganz bewusst mit Mehrfachbelichtungen und Anschluss-
fehlern arbeiten, Einzelbilder drehen oder den Film zer-
hacken und neu zusammenkleben. All diese Vorgänge haben Nekes und seine Leute immer weitergetrieben – am
Anfang dachte ich nur: Wahnsinn, was die da alles machen! Sachen, wo man normalerweise sagt: Das geht doch
nicht, Material kaputt, was soll der Quatsch? Es war halt
Experimentalfilm, Avantgardefilm – und ich durfte dabei sein. Das will ich auch nicht missen. Im Laufe der
Jahre habe ich zwar immer mal wieder gehadert, dass Nekes mir das Mainstream-Bild kaputt gemacht hat, dass er
schuld ist, dass ich kein Tatort-Regisseur geworden bin –
aber wenn ich ehrlich bin, hätte ich das sowieso nicht
hinbekommen. Ich wäre völlig überfordert gewesen mit
diesen Anforderungen nach einem stringenten Plot, psy-
chologisch sauberen Charakteren und einem möglichst
keimfrei durchorganisierten Arbeitsablauf.

Vor allem konnte man bei Nekes anfangen, die wichtigen Fragen zu stellen, Fragen danach, was die Filmtechnik mit dem Leben zu tun haben könnte. Ich glaube zum
Beispiel, dass der Umlaufspiegel, diese Umlaufblende in
der Filmkamera, die das Bildfenster abdeckt, während der
Film transportiert wird, eine solche Technik ist, die ganz
viel mit dem Leben und der Gesellschaft zu tun hat. Nicht
nur als Metapher, sondern ganz konkret: Denn man muss
ja immer kurz abdunkeln, damit das Auge die Einzelbilder verschmelzen kann. Das erste Bild zeigt zum Beispiel
eine Hand, links vom Auge. Das zweite Bild zeigt die Hand
ein Stückchen weiter rechts. Dazwischen gibt's eine Lücke, eine Dunkelphase, unser Auge ist träger als das Ge-
hirn. Und deshalb macht es schwupp und man glaubt, die
Hand sei auch in der Mitte gewesen. War sie aber nicht.
Sie war nur links und rechts, aber man glaubt, man sieht
eine Bewegung. Und zwar wegen des Umlaufspiegels.

Der wirft das Bild in mein Auge, und wenn der Spiegel sich vor meinem Auge befindet, wird das Bild auf den Film geworfen. Dann kommt der Spiegel zurück, dahinter wird im Dunkeln der Film weitertransportiert und wirft das nächste Bild wieder in mein Auge. Zwischen den Bildern ist also immer Dunkelheit, und diese Dunkelheit ist enorm wichtig. Ohne Dunkelheit keine Bewegung. Deshalb sind die, die nur dem Licht und der Aufklärung verbunden sind, die immer auf Helligkeit und Klarheit pochen, die sagen »Jetzt kommt die Wahrheit«, eigentlich die Lügner schlechthin. Wer Wahrheit will, braucht nicht nur Licht, der braucht vor allem die Dunkelphase.

Laut Godard besteht ein Film ja aus 24 Bildern pro Sekunde. Er sagt »24 Wahrheiten pro Sekunde«, aber ich glaube, da irrt er sich. Das sind mindestens sechs Bilder zu viel, weil man schon ab 18 Bildern pro Sekunde anfängt, eine flüssige Bewegung zu sehen. Bei 25 Bildern ist das Ganze schon über-flüssig, das heißt, dass man die Dunkelphase überhaupt nicht mehr wahrnehmen kann. Die ist aber entscheidend. Das heißt, es kommt auf die Spiegelung und die Perspektive an, nicht so sehr auf die Themen: Die wichtigen Themen liegen sowieso offen zur Bearbeitung rum, die sehen wir ja alle. Die sehen wir durch gigantische Bilderströme sogar oft so überdeutlich, dass wir davon völlig geblendet sind. Manche Dinge und Ereignisse sind so überbelichtet, dass wir überhaupt nichts mehr sehen, aber trotzdem wie die Besessenen darüber reden, um von unserer Blindheit abzulenken. Wie der 11. September 2001. Die Bilder, die wir von den einstürzenden Türmen und den zu Boden fliegenden Menschen zu sehen bekamen, waren so übermächtig, dass uns Hören und Sehen verging. Wir haben sie immer und immer wieder angeschaut, aber gesehen haben wir eigentlich nichts. Ohne Dunkelheit sind wir blind.

Die Zeit bei Nekes war auch deshalb toll, weil ich Helge Schneider kennengelernt habe, der als Musiker und Schauspieler in diesem Nekes-Universum unterwegs war und den damals noch kein Mensch kannte. Helge lebte in einer Garage mit zwei Zimmern. Genauer gesagt: in zwei Garagen mit einem Durchbruch. An den Wänden hingen jede Menge Bahnen von Moltonstoff, um den Schimmel zu verdecken. Wenn man zu ihm kam, gab es immer einen Klotz gefrorenen Spinat, als Beilage ein Spiegelei. Beim Spiegelei konnte man wählen, sunny side up oder sunny side down. Und wenn wir fertig gegessen hatten, wurde gewaschen. Helge hatte noch so eine mechanische Waschtrommel mit einer Kurbel zum Drehen, und während irgendwer kurbelte, machte er ein bisschen Musik. Auch bei Helges erstem Solo-Auftritt in der Alten Post waren Nekes und ich dabei. Insgesamt waren wir neun Leute. Helge hatte einen kleinen Lautsprecher, der irgendwann kaputtging, weil die Batterie leer war. Da gingen die ersten zwei Leute. Daraufhin hat er den Trick mit dem Hasen vorgeführt: Tasche auf, Hase raus, zack: die Ohren oben ab, zack: Ohren wieder drauf. Das war ganz lustig beim ersten Mal. Aber er hat es bestimmt zehnmal gemacht – da waren die nächsten zwei Leute weg. Dann spielte er ein bisschen Klavier, und es gingen wieder zwei. Daraufhin hat er den Abend abgebrochen. Das war Helges erster Auftritt.

Nekes war auch Professor an der Hochschule für Gestaltung in Offenbach am Main und vermittelte mir dort Lehraufträge für Filmtechnik. Das war am Anfang ziemlich aufregend: Ich war gerade mal 23, die Studenten waren fast alle so alt wie ich oder sogar älter und ich hatte keineswegs den ganzen Unterrichtsstoff im Griff, ich konnte zum Beispiel noch nicht mit einer Bolex-Kamera umgehen. Aber Nekes machte mir Mut und meinte, man muss sich eben einfach trauen. Da habe ich mir wie zu Schulzeiten die Gebrauchsanweisungen der diversen Kameras aufs Klo gelegt – oben auf den Spülkasten –, bin in den Klassenraum und habe unterrichtet. Und wenn ich nicht weiterwusste, bin ich raus und habe schnell nachgelesen, wie's geht. Kann ich nur empfehlen, das hat gut geklappt.

Die Zeit in Offenbach war ein Traum für mich. Meinen Kurs besuchten um die 15 Studenten, sehr gute Leute waren das, und mit vielen habe ich mich angefreundet: mit Eckhard Kuchenbecker, der inzwischen einer der besten Tonmeister Deutschlands ist, Thomas Göttemann, Ralf Malwitz, Norbert Schliewe, Katrin Köster und, und, und. Auch Voxi Bärenklau, der mittlerweile als Lichtdesigner einer meiner wichtigsten Mitarbeiter und ganz engen Freunde ist, war damals auf der Hochschule. Wenn eine einzige Kerze auf der Bühne brennen und Voxi sagen würde, das soll hier heute Abend das Licht sein, dann würde ich das nicht nur akzeptieren, sondern richtig gut finden.

Und wir haben nicht nur rumtheoretisiert, sondern auch tatsächlich Filme gedreht. Einer hieß »my wife in five«, war ein Episodenfilm, mit der Bolex gedreht und zum Teil selbst entwickelt und handkoloriert. Diese Filme waren wirklich eine sensationelle Gruppenarbeit. Weil wir alle an uns selbst gelernt haben, uns ausprobieren durften und das Prinzip der Kamera austesten konnten. Diese Experimentalebene war dort an der Hochschule wirklich sehr fruchtbar und es sind tolle Sachen entstanden. Es ging nicht darum, zwanghaft originell zu sein, es ging um die Erforschung von Möglichkeiten. Ich liebe die Wissenschaft, ich liebe Forscher, die sagen, sie probieren etwas Neues aus. Dass das manchmal chaotisch wirkt und dass da auch mal was in die Luft fliegt, ist ja

ZURÜCK IM RUHRGEBIET 221

klar. Aber manchmal kommt auch etwas Tolles heraus bei einer solchen Explosion.

Irgendwann kam aber doch ein bisschen Nörgelei auf: Erst hat man nur ein bisschen gewitzelt über das ganze Nekes-System, wollte sich ein wenig abgrenzen, ohne wirklich zu wissen, wie, aber dann wurde der Widerstand gegen diesen Avantgardewahn doch immer stärker: Avantgarde, Marmelade – wer will das sehen? Da fährt man doch den Film gegen die Wand, fand ich. Ich habe weiß Gott nichts dagegen, etwas gegen die Wand zu fahren. Aber wenn das nicht aus einem Moment der Euphorie heraus passiert, sondern nur, weil keiner der Mitfahrenden in der Lage ist auszusprechen, wie bescheuert dieser Weg ist, den man da fährt, ist das falsch.

Und so kam 1984 mein erster Langfilm zustande, den ich gedreht habe, um mich am Wahn des Experimentalfilms ein wenig abzuarbeiten. »Tunguska – die Kisten sind da« ist die Geschichte von einem gestrandeten Liebespärchen und drei neurotischen Avantgarde-Forschern, die am Rande des Nervenzusammenbruchs und auf dem Weg zum Nordpol sind, um den Eskimos dort Avantgarde-Filme vorzuführen und sie damit zu Tode zu quälen. So ungefähr kam mir jedenfalls der Experimentalfilm damals vor. Mit dem Avantgardewahn kann man Leute töten, das glaube ich bis heute. Denn die wahre Avantgarde ist der Tod. Erst im Moment des Sterbens sind wir Avantgardisten, weil wir tatsächlich etwas Unbekanntes sehen, uns aber nicht mehr mitteilen können. Ein Avantgardist, der sich mitteilen kann, ist keiner mehr: ein echtes Problem für jeden Avantgardisten.

Das Team bei »Tunguska« war toll und ich war glücklich. Natürlich auch wegen des wunderbaren Alfred Edel, der einen der Avantgardeforscher spielte. Alfred war ein großartig exzentrischer Schauspieler, der schon bei Werner Herzog, Hans-Jürgen Syberberg, Franz Reitz und Alexander Kluge gespielt hatte. Vor allem war er ein richtiger Philosoph. Kreuz und quer durch die Philosophiegeschichte kannte er sich aus, liebte es, zu reden und zu debattieren – mit Carl Hegemann hat er ein paar Jahre später in der Volksbühnenkantine immer so laut über die Preußen-Kriege diskutiert, dass alle anderen irgendwann gegangen sind. Alfred habe ich sehr, sehr geliebt. Er war anders als normale Schauspieler, die sich in irgendeine Rolle einfühlen, um sie so zu spielen, als sei man die dargestellte Person – das konnte er nicht, aber genau deshalb war er so gut. Selbst den Text konnte er nicht richtig auswendig. Also fing er einfach an, vor der Kamera oder später auf der Bühne irgendetwas zu erzählen. Und das war immer super.

»Tunguska« wurde dann zur Uraufführung nach Hof eingeladen, zu den Hofer Filmtagen. Erst mal war die Freude natürlich riesig, aber ich war so unzufrieden damit, wie die Handlung erzählt war, dass ich mit Norbert zusammen fast 15 Minuten des Films am Tricktisch nachbearbeitet habe, und zwar so, dass es aussieht, als würde der Film verbrennen. Immer wieder hebt die Handlung an, es ruckelt, dann glaubt man, dass das Filmmaterial brennt, und schwupp – ist die Handlung woanders und geht dort wieder weiter. Mit dieser bearbeiteten Version sind wir nach Hof gefahren und haben da dann erlebt, dass das Material sowieso macht, was es will.

Der Film lief im kleinsten Kino mit ungefähr achtzig Plätzen. Da fängt man immer an, wenn man in Hof startet, dann darf man langsam nach oben. Als es losgeht, sitze ich im Zuschauerraum, es ist voll und ich bin sehr aufgeregt. Irgendwann kommt die erste nachbearbeitete Szene, der Ton rattert, das Bild springt – und in diesem Moment wird der Projektor ausgeschaltet, das Saallicht geht an. Ich denke: »Was ist das jetzt? Wer macht denn da das Licht an? Der Film ist doch noch gar nicht zu Ende.« Also laufe ich hektisch nach hinten, klettere auf die Sessel in der letzten Zuschauerreihe, lerne bei dieser Gelegenheit die Kritiker Peter W. Jansen und Helmut Schödel kennen, weil ich beiden in meiner Panik auf die Füße gestiegen bin, und klopfe oben an die Scheibe des Filmvorführers. Da sehe ich einen älteren Herrn mit Vollbart, so einen bayerischen Wurzelsepp, der an dem Projektor zugange ist und da irgendwie rumbastelt, weil er denkt, der Film brennt. Ich fuchtele mit den Armen und brülle: »Nein, nein, das ist im Film!« Aber er hört durch die Scheibe nichts. Deswegen rase ich raus, hintenrum und in den Vorführraum rein: »Das können Sie nicht machen, das ist im Film.«

Der Vorführer war eben sehr gut konditioniert. In dem Moment, wo der Trick mit der Verbrennung kam, hatte er den Projektor ausgeschaltet, weil er gelernt hatte, dass er einschreiten muss, wenn der Film Feuer fängt. Als er dann merkte, dass der Film nicht wirklich verbrannt war, sondern dass das nur die Imitation einer Verbrennung war, ein Fake, war er sauer und wollte den Projektor nicht wieder einschalten.

Er ließ sich schließlich doch noch erweichen und stellte ihn wieder an, auch das Saallicht wurde wieder ausgemacht. Der Film läuft also weiter, ich sitze gerade wieder, noch völlig außer Atem – da brennt der Film an der falschen Stelle. Ich bin echt entgeistert: »Ooh, was ist das jetzt?« Der Film bleibt stehen, schmort etwas, wird dann weitergerissen und die Handlung setzt einen Meter weiter wieder ein. Jetzt steigen natürlich die ersten zehn Zuschauer aus, dann die nächsten zehn. Ich rase also wieder nach hinten, steige den Kritikern erneut auf die Füße, klopfe wieder an der Scheibe – da ist aber keiner mehr im Vorführraum. Ich wieder nach draußen, rüttle an der Tür – die ist abgeschlossen. Dann nach vorne zur Kasse: »Sagen Sie, wo ist denn der Vorführer? Mein Film brennt!« »Der sitzt da drüben in der Kneipe und trinkt ein Bier.« Also ins Lokal: der Projektor, der Film, es brennt und so weiter. Sagt der Vorführer nur: »Do geh i net mehr rein.« Der hatte wirklich keine Lust mehr, weil er dachte, ich lass mich hier doch nicht verarschen.

Als die Vorführung zu Ende war, war »Tunguska« sieben, acht Minuten kürzer als im Original. Passiert war Folgendes: Da wir auf 16 mm gedreht hatten, mussten die beiden kleinen Rollen für die Kinovorstellung auf eine große Auffangspule laufen. Und die hatte eine Friktionsbremse, die in falscher Geschwindigkeit eingestellt war. Somit kam unten der Film raus, fuhr auf die Auffangspule, aber so schnell, dass es immer wieder einen Ruck gab. Dadurch gab die Spule nach und der Film hing in einer Schleife auf dem Boden. Dann holte das Rad plötzlich wieder Tempo auf und – rutsch! – riss das Rad den Film ungefähr einen Meter durch und man sah plötzlich die Handlung einen Meter weiter.

Der Film hatte sich also verselbstständigt. Ich bin kein Esoteriker, ich pendle nicht, im Gegenteil, ich habe Bammel vor diesen Leuten. Trotzdem war es faszinierend zu sehen, wie der Film das, was ich ihm angetan hatte, nun mir antat. Bei der anschließenden Diskussion mit den Zuschauern, die geblieben waren, habe ich dann eine Verzweiflungstat begangen und behauptet, die Vorführung sei sehr gut gelaufen, ich sei begeistert, weil das sowieso das Beste sei: Man müsste die Filme zerstören und über dem Publikum auswerfen, alle müssten die Schnipsel aufheben, den Zuschauerraum verlassen, und draußen säße dann der Regisseur mit einer Klebepresse. Dann könnten alle zusammen die Schnipsel neu zusammenkleben und den Film erneut vorführen. Das sei dann ein wahrhaft kollektives Ereignis. Das hat wahrscheinlich keiner wirklich ernst genommen, aber ich wollte die Situation irgendwie retten, das Beste aus der Katastrophe machen.

So etwas habe ich später sehr oft gemacht, gerade bei meinen politischen Aktionen: das, was schiefgegangen ist, was nicht funktioniert hat, spontan umzudrehen und einen Erfolg auszurufen. Aus dem Flugzeugabsturz das Beste zu machen, noch kurz vor dem Aufprall zu rufen: »Kunstaktion!« Ich wollte nicht nur als blöder Unfall herunterknallen.

Die Sache mit der Filmerei blieb auf jeden Fall ein ziemliches Desaster für mich. Auch finanziell. Nach »Egomania« war ich zum ersten Mal richtig verschuldet. Ich brauchte dringend einen Job und lernte Hans W. Geißendörfer kennen, als er zu Gast im Filmbüro Nordrhein-Westfalen war. Als er von meinen Schulden hörte, meinte er, ich solle doch mal bei der »Lindenstraße« vorbeikommen. Die Serie lief gerade seit einem halben Jahr. Den damaligen Produktionsleiter kannte ich von einer früheren Sache, und der engagierte mich dann als ersten Aufnahmeleiter. Das war wirklich schwierig, ich hatte keine Ahnung, wie so eine Fabrik funktioniert. Es ging schon morgens los mit der Maske. Zwei Stunden Zeit, zwölf Schauspielerinnen – also habe ich die alle im Zehn-Minuten-Takt disponiert. Aber Ute Mora und Marie-Luise Marjan brauchten alleine fast zwei Stunden, weil die eine irgendwelche Inlets für die Backen bekam und bei der anderen ewig lange an den Haaren rumge-fummelt wurde. Und plötzlich standen da zehn Schau-spielerinnen hintereinander in der Schlange und sollten in fünf Minuten fertig sein. Das war das erste Desaster. Dann hatte ich plötzlich einen Schauspieler vergessen. Der rief mich an und fragte: »Sag mal, bin ich da nicht in der Szene?« Ich habe noch versucht, den Plan um-zubauen, damit der Betrieb weiterlaufen konnte, aber ich hab's nicht geschafft. Tausende von Fehlern habe ich in diesem halben Jahr gemacht. Irgendwann war's dem Geißendörfer dann zu viel und er hat mich hochkant rausgeschmissen.

Ich kann nicht nur an das Gute glauben

Künstler sollen in unserer Gesellschaft ja auf jeden Fall immer die Guten sein. Aber kein Mensch ist einfach nur gut! Und Gott ist nicht einfach nur gütig! Man muss doch schauen, was man selbst an Bösem in sich hat, welche Obsessionen und düsteren Gespenster in einem rumo-ren. Ich glaube auch den Leuten nicht mehr, die genau zu wissen meinen, was jetzt alles getan werden muss, da-mit hier endlich mal alles anders und besser wird. Wie viele behaupten, sie wüssten genau, was jetzt zu tun ist – unglaublich! Wenn ich so etwas höre, ist mir das inzwi-schen sehr, sehr fremd. Und ich bin sicher, es ist falsch. Das Leben besteht aus Gegensätzen und Widersprüchen, aus Irrwitz und Wahnsinn. Da kann man doch nicht so tun, als gäbe es nur die eine Wahrheit, als wäre eine sau-bere Trennung möglich: hier die Guten, da die Bösen. Ich kann nicht nur an das Gute glauben. Ich kann nie nur mit der einen Seite der Medaille leben. Immer ist da das Bedürfnis, auch die andere Seite anzuschauen. Ein biss-chen wie der ungläubige Thomas; das ist für mich auch so einer, der mit der Hand zwanghaft noch mal Richtung Wunde muss und unbedingt reinfühlen will.

Ich finde, ein Künstler – und Künstler ist eigentlich ein schlechter Ausdruck, ich meine jeden, der irgendwie ab-arbeitet, was im Leben auf ihn einstürmt – muss doch auch sagen können: Ich bin böse. Ich will das Böse in mir schildern. Eigentlich ist die gesamte moderne Kunst eine zutiefst böse und aggressive Veranstaltung. Zum Beispiel das surrealistische Manifest von Breton: »Die einfachste surrealistische Tat besteht darin, mit Revolvern in den Fäusten auf die Straße zu gehen und blindlings, solange man kann, in die Menge zu schießen.« Oder Duchamps Readymades: Einen Gegenstand in einen anderen Kontext zu setzen, zum Beispiel einen Flaschentrockner oder ein Pissoir im Museum auszustellen, ist doch ein böser Akt. Oder plötzlich hinzugehen und zu sagen: »Ich nehme ei-nen Eimer mit Farbe und schleudere den über eine Lein-wand.« Was macht denn der da? Spinnt der? Das ist doch ein böser Vorgang, wenn man an all die schön ausgepin-selten Bilder aus dem Mittelalter denkt. Oder plötzlich zu erklären: »Ich mache hier jetzt eine Fettecke ans Haus, außerdem nagele ich gleich mal noch meinen Fußna-gel an die Wand. Mein Name ist Joseph Beuys, schönen Abend noch.« Das sind doch alles böse, aggressive Vor-gänge, triebhafte Elemente, würde ich sagen.

Gerade wir hier in Deutschland haben ja ein Riesenpro-blem damit zuzugeben, dass wir letztlich keine Ahnung haben, was diese ganze Veranstaltung namens Hitler war. Mir war und ist Hitler und die Zeit des Nationalsozia-lismus jedenfalls ein riesiges Rätsel. Natürlich habe ich Bücher gelesen, Dokumentationen, Ausstellungen und Filme gesehen, und hier noch und da noch – man kann ja nun wirklich genug darüber sehen und lesen. Aber diese

ganze kritische »Vergangenheitsbewältigung« und mär-
tyrerhafte »Erinnerungskultur« nützen überhaupt nichts,
glaube ich. Im Gegenteil: Damit hält man sich die Vergangenheit hübsch sauber auf Distanz. Eigentlich sind sie
eine gigantische Vernichtungsmaschine der Vergangenheit, die verhindert, dass dieser ganze giftig-pathetische
Kitsch mal endlich richtig durchgearbeitet wird. Denn
es bleiben ja trotzdem die Fragen: Was wäre ich denn
zu der Zeit gewesen? Wäre ich nicht auch so ein Drecks-
schwein geworden? Hätte ich nicht auch mitgemacht?
Hätte mich dieser Kitsch nicht auch angemacht? Diese
Fragen haben mich eine lange Zeit sehr gequält. Und natürlich habe ich keine Antwort gefunden. Ich weiß es bis
heute nicht. Aber ich glaube, wer von sich behauptet, er
wäre im Dritten Reich als Guter durchgekommen, muss
schon extrem stabil sein. So wie eben ganz wenige. Vielleicht wären es heute auch ganz viele, das weiß ich ja
nicht. Ich glaube jedenfalls, ich selbst wäre gefährdet gewesen. Und deswegen habe ich mich immer mehr für
die Täter als für die Opfer interessiert. Der Täter ist doch
die schizophrene Figur, die man erforschen muss. Wo
kommt der denn her? Der muss doch sozialisiert worden
sein, irgendetwas muss doch da passiert sein. Dass Hitler
mal Künstler werden wollte und dass er, weil das nicht
geklappt hat, stattdessen eben Kriegskünstler geworden
ist – das kann es als Erklärung doch auch nicht sein. Da
muss doch noch mehr gewesen sein. Dieses Rätsel hat bis
jetzt kein Guido Knopp, keine Albert-Speer- oder Leni-
Riefenstahl-Biografie aufgelöst.

Natürlich auch ich nicht, aber mit »100 Jahre Adolf
Hitler – Die letzte Stunde im Führerbunker« habe ich
versucht, mich an diesen Unheilswahn des Faschismus
ranzuwagen, möglichst nahe, denn man kann doch nur
etwas vertreiben, was man auch ungeschützt und un-

gesichert an sich ranlässt. Nicht um Hitler, Göring oder Goebbels besser zu verstehen. Es ging nicht um irgendwelche historischen Psychogramme, nicht um Demaskierung, auch nicht um Trauerarbeit. Sondern es ging um den Wahn im Hier und Jetzt, um die Führergespenster, den Dreck in uns selbst.

Gedreht haben wir alles an einem einzigen Tag, für mehr Filmmaterial war kein Geld da. Aber das machte nichts: Ich wollte sowieso, dass alle beim Dreh so langsam einen Zustand erreichen, wo Müdigkeit eintritt, wo die Leute sich langsam Richtung Tod entwickeln und vor der Kamera zerfallen. Ich wollte diesen physischen und psychischen Zerfall nicht abbilden, sondern ich wollte, dass der Film selbst dieser Zerfall ist und den Zuschauer in diesen Prozess hineinzieht. Vielleicht hat das nicht richtig geklappt, viele Leute haben den Film ja gehasst und mir vorgeworfen, ich sei faschistoid – aber ich glaube eigentlich immer noch, dass der Ansatz richtig war.

Im Kern lautete die Frage: Was ist die letzte Stunde von Menschen, die sagen, sie möchten etwas ganz Großes erreichen, im Positiven wie im Negativen? Man will ein ganzes Universum bauen und sitzt dann nachher ziemlich zerschmettert und depressiv rum und muss mit ansehen, dass nichts dergleichen passiert ist, sondern das Ganze extrem viel Menschenleben und Freiheit gekostet hat. Dieser Moment ist eben die letzte Stunde im Führerbunker.

Wie gesagt: Ich glaube, wenn ich zum Beispiel wie Veit Harlan damals die Chance gehabt hätte, für die Ufa große Filme zu drehen, dann wäre ich gefährdet gewesen. Der Harlan fasziniert mich eben auch, zum Beispiel sein Melodram »Opfergang«: Das spielt in Hamburg, wurde dort im Dezember 1944 uraufgeführt, die ganze Stadt schon durch den Feuersturm zerstört, bei Harlan aber alles tipptopp, und am Ende kommt der große Satz: »Wer weiß, was wirklich ist.« Das sind einfach Momente, mit denen auch ich zu tun habe, kurz vor dem Hitler-Film habe ich ja dann auch ein Remake von »Opfergang« gedreht. Und bei einer Diskussion nach einer Filmvorführung von »100 Jahre Adolf Hitler« in Hamburg habe ich mal behauptet, dass ich wahrscheinlich ein exzellenter Aufseher in einem Konzentrationslager geworden wäre. Das war damals für Thomas Mitscherlich, den Sohn von Alexander Mitscherlich, der auch Filmemacher war, ein unglaublicher Fauxpas. Er hat sich wahnsinnig aufgeregt über diesen Satz, fand das eine Verniedlichung des Themas und meinte, ich sei ein kindlicher Nazi.

Es war bestimmt auch missverständlich. Was ich damit aber meinte, war dieses Abarbeiten-Müssen einer Angst. Wie schon bei »Menu Total«. Ich hatte die Angst in mir – manchmal spüre ich sie heute noch –, dass da irgendwelche Nazi-Moleküle in mir stecken. Und diese Angst habe doch bestimmt nicht nur ich, die schlummert doch wahrscheinlich in ganz vielen. Wie gesagt: Ich komme nicht aus einer alten Nazi-Familie, mein Vater war überhaupt nicht im Krieg, weil er zu jung war und außerdem ein viel zu schmächtiger Typ. Rippenfell- und Lungenentzündungen hatte er als Kind. Mein Patenonkel war in Stalingrad und behauptet, er sei gerettet worden, weil er irgendeine Medaille am Herzen getragen habe. Ein Schuss habe genau diese Medaille getroffen. Sein Bruder ist in Stalingrad als Feldpriester gefallen. Da erinnere ich mich noch an ein Bild bei meiner Oma, das mir immer imponiert hat: ein großes Foto von ihrem Sohn, daneben sein Wehrmachtsausweis, auf dem ein dunkler Fleck zu sehen war. Sein Blut muss wohl auf

ICH KANN NICHT NUR AN DAS GUTE GLAUBEN   231

diesen Ausweis getropft sein. Ich bin aber über einige Ecken mit Goebbels verwandt, meine Großmutter ist eine geborene Goebbels, sie war die Cousine der Cousine, glaube ich. Vielleicht gibt es da also wirklich Moleküle in mir. Auf jeden Fall gab es die Angst, dass die zur Wirkung kommen könnten. Also musste ich sie doch vorher schon abnutzen, in einer Art Exorzismus austreiben, bevor die sich vielleicht von selbst wieder aufgebläht hätten. Man kann nur dann etwas abarbeiten, wenn man es auch benutzt, glaube ich. Ich bin da kein Experte, aber vielleicht ist das auch eins der Probleme mit dieser ganzen Neonaziszene: Der Faschismus wurde nicht abgenutzt. Den Hitler hat man seit 1945 leider nicht abgenutzt, man hat ihn nicht zum Gebrauch hingeworfen, hat nicht gesagt: Lest die Scheiße, benutzt es, nutzt es ab – dann wird es sich schon zerschleudern und zerfleddern und keiner wird mehr Interesse haben, diese kaputte Jacke anzuziehen. Dann können all die Symbole und Parolen endlich als Weltraumschrott enden, hinauskatapultiert ins x-te Universum, statt immer wieder hier unten rumzuwabern. Aber das ist bis heute nicht passiert, weil immer diese Hochadelskultur einsetzt und sagt: »Nein, um Gottes willen! Käseglocke drüber! Tempelanlage bauen! Wahnsinn! Vorsicht! Achtung! Kein falsches Wort jetzt!«

Diese Wohlanständigkeit funktioniert doch nicht, die ist doch zum Kotzen. Da ist es viel besser, sich kaputtzulachen über diesen ganzen Scheißhaufen. Das haben wir bei den Dreharbeiten auch getan, als zum Beispiel Dietrich Kuhlbrodt als Joseph Goebbels bei einer Balgerei im Bett immer wieder das Toupet verrutschte. Oder als bei Udo Kier als Hitler Augenbrauen und Schnurrbart partout nicht kleben bleiben wollten. Und ich denke, das kann auch der Zuschauer, wenn er sich auf den Film einlässt.

»Das Geheimnis des Grafen von Kaunitz«. Selbst gestaltete Ankündigung der Aufführung im Stadtkino Oberhausen, 1977

Selbst gezeichneter Filmvorspann der Amateur Film Company

Dreharbeiten zu »Das Geheimnis des Grafen von Kaunitz«, 1976/77

Dreharbeiten zu »Rex, der unbekannte Mörder von London«, 1973

Mit Experimentalfilmer Werner Nekes (re.), Anfang der 80er-Jahre

Porträt mit angeklebtem Bart

Dreharbeiten zu »My wife in five«, 1983

Mit Thomas Göttemann und Eckhard Kuchenbecker (v. l.) an der Hochschule für Gestaltung in Offenbach

Udo Kier (re.) bei den Dreharbeiten zu »Die Schlacht der Idioten«, 1986

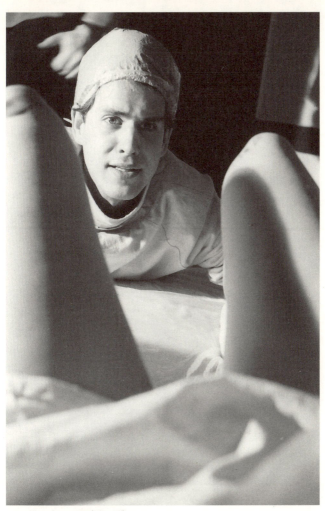

»My wife in five«, 1983 (Filmstill)

VERHAFTET

Der junge deutsche Filmemacher Christian S. wurde heute Morgen, dem 18.4.83 gegen 12.25 Uhr vor der Stadthalle Oberhausen festgenommen, und an einen noch unbekannten Ort gebracht. S., Gründer der DEM Filmproduktion München, der sich eindeutig gegen die schmerzverzerrten Gesichter von Margarethe, Vadim, den späten Volker und ihre abgestandene romantische und mystische Filmhaltung gewehrt hatte, wurde durch mehrere heranrückende 62-jährige Jungfilmer daran gehindert, Teile einer neuen deutschen Filmkopie vor der Stadthalle Oberhausen zu *kmmmFr*. S. hatte diese Aktion schon Monate vorher mehreren deutschen Regisseuren angedroht, ihnen aber zugleich auch seine Dankbarkeit für jeden neu von ihnen hergestellten Film zugesichert.

Wir, ein Teil des Stabes und der Schauspieler seiner letzten beiden Filme: - Ungeniertheit,
　　　　　　　　Der Fall Magdalena Jung oder
　　　　　　　　die Unschuld der Macht.
　　　　　　　　-Phantasus muss anders werden

veranstalten daher trotz grösster Schwierigkeiten am Dienstagabend, 19.4.83 um 23.30 Uhr im Gloria Kino Oberhausen eine Wiederaufführung seiner beiden Filme.

"Filme die Licht in das Walhalla des neuen deutschen Films bringen, und einen Schlussstrich ziehen unter das Elend der gegenwärtigen n.d.Filmproduktion. Zugleich aber auch ein Neuanfang: ohne abgestandene Romantik und Mystik!"

D I E N S T A G , 1 9 . 4 . 8 3

G L O R I A K I N O

2 3 . 3 0 U H R

E L S Ä S S E R S T R A S S E

»Trilogie zur Filmkritik«: Selbst gestaltete Ankündigungen der Aufführung von »What happened to Magdalena Jung?« und »Phantasus muss anders werden« im Gloria Kino Oberhausen, 1983.

Zu der Trilogie, die den Untertitel »Film als Neurose« trägt, gehört neben den beiden Kurzfilmen auch »Tunguska – Die Kisten sind da« (1984), Schlingensiefs erster Langfilm.

Mit seinen Eltern Hermann-Josef und Anna Maria Schlingensief, Anfang der 80er-Jahre

Mit Aino Laberenz und Helge Schneider, Berlin, 2008

Im Kern ist klar: Sterben lernen geht nicht! Wenn ich jetzt wirklich in Zürich einen Theaterabend zum Sterbenlernen machen soll, müsste man das mit so einer Bühneninstallation auch rüberbringen. Ich sehe nicht, dass das eine stringente Handlung hat. Auch keine Drehbühne, die ich sonst so liebe, weil man immer wieder in einen neuen Kasten reingucken kann und glaubt, ah, jetzt haben wir eine Lösung, nein, doch nicht, da kommt ja schon der nächste Kasten, warum geht denn die Handlung nicht weiter?

Aber solche weichen Wechsel gehen diesmal nicht. In diesem Fall müsste es eine Art Raumstation sein, eine Zwischenzone: Raumschiff Enterprise, wir stoßen vor in eine Galaxie, die noch nie ein Mensch gesehen hat, Beam-me-up-Scotty. Wenn wir eine Raumstation hätten, bräuchten wir dann einen Computer, der mit allen Tatsachen der Welt gefüttert würde. Wie bei Kubrick, Odyssee im Weltraum, dieser Supercomputer HAL: Wenn man rausgeht, wird man nass. Wenn etwas sauer ist, verzieht man das Gesicht. Der Mensch mag alles, was süß ist. Aber was ist, wenn einer einen Regenschirm hat? Oder was ist mit dem, der bittere Schokolade mag? Solche Unschärfen werden nicht berücksichtigt – und dann wird's halt schwierig. Ich stelle mir auch so eine Vorhangkabine vor, wo man reingeht, von hinten bekommt man Licht und spricht dann als Schatten in ein Mikrofon, das die Stimme verzerrt: Hier spricht Doktor Mabuse.

Auch gut wäre: eine Krankenstation. Operation Ende. Patient tot. Monster lebt. Aber dann muss es, zack, Überblendtechnik, sofort weitergehen. Von der Raumschiff-Besatzung noch ein kurzer Psalm gesungen, und dann gibt's vorne schon wieder die nächste Kanzel-Situation, wo der Nächste seine Botschaften zu der Unfähigkeit, sterben zu lernen, erzählt. Was ich auch mag, sind diese Funker, also die Typen, die mit dem Kopfhörer an den Funkgeräten sitzen und die Front anrufen: Front bitte melden, Front bitte melden. Front finde ich gut, weil das auch eine Todeszone ist.

Und das alles eben sehr musikalisch. Ganz wichtig. Schwebend mit dem Chor, Singen und vorne isst einer ein Schnitzel. Kleine Sachen finde ich sowieso ganz toll. Kein Krawall und nicht üppig – höchstens mal ein kleiner Ausflug.

Und dann vielleicht noch diese Antennen-Sache von Beuys. Diese Leid-Währung, mit der der Kranke, der Sterbende an der Gesellschaft mit baut, weil er zwei, drei Antennen mehr auf dem Kopf hat beziehungsweise Antennen, die bei ihm plötzlich wieder funktionieren. Wenn wir auf die Welt kommen, haben wir ja alle diese Antennen, weil wir alle erst mal schreien, alle erst mal wahnsinnige Eindrücke zu verkraften haben und deshalb die Antennen killen, damit dieser Schmerz nicht zu groß wird.

Wenn einer wie dieser Fußballer gestern sich vor den Zug wirft, dann merken plötzlich alle, da ist einer, der hat die Antennen nicht ausschalten können und ist deshalb immer düsterer geworden. Dann ist die Gesellschaft plötzlich bereit zu Sondersendungen, Kerner schaltet auch noch irgendwohin und die Ehefrau kommt in die Pressekonferenz und erzählt, wie schwierig alles war. Das ist alles gut, das ist öffentlich, latent wissen wir, die Depression bedrückt uns alle, also feiern wir große Feste für den Selbstmörder und hoffen, dass der Kelch an uns vorübergeht. Aber der Kern dieser Antennenproblema-

tik, nämlich dass wir die Antennen immer mehr abkni-
cken, damit wir nicht noch mehr empfangen müssen
von dieser ganzen Chose, die uns da im Leben erwartet, wird ja dann doch nicht besprochen. Die meisten
sägen sie ja immer weiter ab oder schalten sie ganz aus.
Daten und Strahlungen fliegen nur so herum, aber die
Leute kriegen sie nicht mehr mit, sie haben nur noch
auf laut geschaltet oder auf ZDF-Fernsehgarten oder auf
Auch-politisch-alles-scheiße. Klar, das sind auch alles
Daten und Strahlungen, aber die haben nur die Funk-
tion, das Leid-Wesen, das im Menschen noch drinsteckt,
zu übertünchen. Und beim Kranken gehen die Antennen eben wieder an. Da kommt der Leidende, der Patient, der »Schmerzmensch«, und sagt: Ich empfange hier
Strahlungen, die kenn ich von früher, ich lass mich nicht
mehr einlullen.

Das ist das Leidwesen. Das wird eingeführt in die Gesellschaft – und dann landet es eben im Boulevard.

Die Frage ist: Soll jetzt alles fatalistisch so weitergehen?
Gilt sowieso nichts mehr? Ist sowieso alles wurscht? Dazu
bin ich nicht bereit. Ich hab das Gefühl, dass da noch irgendwas sein müsste.

In den Dingen des Glaubens würde ich jedenfalls
für mich in Anspruch nehmen, dass ich Untersuchun-
gen am eigenen Leibe vorgenommen habe. Die Kirche
hat sich nur hinter Gewändern und Scheinbehauptun-
gen und irgendwelchen theologischen Forschungen ver-
steckt, müsste aber letzten Endes ja doch zugeben, dass
sie eigentlich nur aus Bildern besteht, die keinerlei klare
und scharfe Bedeutung haben. Wenn der Papst dazu stehen würde und sagen würde: Die besten Projekte sind
die unscharfen Projekte, der Mensch ist ein unscharfer
Organismus, dann hätte man eine sensationelle Religi-

onsmöglichkeit, glaube ich. Wir brauchen wieder Unschärfe in den Religionen, die sie ja eigentlich auch haben. Unter dem Rock unseres Gottes zum Beispiel findet man hundert andere Götter, hat Alexander Kluge mir mal erklärt.

Ich würde auch gerne mal wissen, wie viele Pfarrer mit all den Verbiegungen, die sie da machen müssen, nicht doch ihre Schwierigkeiten haben. Auf die Kanzel steigen und den Leuten erklären, sie werden erlöst und das Himmelreich kommt – das ist doch Hochstapelei, das ist doch absolute Hochstapelei. Und diese Leute sind doch nicht dumm, die müssen das doch spüren. Dass das alles nur abgebrühte Lügner sind, kann ich nicht glauben, dafür tun sie dann doch wieder zu viele gute Sachen.

Diesen Bereich der Verbiegungen zusammenzubringen mit dem Papst und dem Feuerwerk für diesen Fußballtoten und all den Antennen, die wieder poliert werden müssen, um wieder mehr aufzunehmen an Signalen, die uns zur Verfügung stehen – das ist vielleicht das Thema für so einen Theaterabend. Und zuzugeben: Ich empfange ganz fürchterliche Sachen, ich steh aber dazu, das ist ein Teil von mir, deshalb kann ich nicht weglügen.

Ich bin traurig. Sehr traurig. Mein lieber Freund Achim von Paczensky ist am 26.12.2009 an einem Herzinfarkt gestorben. Und wie das so ist bei den wirklichen Stars des Theaters, ist es selbst unserer eingeübten Truppe nicht möglich, mal schnell in die Fotoberge zu schauen und ein paar Bilder rauszusuchen. Für allen anderen Quatsch haben wir genug Zeit, aber wenn es um den geht, der zu den größten Komikern und Darstellern am deutschen Theater zählt, ist es zu anstrengend oder Millionen Festplatten sind verschollen.

Ach, ich bin auch sauer auf mich selbst. Zu Weihnachten

ICH KANN NICHT NUR AN DAS GUTE GLAUBEN 245

habe ich Achim nur kurz auf die Mobilbox gesprochen, weil ich seine Festnetznummer verschusselt hatte. Sonst hätte ich ihn vielleicht noch einmal gesprochen. Aber was hätte ich gesagt? Natürlich das Übliche: »Hallo, na, wie geht's dir? Was macht Helga?« Helga ist Achims Frau. Die beiden haben 1998 während der Zeit von Chance 2000 geheiratet. Jedenfalls wollten sie das, aber die Standesbeamtin nahm Achims Vorsprechen nicht ernst. Er kam schon nach fünf Minuten wieder raus. Völlig bleich, völlig erstarrt. Und Helga in gebeugter Haltung hinter ihm her. Die beiden mussten dann erst mal eine Zigarette rauchen, bevor sie uns erzählen konnten, was passiert ist.

Zum Glück war Dietrich Kuhlbrodt dabei. Der erstattete sofort Anzeige gegen die Standesbeamtin, weil sie Menschen wie Achim und Helga mit ihrem Wunsch nach einer Heirat nicht ernst genommen hatte. Wir sind dann alle noch zu einem Chinesen gegangen. Da haben wir gefeiert. Zumindest gegessen haben wir, zu feiern gab es ja erst mal nichts. Am Abend bekamen Achim und Helga von uns im Wahlkampfzirkus der Familie Sperlich auf dem Pratergelände unser Hochzeitsgeschenk überreicht: zwei Fahrräder. Zumindest das hatte geklappt. Und Achim war fest entschlossen, die Hochzeit nachzuholen, was den beiden auch tatsächlich ein halbes Jahr später gelungen ist. Seitdem sind sie verheiratet: Achim und Helga. Und Helga sitzt jetzt zu Hause in Wildau und sagt, der Achim sei ein ganz toller Mensch und ein großartiger Schauspieler gewesen. Und dass sie ihn sehr geliebt habe und er sie auch. Ihm sei am 26.12. plötzlich heiß geworden, dann schwindelig, dann habe er sich hingelegt, und kurz darauf sei er gestorben. Für die Aufbahrung habe sie ihn schön angezogen. Mit einer Fliege. Er habe gut ausgesehen, wie jemand, der schläft, aber er sei ja nun tot. Und sie sei sehr gefasst.

Am 6. Januar um 14 Uhr ist die Beerdigung auf dem Waldfriedhof in Wildau. Da werden sicher ein paar Leute kommen, genau wie damals zur Beerdigung von Werner Brecht, der mit Achim im Wahlkampfzirkus die größte Akrobatennummer der Welt vorführte. Eine Trapeznummer. Da musste einer der beiden das vom Zirkusdach herunterhängende Seil so festhalten, dass der andere auf dem Seil sitzen konnte. Zum Tusch rief der Sitzende dann »Hepp« und hob die Beine vom Boden hoch. Somit musste der Stehende das Seil mit dem sitzenden Partner ganz alleine halten und der Sitzende musste die Balance halten, was für Werner meist sehr schwierig war. Vor, während und nach dieser Nummer kam es dann meist auch zu einigen Auseinandersetzungen zwischen Werner und Achim. Bernhard Schütz meinte mal, dass Achim und Werner wie Walter Matthau und Jack Lemmon seien. Und das stimmte. Nur mit dem Unterschied, dass Achim und Werner absolut authentisch waren.

Achim war ja schon beim ersten Mal dabei. Für alle war »100 Jahre CDU« das erste Mal: für mich, für Alfred Edel, Gott hab ihn selig, für die Baronin Freifrau, Gott hab sie selig, für Frank, der jetzt wohl in Cottbus lebt, und eben für Achim, Gott hab ihn selig. So viele sind jetzt schon gestorben. Auch Rosie Bärhold von der Volksbühne, die sich beim ersten Theaterauftritt von Achim und Frank um die beiden kümmerte und sich mit Achim, später auch mit Helga, innig befreundete.

Alle diese Leute hatten ihren eigenen Stil. Da war nichts zu frisieren oder groß zu verändern, sie waren eben so, wie sie waren. Das war ja auch das Besondere an Alfred Edel. Selbst jemand wie Udo Kier, der sicher der Überzeugung war, dass er sehr wandlungsfähig ist, war in Wirklichkeit doch fast immer die gleiche Person. Jedenfalls waren Achim und Frank bei »100 Jahre CDU« unschlagbar. Bei ihrem ersten Auftritt mussten sie das Lied »Ein Herz für Kinder« singen. Die Volksbühnenkundschaft grölte wild herum und amüsierte sich köstlich. Aber als die beiden von der Bühne kamen, waren sie sehr unzufrieden und meinten, die Leute hätten sie

ICH KANN NICHT NUR AN DAS GUTE GLAUBEN 247

blöd ausgelacht. Ich habe ihnen dann gesagt, dass sie nun mal sehr komisch seien. Sie seien sogar besser als die vielen Komiker, die man in Deutschland immer so wahnsinnig lustig fände. Am nächsten Abend sind sie wieder raus auf die Bühne und praktisch nicht mehr abgegangen. Sie haben nämlich das Lied so lange gesungen, bis die Leute aufgehört haben zu lachen. Dann kamen sie hinter die Bühne, wir alle nass geschwitzt, die beiden sehr entspannt: »Siehste, die haben gelacht! Siehste, weil wir das wollten!« Und dann gingen sie beide wieder eine »rochen«, wie sie es nannten, und natürlich schnell noch Kaffee trinken. Frank zog dann irgendwann weg aus Berlin und kam in ein anderes Heim, und Achim blieb dabei. Er machte die ersten Filmaufnahmen an der Volksbühne. Lange bevor Frank Castorf in seinen Produktionen mit Video arbeitete, hatte Achim schon seinen großen Auftritt mit Regina und den Hundewelpen: 1994, die erste Liveübertragung mit einer an der Decke angebrachten Videokamera an der Volksbühne mit Achim von Paczensky! Seine ganz große Rolle war natürlich die als Heiner Müller in »Rocky Dutschke«. Aber er war im Gleichgewicht der Abende, auch bei »Kunst & Gemüse«, immer eine ganz, ganz wichtige Dosis, die das andere erst erträglich machte. Ein Blick von Achim genügte, um die peinlichen Ausrutscher der anderen Darsteller zu legitimieren oder zu neutralisieren oder meist sogar extrem aufzuwerten. Und die vielen Idioten, die meinten, dass ich Behinderte instrumentalisieren und ausbeuten würde, wurden seit »Freakstars 3000« auch langsam stiller. Da wurden aus früheren Feinden sogar plötzlich Freunde und Unterstützer. Natürlich nicht alle, ein paar Feinde bleiben immer. Aber das ist eben das deutsche Gen. Da muss es immer welche geben, die nichts mitbekommen und andere nerven oder anstacheln, damit wir uns bloß nicht wieder alle für eine Sache entscheiden.

Achim und ich hatten auch mal Streit. Das war auch gut.

248 Ich weiß, ich war's

Horst oder Achim oder Helga ziehen eben ganz andere Register, um Dinge durchzusetzen. Und ich weiß, dass sie manchmal Türen aufstoßen, die bei uns durchimmunisierten Leidensbeauftragten am Theater, im Kulturbetrieb und den Redaktionszimmerchen schon lange verrostet sind. Oder die wir noch nie hatten.

Zuletzt war Achim noch bei der »Kirche der Angst vor dem Fremden in mir« dabei. Bei unserem Gastspiel in Amsterdam, das so viel schöner war als das beim Berliner Theatertreffen, kam er auf mich zu und gab mir Tipps, was ich machen müsse, damit die Spritzen, die ich bekomme, nicht zu so komischen Beulen führen. Da hätte er sich jetzt bei seinem Arbeitskollegen in der Gärtnerei erkundigt. So war der Achim. In vielem wird er mir fehlen. Auf unserer Hochzeit saß er da, rauchte, trank Kaffee und sagte kaum ein Wort. Aber seiner Helga hat er hinterher wohl ausführlich berichtet. Sie wusste jedes Detail. Achim war kein schneller Typ, kein Zuquatscher, aber er hat immer alles genau registriert. Und auch wenn ich mich nicht auf das Jenseits freue, muss ich doch sagen: Achim ist jemand, auf den ich mich sehr freue. Auch wenn ich gerade immer öfter denke, dass unsere Konsistenz im Jenseits jedes normale Treffen nach irdischen Maßstäben wohl unmöglich macht. Momentan ist das mein größtes Unglück. Aber wer weiß ... Der Achim weiß schon, wie das geht. Und ich lass mir noch lange Zeit, aber vielleicht kann er da oben schon mal für Klarheit sorgen, dass Gott und die Heiligen nicht unbedingt für Menschen wie Achim gemacht worden sind.

(1. Januar 2010, Schlingenblog auf www.schlingensief.com)

Grundsteinlegung in Burkina Faso

Es ist vollbracht. Die Grundsteinlegung des Operndorfs hat stattgefunden, in Laongo, eine Dreiviertelstunde von Burkina Fasos Hauptstadt Ouagadougou entfernt. Es war der helle Wahnsinn: Bestimmt 500 Menschen waren gekommen, zwölf Häuptlinge, Familien, Arbeiter, die Botschafter Japans, Chinas, Malis, Senegals, Belgiens, Frankreichs, Südafrikas, Deutschlands, der Europäischen Union und, und, und. Dazu die Landespolitiker, der Kultusminister, Kabinettschef, Bürgermeister. Alle unter Zeltdächern mit heftigster Sonnenbestrahlung. Im Hintergrund drei riesige Plakatwände mit den Architekturplänen, Modellanimationen und dem 3-D-Modell. Und vorne viele, viele Reden! Meine Rede war zu lang, aber sie kam gut an. Auch die Krankenstation wurde noch einmal explizit vom Kultusminister genannt, nachdem ich sie zum Zentrum meiner Rede gemacht hatte. Kunst kann heilen!

Es war wirklich unglaublich schön und weich. Wenn man sieht, mit welcher Macht und Eleganz die Häuptlinge die Dinge abklären und immer wieder befragen, ist das einfach nur großartig. Dass diese Häuptlinge mit den Familien und Kindern gekommen sind, war das Schönste überhaupt, denn nun ist klar: Diese Menschen werden später das Operndorf bewohnen, dort arbeiten, lernen und auch die Verantwortung für das Projekt übernehmen. Dass die Ältesten in diesem Projekt die Zukunft ihrer Kinder sehen – das war das Wichtigste.

Der erwachte Dämon will mich niederstrecken, aber er wird es nicht schaffen! Er soll auf die erloschenen Sterne ziehen, da leben viele von seiner Sorte, die es nicht geschafft haben. »Jeder Genuss lebt durch den Geist. Und jedes Abenteuer durch die Nähe des Todes, den es umkreist.« Diese Sätze stammen von Ernst Jünger, glaube ich. Für mich sind es die Sätze des Moments und sie helfen mir in vielen Minuten.

Es ist schon ein sehr komisches Leben jetzt. Ich erwische mich manchmal dabei, Milchmädchenrechnungen aufzustellen, mit dem Ergebnis, dass die Tablette bei drei Monaten Wirkung und einer zehnfachen Einsetzung dreißig Monate bringen würde. Genug Zeit, um auf ein neues Medikament zu hoffen. So ungefähr läuft es ab in meinem Kopf; es sei denn, ich bin in Burkina und sehe die Häuptlinge zum Operndorfplatz kommen, die laut verkünden: Gott und die Geister der Ahnen haben entschieden, dass das Operndorf gebaut werden soll, weil es gut ist für die Kinder. Das war ein so gewaltiger Moment. Ich habe inzwischen das Gefühl, dass das Operndorf das Projekt wird, auf das ich mein Leben lang hingearbeitet habe, ohne es zu wissen. Und wenn alles halbwegs auf die weitere Bahn kommt, dann hängt da keine goldene Tafel für mich und beerdigen lasse ich mich da auch nicht – aber dieser Ort gibt mir das Gefühl, dass ein möglicher Abschied von dieser Welt viel, viel einfacher sein wird, wenn ich weiß, dass da demnächst Hunderte von Kindern an sich selber lernen und filmen und Musik machen können. Ich hoffe natürlich, dass es anders laufen wird, aber Aino und ich sind doch gerade sehr, sehr verunsichert.

Und natürlich denke ich stärker an das Ende. Aber ich falle dabei in eine neue Sachlichkeit. Ich bin nicht mehr so traurig. Auch wenn ich einmal ganz fürchterlich geheult habe, weil ich dachte, ich habe keinen Kontakt mehr. Aino meinte, ich hätte so etwas gesagt beim Heulen. Aber im Großen und Ganzen habe ich das Gefühl, dass ich besser gehen könnte als noch vor ein paar Monaten. Die Hysterie ist etwas gewichen.

Der Künstler hat doch immer wieder das Problem, dass er seine Kunst anders sieht als die anderen. Das eine Bild kostet plötzlich sechs Millionen – und alle starren es begeistert an. Aber der Künstler sagt, dass er doch noch ganz andere Bilder gemacht hat, viel wichtigere, aber alle sagen: Nein, nein, dieses eine Bild, da warst du auf dem Punkt, das ist der Aufbruch für uns alle. Wie soll ein Künstler damit leben?

Oder ich am Theater. Immer wieder die Idee der Transformation. Immer wieder das Gefühl: Na, wartet es doch mal ab. Morgen Abend werde ich Korrekturen vornehmen, dann werdet ihr sehen, dass das alles nur vorübergehende Äußerungen sind. Was soll ich denn da wirklich von mir halten? Wie soll ich diese Unruhe, die meine Arbeit gebracht hat, aushalten? Wie soll ich denn damit leben, dass ich sowieso immer alles anders machen wollte? Und wenn ich Erfolg hatte, dann nur deshalb, weil ich mir treu geblieben bin? Aber geht das denn, sich selbst treu bleiben? Was soll das sein? Ich bin nicht der geworden, der ich sein wollte. Weil ich gar nicht wusste, wer ich mal sein könnte. Wer wollte ich sein, um wirklich glücklich sein zu können, und weshalb bin ich der nicht geworden? Wahrscheinlich wohl, weil ich gar nicht wusste, wie man glücklich wird. Das Glück ist ja so eine Nanosekunde und funktioniert manchmal glänzend, aber im Großen und Ganzen? Fassbinders »Satansbraten« war für mich in dieser Hinsicht immer ein ganz wichtiger Schlüsselfilm, weil ich denke, dass die Menschen all der Gesellschaften, die sich immer so anstrengen, Ordnungen zu schaffen, in Wirklichkeit nur auf der Suche nach einem kleinen Plätzchen sind, an dem sie in Ruhe leben können. Aber das klappt hinten und vorne nicht, weil die Unwägbarkeit des Lebens eben auch die Qualität des Lebens ist. Und wenn ich das nicht anerkenne, habe ich sowieso verschissen.

Natürlich habe ich auch viel gelacht, aber aus dem Funken heraus, dass das Leben eine ziemlich ernste Angelegenheit ist. Ich finde, Ironie ist nicht unbedingt das Beste, was unsere Generation zu vertreten hat, und dass wir uns sehr damit schaden, wenn wir alles immer gleich in diesen Samstagabend-Komödienbereich hineinziehen, wo alles nur noch Witz und Satire ist und alle mitlachen sollen. Das alles bringt nichts für unsere Glückseligkeit. Glückseligkeit heißt frei sein − auch so frei sein, sich selbst infrage zu stellen. Aber das kriegt kaum einer hin, weil es schwer ist, mal ganz allein und für sich selbst eine Entscheidung zu treffen und zuzugeben: Ich bin nicht der geworden, der ich sein wollte. Wie kam es dazu?

Da erschien mir im Operndorf plötzlich wie aus dem Nichts dieser Satz: »Und sprich nur ein Wort, so wird meine Seele gesund.« Ich weiß nicht, warum er für mich genau an diesem Ort wieder auftauchte. Jedenfalls dachte ich plötzlich, der Ort spricht das Wort, nein, der Ort ist das Wort. Und ich spreche das Wort und meine Seele ist plötzlich geheilt. Versteht man, was ich da nicht erklären kann? Vielleicht ist es auch gut, dass ich es nicht erklären kann, aber es muss da etwas passiert sein. Kein Wunder, keine Offenbarung oder so was, aber der Künstler Schlingensief mit seinem Beendigungs- und doch immer wieder Eröffnungswahn trifft auf Gelassenheit, auf ganz andere Kräfte. Nichts kann ihn mehr erschüttern, weil dieses Wort vielleicht gesprochen wurde.

Ich habe mir vor Kurzem einen Porzellan-Jesus gekauft, aus einer neuen Reihe der alten Porzellanfirma Nymphenburg. Etwas, was ich eigentlich nie gut fand.

GRUNDSTEINLEGUNG IN BURKINA FASO 253

Als ich mich fragte, warum ich so einen Schritt gegangen bin, kam mir als Antwort: Ich will mich Jesus, der mir immer so fremd war, mit dem ich immer so komische Probleme hatte, ästhetisch nähern. Ja, ich nähere mich Jesus jetzt jeden Abend auf eine merkwürdige Art und Weise, ich streichele seine Beine, seine Arme, seine unglaublich fein ziselierte Krone, sein Gesicht – nicht zu lange, nicht erotisch, es ist eine ertastende Nähe. Ein ästhetischer Vorgang. Und überhaupt nicht emotional, hysterisch, wundergläubig. Diese Wunderglauberei hat sich aus meinem Leben etwas entfernt. Vielleicht liegt das aber an der Tablette. Vielleicht sollte ich sie, wenn es wirklich zu Ende geht, einfach absetzen, um dann nicht unklar zu sein. Obwohl ich auf keine Fälle Schmerzen haben will und gerne eine oder mehrere Portionen Morphium zu mir nehmen würde. Jesus brauchte das nicht. Aber ich bin auch nicht Jesus.

Nun schreibe ich all diese Sachen – und es scheint wirklich leichtzufallen. Eigentlich wollte ich nicht, aber es läuft sozusagen, wie das Wasser gestern auf dem Operndorfplatz. Das hat Francis mitgeteilt: Drei Wasseradern, und die beste ist inzwischen losgeschossen. Nun besitzt das Operndorf eigenes Wasser! Man könnte also überlegen, das Ganze abzublasen und dort einen Wasserpark zu eröffnen mit Wasserrutschen und Wellenmaschinen. Aber ob ich dann auch noch gut Abschied nehmen könnte? Und außerdem: Wer weiß, was noch passieren wird. Ich hätte nur gerne wieder meine Zartheit zurück. Das Gefühl, einen Draht nach innen und auch einen nach oben zu besitzen. Das wäre eine große Erleichterung. Ob man das üben kann? Oder wird es sich sowieso ergeben?

Mein Verhältnis zu Menschen ist nämlich komplett gestört. Dabei will ich unbedingt Harmonie. Ich habe schreckliche Angst, am Ende ein tobsüchtiger Mensch zu sein. Deshalb kämpfe ich auch um ganz viel Klärung, was Freunde, Bekannte, Verwandte und andere Dinge angeht. Ich möchte noch ganz viel Frieden haben. Aber manchmal ist es auch schwierig, weil ich die Person zwar sehr gerne habe, aber vor ihrem Verhalten Angst bekomme. Dann sieht es vielleicht so aus, als wolle ich jemanden umerziehen oder wie früher mal ein Kämpfchen wagen, aber eigentlich entspricht es genau dem Gegenteil. Der andere ist enttäuscht und denkt, ich wäre verbittert, aber er übersieht dabei, dass ich seinem Naturell nicht mehr gewachsen bin. Man kann ja sein Leben lang Marschmusik gemocht haben, aber mit Blick auf ein Ende möchte man lieber Ruhe und Bach. Dann denkt der Marschmusiker vielleicht, dass man undankbar ist, aber in Wirklichkeit ist man der Marschmusik und ihren Regeln nicht mehr gewachsen. Solche Dinge sind so schwierig. Ich habe keine Zeit mehr, irgendetwas zu machen und im Notfall so zu tun, als wäre alles Absicht oder Zufall oder eben Marschmusik.

Ich weine auch wegen solcher Momente. So oder so ist man Richtung Ende immer eine Art Bittsteller, eine Person, der man dann doch lieber recht gibt, damit die Person »in Ruhe gehen kann«. Wie verlogen eigentlich.

Ich fange an zu überlegen, ob ich nicht lieber die Finger von Burkina Faso lasse. Das ist nämlich alles viel gefährlicher und gewaltiger, als das selbst die Besserwisser aus Deutschland nur im Ansatz erahnen. Die ganze Situation zwischen Schwarz und Weiß ist so dermaßen festgefahren. Das merkt man spätestens, wenn die Zuschauer die Macht übernehmen. Sogar einer vom Goethe-Institut hat anhand eines Probenfotos, das ich ihm aus Burkina vom Casting zu »Via Intolleranza« geschickt hatte, die Kritik geäußert; dass hinter dem Tisch die Weißnasen sitzen und sich die Schwarzen anschauen. Dass hinter dem Tisch sonst Irène Tassembedo, die Leiterin der Tanzschule in Ouagadougou, und die schwarzen Übersetzer und ein Pulk von Rappern oder sonst wer sitzt, kommt leider nicht rüber, weil ich selbst das Foto mit allen Leuten auf der Bühne geschossen habe. Daran sieht man doch, dass selbst er denkt, dass wir uns den Tisch als Barriere oder Grenze zu den Schwarzen aufgebaut haben. Es ist wirklich kaum zu fassen. Da sieht der Typ vom Goethe-Institut einen Tisch mit Weißen dahinter und vermutet gleich den Grenzzaun.

Da ist wirklich sehr viel, was da gerade alles zu beachten ist. Und für mich eben zu viel. Das tut mir leid, aber ich muss mir leider eingestehen, dass ich hier nichts zu suchen habe. Carl und Anna sagen zwar: »Die Kunst darf Dinge ausprobieren« – und das hilft auch erst mal ein paar Minuten. Aber die Unsicherheit, etwas Falsches zu tun, ist im Moment größer als die Kunst.

Und dann all die deutschen und europäischen Bedenkenträger – ich halte sie kaum noch aus: »Sie müssen das anders machen … das klappt hier alles nicht … Sie werden schon sehen... das wird schwierig, schwierig, schwierig.« Und immer wieder die Frage: »Warum bauen Sie das Operndorf nicht in der Stadt?« Immer wieder die Leute, die mir erklären, ich müsse mich jetzt sofort bei ihnen informieren, wie das in Burkina laufe, wer hier gutes Theater mache etc. etc. Manche Leute empfehlen jemanden, der sogar schon in Avignon war! Hört, hört! Ich kenne Avignon und finde es das Geschmäcklerischste, Mieseste, was man Theater antun kann. Und wer es nicht schafft, läuft auf Stelzen durch die Stadt oder geht in eine angemietete Garage, um endlich von den »wirklich Wichtigen« gesehen zu werden. Ich stelle mir immer die Frage, wer beim Theater eigentlich die Wichtigen sein sollen. Und was diese französische Kammerspiel- und Kitschästhetik soll, die da bei gutem Rotwein goutiert wird. In Avignon und natürlich auch in, brrrrr, Paris.

Aber was rede ich? Ich will doch eigentlich Frieden. Ich habe doch gar keine Lust mehr, diese Kriege von früher zu führen. Aber solche Leute machen natürlich klar, dass sofort hundert verhinderte Kulturentwicklungshelfer am liebsten die Jury des Operndorfes leiten würden, auch wenn die gar nicht vorgesehen ist. Oder kennen die irgendwelche Statuten, die hinter meinem Rücken entstanden sind? Ich habe auch Leute getroffen, die fast in sich versunken sind, als ich ihnen sagte, dass ich ihre Empfehlungen interessant fände, dass aber das Operndorf die Ausbildung von Sechsjährigen im Kopf habe. Also keine Avignonveteranen, keine Entwicklungshilfekünstler oder sonst was. Ich bitte wirklich alle, mit ihrem wahnsinnig unangenehmen, peinlichen Kultur-Monopolismus aufzuhören. Und ich möchte, dass die Leute sich Zeit lassen. Dass sie diesen deutschen Ton einfach mal abschalten. Dass sie nicht jetzt schon wissen, dass das alles sowieso nicht geht. Dass sie aufhören, alles ohne

genaue Informationen schon im Vorfeld als falsch einzu-
stufen. Die sollen sich selbst zersägen. Die sollen sich in
kleine handliche Teilchen schneiden, sich in einen Rahmen einspannen und ihren Kindern oder Ehefrauen oder
Ehemännern über den Herd hängen. Mehr ist nicht mehr
drin. Und wer nicht kommt, der kommt nicht. Und wer
alles besser weiß, der weiß alles besser. Und wer dann sowieso nur auf den Untergang hofft, der sollte nach Bayreuth in die Götterdämmerung gehen, am besten in die
DVD von Chereau reinschauen. Da drehen sich alle zum
Schluss zum Publikum: die Industrialisierung, das Feuer,
der Untergang und doch dieser merkwürdige Eindruck
von Massen in Verantwortung! Seht ihr das Zeichen der
Zeit! Lasst uns hoffen, dass wir nicht alle verbrennen! Im
Licht soll unsere Zukunft ruhen! –

Noch zur Erklärung. Das Operndorf entsteht genau
deshalb eine Stunde von Ouagadougou entfernt, damit
es in keine Konkurrenz zu Kulturleuten in der Stadt tritt.
Da draußen ist es einsam, ja, aber wenn man genau hinschaut, dann sieht man Dörfer, Kinder, Bauern, Fahrräder,
Mopeds, Ziegen und Esel. Mehr Leben, als das Operndorf
jemals fassen wird.

Mein eigenes Leben war mal sehr auf Konfrontations-
kurs. Davon habe ich die Nase voll. Ich freue mich, wenn
Buchstaben im Kopf zu Explosionen führen, um dem
französischen Blumenwerk der Poesie auch mal Genüge
zu tun. Und allen, die andere Arbeiten machen, egal wo,
gilt meine ganz besondere Hochachtung.

Via Intolleranza II

Nachdenkliche Gesichter in Ouagadougou und Berlin. Die Reisegruppe aus Burkina Faso war auf Platz 42 der Warteliste. Trotz Intervention des französischen Botschafters und einiger anderer Kniffe gab es sehr wichtige Entwicklungshelfer, die Burkina Faso noch vor unserer Musiker-, Darsteller-, Mitspielgruppe (neun Personen) unmittelbar verlassen mussten. Alles in Ordnung, rief Leo, der die Gruppe als englisch sprechender Burkinabe begleitet und mit einer HD-Kamera, um seinen Blick auf die Sache zu zeigen. Wie ich gestern im Radialsystem schon gesagt habe, sind 95 % aller Informationen und Bilder über den afrikanischen Kontinent von Weißnasen. Zum Glück war Francis anwesend. So konnte er genau dort intervenieren, wo die Weißnase Schlingensief wieder ihren Sankt-Martins-Mantel auspacken wollte. Nun aber zurück nach Ouaga. Die Reisegruppe ist nervös. Für fünf von ihnen bedeutet es das erste Mal: raus aus Burkina Faso, raus aus dem afrikanischen Kontinent, rein in die europäische Zuckerbude. Ich kann gar nicht in Worte fassen, wie ich gerade mitfiebere. Mal abgesehen vom allgemeinen Lampenfieber, sehe und höre ich von meinen Leuten, die mit allen Mitteln versuchen, die Gruppe nach Berlin zu schaffen. Gestern wäre ein Flug gegangen: um 1 Uhr nachts Abflug, nach zwei Zwischenlandungen um 12 Uhr mittags in Madrid, mit dem Bus nach Lyon und von dort weitere zehn Stunden nach Berlin – falls es die Tachonadel überhaupt zulässt. Völlig illusorisch: Da kommen dann keine Menschen mehr an, sondern Buspakete, fertig, zumindest psychisch am Ende. Zum Glück war die Probe gestern aber schon so effektiv und interessant, dass ich jetzt erst mal von der Ankunft der Truppe am Freitag ausgehe. Das wäre schon knapp für die sowieso schon knappe Probenzeit, aber immerhin, es wäre super! Also drücken wir die Daumen.

Aber streng genommen muss ich sagen, dass ich die derzeitige Situation sogar richtig schön finde. Kein Flugzeug am Himmel. Allein der Gedanke! Diese Reinheit, die fehlenden Vibrationen, die der Vulkan sicher auf andere Art wieder in die große Melodie mit einfließen lässt, endlich mal Begrenzung und Erkenntnis, dass es noch immer und Gott sei Dank Dinge gibt, die uns aufhalten können ... und eben nicht nur von Menschen gemachte Dinge! Also ich finde es gut, auch wenn die Probenzeit am Ende leidet, aber es sind Menschen aus Burkina Faso und die sind so voller Kraft, dass ich mir da wesentlich weniger Sorgen mache, als wenn ich jetzt mit hochsensiblen europäischen Darstellerlein arbeiten müsste, die so wahnsinnig viel fühlen ...

Wer die Krise sucht, muss nicht unbedingt darin umkommen, aber man sollte sich zumindest mal mit seinem Arzt besprechen, ob einem ein Zustand eher schadet oder eher Nutzen bringt. Und was ich zu unserer Produktion »Via Intolleranza« sagen kann, ist eigentlich nur das: Noch nie waren so viele Leute krank oder kränker als jemals zuvor. Für mich ein Glück, weil es von meinem ständig mitreisenden Zweitthema ablenkt, andererseits eine furchtbare Situation, weil hier wirklich Dinge passiert sind, die an komischen Zauber erinnern. Hier muss jemand eine Grabhöhle berührt haben, die nun ihre Superviren ausschickt, um offene Rechnungen abzurechnen. Eigentlich kommt da gerade der Fluch des Tutanchamun in mir hoch und wahrscheinlich ist das die Grundangst: Beschäftigst du dich mit dem anderen, dann kommst du darin um.

Die Probenzeit war jedenfalls für alle eine ziemlich niederschmetternde Angelegenheit. Nicht, weil es nicht auch schöne Dinge gegeben hätte, aber es war eben immer diese Folkloresoße an Bord. Auch die Sprach- und Begriffsdiskrepanz war kaum auszuhalten. Und da habe ich die anderen angebrüllt: »Ich brauche diesen Text, verdammt. Wo ist der Ablauf? Was lief da für eine Musik? Wieso hat hier niemand den Durchblick?« usw. … Alles sehr, sehr ungerecht, die reine Verzweiflung, weil ich dachte, ich bekomme keinen Eingang zu der Arbeit. Wie geht man damit um, dass diese Zusammenarbeit keinerlei Sentimentalität verträgt? Wie sollen wir die Musik von hier mit dem Gesang von dort, die Themen von Nono mit dem Unverständnis der Burkinabe zusammenbringen? Ich habe in der kurzen Probenzeit bestimmt dreimal gedacht: abbrechen, einfach Schluss, geht nicht. Worüber sollen wir uns hier unterhalten? Was ist eigentlich die Erwartung? Vom Zuschauer, von den Koproduzenten, von der angereisten Truppe, von uns, von mir? Was hab ich mir eigentlich gedacht? Hab ich mir überhaupt was gedacht?

Vielleicht ist es Luigi Nono ja genauso ergangen. Da hat er 1960 versucht, Revolutionen und ihre Wirkung musikalisch darzustellen, und muss schon 1978 erkennen, dass jede musikalische Äußerung dazu sowieso lächerlich ist. Gerade wenn man innerlich verkrampft, weil einem der angeblich »gerechte Kampf« plötzlich unangenehm und verlogen, überholt und doch noch führenswert erscheint, dann wird man entweder schizophren oder man stellt sich dieser Auseinandersetzung mit den Mitteln des Mediums, die immer auch Mittel des Missbrauchs sind. Mir gefällt das Operndorfprojekt noch mehr als vor einem halben Jahr. Und »Via Intolleranza« stellt vieles klar, was eben nicht passieren darf. Vielleicht hämmert es ja nicht nur bei mir im Kopf. Egal was wir als schwarz-weiße Gesellschaft anzetteln, egal was noch kommt – es stellt sich für jeden von uns jede Sekunde die Frage: Wie komme ich möglichst schnell wieder nach Hause, da wo ich mich auskenne und wo ich versichert bin? (Weiß) Was mache ich hier gerade beim Ethnologen? (Schwarz) Genau das sind die Geschichten dieses Abends. »Keiner hilft keinem« von Kippenberger: was für ein brutaler, anstrengender Auftrag – und was für eine Erholung. Am Ende des Abends marschiere ich in einer Filmprojektion als Jodorowsky-Zauberer mit der Burkinatruppe durch die Savanne, ziehe mich bis auf die Unterhose aus, gehe davon und rufe: TAXI! Raus aus der Hitze und ab in die warme Wanne! Hoffentlich hat meine europäische Lebensversicherung noch nicht den Vertrag gekündigt … Das ist eigentlich alles, was vom Taxi fahrenden Balletttänzer Ahmed aus Ouagadougou, der hier den europäischen Kunstkodex lernen will, in mir übrig bleibt. Oder vielleicht ist das auch bloß unsere einzige Verbindung.

Und zum Schluss noch etwas Realitätsbezug! Inzwischen hat es auch unseren Tonmann Dave erwischt. Er hat sich in einem Loch am Tonpult den Fuß aufgerissen und eine sehr schmerzhafte und superheftige Blutvergiftung bekommen. Das Krankenhaus hat ihn gleich eingesperrt und verabreicht ihm harte Antibiotika. Carl Hegemann ist seit drei Tagen wieder raus aus dem Krankenhaus, aber auch noch immer kränkelnd. Komi, der kleinste Darsteller der Truppe, musste schon zum Zahnarzt und zum Internisten, der Trompeter Nicolas hat die Stimme verloren, was einem Trompeter egal sein könnte, aber er predigt gerne, und Isabelle hat ein Problem, auf das man nicht sofort kommt: Knieentzündung. Warum? Wegen der Treppen! In Burkina Faso gibt es kaum Treppen.

Tja, so haben sich die Dinge ergeben. Und morgen werden wir wieder spielen. Und dann werden wir, wie auch die Tage zuvor, sehen und spüren, ob wir uns wie Luigi Nono 1978 fühlen oder noch einen neuen Weg finden. Im Moment sagt nachtkritik.de: »Das Eigenartige an ›Via Intolleranza II‹ ist vielleicht, dass Schlingensief diesmal einen Weg andeutet, sich herauszuhalten.« Und das finde ich noch besser als bloß richtig und gut!

(PS: Und hoffentlich sind bald alle wieder gesund!)

Guten Abend, meine Damen und Herren, ich freue mich, hier zu sein. Soll ich etwas sagen? Wollen Sie etwas hören? Ich bin etwas außer Atem, weil ich nur eine Lunge habe, aber immerhin: Ich bin da. Viele sind tot, viele sind untot. Mich hat man jedenfalls noch nicht beerdigt. Das Geschäft läuft gut und Krebs zieht. Das habe ich gemerkt. Ich habe aber auch gemerkt, dass ich keinen Bock mehr habe auf die Nummer, dass die Leute sagen, ah ja, der hat Krebs und jetzt sehe ich erst mal, was der da macht, jetzt sehe ich das mit ganz anderen Augen, der Junge ist viel sensibler, als ich dachte, und hör mal, was der mit der Musik macht, der fühlt jetzt plötzlich auch mehr und der ist ja sowieso bald weg. Alle sind jetzt so zärtlich zu mir und da kann ich nur sagen: Wer mich heute Abend noch mal umarmt, dem schlag ich in die Fresse! Dem schlag ich wirklich in die Fresse! Das geht so nicht weiter. Bloß weil man Krebs hat. Ich habe immer das Gleiche gemacht. Ich habe mein Leben lang das Gleiche gemacht, ich habe mich noch nie verändert in meinem Leben. Ich komme nun mal zum großen Teil vom Theater und Theater ist noch nie von der Stelle gekommen. Deshalb bin ich da auch so gerne zu Hause. Aber das brauchen wir jetzt nicht zu besprechen …

Wir sind eine Gesellschaft von Selbstbeschädigten und das ist mein Problem. Ich selbst gehöre am Prenzlauer Berg zu dieser Gesellschaft, das sind alles Leute, die haben sich selber fertiggemacht, selbst geschädigt, selbst beschädigt und die nehmen auch nur Leute auf, die auch beschädigt, sind. Das heißt, da kommen keine Gesunden rein, nichts Schönes, immer nur das Kranke, das Kaputte, das Ironische und das über allen Dingen Schwebende. Das ist diese Gesellschaft, da gibt es überall Splittergruppen. Und in diesem Bereich fühle ich mich eigentlich wohl, aber ich dachte, ich muss da mal raus, ich muss mal was Neues machen, ich muss in die Welt, mal was Tolles machen. Und dann dachte ich, das ist doch ideal, ich war in Manaus, ich war in Bayreuth, also bau ich ein Opernhaus in Afrika, das ist doch super, kommt doch sicher gut an, goldene Tafel nach meinem Tod, der ja irgendwann kommt, wie bei allen Menschen: Schlingensief, der Matador, hat hier ein Opernhaus gebaut, großartig. Ja, dann sind wir losgefahren, erst nach Kamerun, Mosambik, dann nach Burkina Faso. In Mosambik war ich fertig. Da lag ich in meinem Hotelzimmer, ich hab gekotzt und geschissen, meine Freundin, die ich inzwischen geheiratet habe, ist abgehauen, mir ging's superdreckig. Das ist jetzt wirklich das Ende, habe ich gedacht, jetzt sterbe ich. Dann hörte ich plötzlich, wie im Hof des Hotels ein Fest losging, die Leute haben angefangen, Reden zu halten. Erst kommt der Direktor und sagt: Ich danke Jesus für dieses Hotel, für dieses Scheißhotel, für diese Bruchbude danke ich Jesus. Dann kommt der Koch und sagt: Ich danke Jesus, diese Küche ist voller Fledermauskacke und Kakerlaken, wir haben nichts zu kochen, aber ich danke Jesus, dass ich eine Küche habe. Dann kommt das Zimmermädchen: Danke, dass unsere Zimmer so nach Sperma riechen, dass hier alles so dreckig und verranzt ist, danke, Jesus, danke! In diesem Moment habe ich gedacht, auch ich habe zu danken, auch ich muss Danke sagen, ja, ich habe Krebs, ich bin am Ende, ich sterbe gleich, aber ich sage: Danke, Jesus, ich sage Danke! Halleluja!

Das Projekt hier war unglaublich toll. Die Zusammenarbeit ist wichtig gewesen. Man kennt sich ja eigentlich gar nicht und dann kommt man zusammen und man denkt, toll, das ist ja so ein tolles Gefühl der Gemeinschaft. Wir haben zusammen gegessen und gelacht und geprobt und getanzt, diese Kraft, diese Energie hat mich am Leben gehalten. Dann habe ich plötzlich gemerkt: Ist ja alles überhaupt nicht wahr. Was ist denn das für ein Quatsch, zu glauben, wir müssten uns jetzt alle an die Hände fassen oder so was. Wichtig ist zu begreifen, dass wir eigentlich gar nicht zusammenpassen. Dieser ständige Zwang zu glauben, wir gehören zusammen, hat uns auf einen falschen Weg gebracht. Eigentlich können wir für nichts die Verantwortung übernehmen, weil wir die Gesellschaft der Selbstgeschädigten und Selbstbeschädigten sind. Wir haben schon genug mit uns selbst zu tun. Wir müssen nicht auch noch bei anderen rumhängen und denen erzählen, wie sie es besser machen. Wir sollten uns lieber darauf besinnen, unseren Verein der Selbstbeschädigten und Selbstgeschädigten aufzulösen, endlich wieder haftbar zu werden, endlich wieder zu sagen, ja, ich bin gar nicht der, der ich bin. Das Beste wäre, wenn wir unser Kulturgeld nach Afrika geben und sagen: Macht damit, was IHR wollt, aber gebt uns bitte die Chance zu lernen, lasst uns zuschauen bei dem, was ihr macht.

Und dann setze ich mich ins europäische Taxi, um endlich abzuhauen und zu verschwinden, denn ich weiß, es geht so nicht. Ich kann gar nicht bei euch leben und ich will gar nicht bei euch leben. Das ist nicht mein Land und das wird auch nie mein Land. Auch, wenn ihr mich liebt, ich weiß, dass ihr mich liebt! Halleluja!

(23.5.2010, Bühnenauftritt auf Kampnagel, Hamburg)

»Via Intolleranza II«, Kampnagel Hamburg, 2010 (Szenenfoto)

Das deutsch-burkinische Ensemble von »Via Intolleranza II«, Hamburg, 2010

Zwischenstand der Dinge II

Neue Diagnose. Schwere Zeit. Die Antimetastasentablette verliert ihre Wirkung. Ich würde sagen, dass ich zu einem Fünftel schon weg bin. Aber ohne diese Trauer, die ich am Anfang gespürt habe. Die Trauer war Sehnsucht nach Nicht-mehr-Erlebbarem. Aber jetzt scheinen die Dinge und die Menschen wie von selbst zu verschwinden. Manche sind noch da. Als Erinnerung. Aino sagte vor ein paar Tagen: Vielleicht braucht Gott dich. Und das sagt sie, die nicht so große romantische Geschichten denkt.

Die Tournee mit »Via Intolleranza« war gut, aber sehr belastend. Ich habe viel gekämpft, alleine, überfordert, viele Menschen beleidigt und gequält. Und nun hat der Krebs also zwei Nackenwirbel aufgefressen. Mein nächster Horror. So viele Bilder des Horrors haben mein Leben begleitet. Produziere ich diese Bilder selbst oder ziehe ich sie an? Was passiert als Nächstes denn noch? Hirntumor? Die tumben Menschen um mich herum sind schon nicht mehr so schlimm. Sie verschwinden zum großen Teil, als hätte ich diesen Teil schon durchlaufen. Als würden Boote mit Familien drin an mir vorüberfahren. Bei uns im Hof schreien die Kinder nonstop, Eis lutschend, in Sommerkleidchen. Und die Eltern lachen über Sätze, die ich nicht verstehe. Die Kinder wollen gelobt werden: Gut gebaut, gut gekackt, Bonbon gegessen. Ich verstehe so vieles nicht mehr. Und die Spatzen haben ihre Mäuler so weit aufgerissen. Wollen Sie mir etwas zurufen? Mich warnen? Oder verspeisen? Ich habe Hunde gesehen, die sind heute Morgen vor solchen Spatzen weggelaufen.

Kann ich Gott um Aufschub bitten, auch wenn ich

ZWISCHENSTAND DER DINGE II 267

ahne, dass es wirklich nicht mehr allzu lange dauern wird? Aufschub für Burkina? Aber selbst da hänge ich doch so komisch unentschieden rum. Würde Gott es mir erlauben, wenn ich wieder mehr Schwung reinlegen würde? So aber sehe ich nur Wegfahrende in großen Booten. Alles in grellem Weiß. Die Frage nach dem Warum dieses Projekts weicht inzwischen der Frage: Warum bringst du es nicht mehr nach vorne? Was ist mit dir? Doch zu viel Gutmenschentum? Zu viel heroisches Gefühl?

Gibt Gott Befehle? Oder wer könnte Befehle geben?

Zu denken, man könnte Sterben lernen, war anmaßend, finde ich inzwischen. Sogar sehr anmaßend. Ich bin nun mal kein Lehrer auf diesem Gebiet. Und ich will da auch nichts lernen. Ich weigere mich. Zumindest versuche ich es. Und Gott ist mir wichtig! Er ist einfach da. Er war nie interessant, wenn ich mich vor ihm hinknien sollte. Dann war er meist nur ein Bild, das nicht stimmte. So kam es mir vor, aber vielleicht war das nur Ausdruck meiner Faulheit? Macht Faulheit Krebs? Vielleicht sollte ich doch noch anfangen zu saufen.

Oft heule ich schon beim Aufwachen. Ich kann nicht so einfach Abschied nehmen, will es auch nicht. Auch wenn ich das Gefühl nicht loswerde, dass es doch so sein wird. Irgendwann sowieso, aber momentan zersprengt es alles. Auch mein Team, das ich so gerne beschützen würde. Die sind deshalb so toll, weil sie so oft aus Liebe mitgegangen sind. Bei »Via Intolleranza« haben sie für ein Drittel oder ein Viertel ihrer normalen Gagen gearbeitet. Aus Liebe zu mir, und damit Geld fürs Operndorf übrig bleibt. Dagegen bin ich doch ein mieser Furz! Zumal ich die letzten Monate schon durch verschiedene Persönlichkeitsveränderungen im Negativen gegangen bin.

Es ist alles so grauenhaft. Ich schaue morgens in einer kleinen Kabine in den Spiegel und gehe dann in einen

Raum mit Betontüren, die hinter mir geschlossen werden. Und wenn ich von den Bestrahlungen zurückkomme, sehe ich lieber nicht in den Spiegel. Aber ich kann es nicht immer verhindern und dann sehe ich da einen zermergelten Typen, der sich nur noch selten aushalten kann. Ich spiele immer öfter mit dem Gedanken, mich wie ein alter Elefant von der Truppe zu entfernen und alleine zu sterben, weil ich mit meinem Gequäle keinen Schaden anrichten will, der nach meinem Tod alles in den Dreck zieht. Dabei haben wir alle viel zu oft an ganz wunderbaren Dingen gearbeitet und auch sonst sehr schöne Wege beschritten. Und nun will ich nicht quälen, aber auch noch nicht sterben. Und nichts zerstören, denn nicht alles war schlecht. Ich hoffe und hoffe, durch die Kraft von Aino und meiner Freunde!

Mir kommt das Leben hier immer merkwürdiger vor. Gerade jetzt, wo ich wirklich sehr angeschlagen bin, merke ich, wie verlogen und hinterhältig manche Leute sind. Ich stand fast zitternd vor Schmerzen beim Bioladen an der Theke – und dann stürmt Frau Superöko ran und zack, schon fragt sie nach jedem Fleisch, nach jeder Wurst: Was ist das? Und was ist das da? Da habe ich dann gesagt: Ich bin völlig fertig, mir tut alles weh, ich möchte 120 Gramm Rindfleisch. Da war sie aber baff! Kein Widerwort, aber sie hat gemerkt, dass sie nicht die Erste und auch nicht die Einzige war, die mir mit so einem Verhalten begegnet.

Ich ärgere mich auch, dass ich in solchen Momenten so kleinkariert bin, aber momentan habe ich kaum Kraft und fühle mich mehr am Ende als an einem Anfang. Ich hoffe so sehr, dass sich alles noch mal zu einer Verlängerung hin entwickelt. Gottes Spielzeitverlängerung? War ja bis jetzt schon ein ziemliches Wunder, mit wie viel Kraft ich da immer wieder versorgt wurde. Als gäbe es Versorgungsschläuche aus dem All. Aber jetzt sind Aino und ich in einem sehr tiefen Tal gelandet. Und der Schmerz schneidet mich teilweise in Stücke. Habe ich das schon geschrieben? Ich vergesse vieles wieder.

Also eigentlich habe ich kein gutes Gefühl für die nächsten Monate, aber vielleicht ist mir Gott gnädig. Und vielleicht kann ich auch ein Stück Gott in mir entdecken oder mich als Teil von ihm finden. Bei diesen vielen Universen, die sie da täglich finden ... Irgendwann, irgendwo muss es doch Rums gemacht haben – und das beschäftigt mich mehr als der Papst in seinen Kinderschühchen. Es ist schön, sich in Gott geborgen zu fühlen, aber ich habe manchmal große Anschlussprobleme. Das verstehe ich nicht. Wo doch früher alles so einfach war. All der Kram, den ich getrieben habe, alle Risiken und Anmaßungen waren immer wieder auch Ausdruck von großem Vertrauen zu einem höheren System, das solche Dinge ganz klar einfordert und sich darüber freut, dass einige Leute ab und zu mal den Blick unter den Tisch oder in den Kanal richten.

Alles sehr schwer gerade! Bin auch sentimental. Manchmal sage ich mir: Du hättest auch weniger machen können. Aber das stimmt irgendwie auch nicht. Die Sachen, die ich gemacht habe, haben sich doch alle aus einem starken Eigensinn entwickelt. Sie haben sich wunderbar eine aus der anderen entwickelt. Und wenn drei Nieten dabei waren, dann waren die wichtig, um beim vierten Projekt richtig aufzugehen. Nur rumsitzen und sparsam sein mit der Energie kann doch keine Wärme erzeugen. Und bei all diesen Sachen mit meiner Mannschaft (denn ohne meine Mannschaft, ohne dieses Alle-zusammen wäre es doch nie zu so vielen Dingen gekommen) war es manchmal brüllend heiß. Das haben dann auch viele Menschen in der Seele mitgenommen. Die lauen Lüftchen und sparsamen Ofenheizer − machen die denn an? Ist denn das der Sinn der kreativen Walze, die sich aus dem eigenen Geist entwickelt? Es ist doch Geist, der auf die Umstände reagiert hat. Und nicht einer, den man nur für sich selber ausgemalt hat. Das empfinde ich mittlerweile nur noch als bequem, selbstgefällig. Die sparsamen Ofenheizer brüten eine Idee in zwölf Monaten aus, kultivieren sie und stehen dann wichtig daneben, neben ihrer wahrscheinlich erfolgreichen Hausmannskost. Ach was soll's! Ich komme mir wieder kleinkariert vor. Lass die Leute einfach machen. Aber dran teilnehmen muss ich ja nicht. Genauso wie auch niemand an meinen Dingen teilnehmen musste.

ZWISCHENSTAND DER DINGE II

Die Freiheit des Universums ist auch nichts für jeden. Da lieben sie dann doch eher das Häuschen am Prenzlauer Berg mit kleinem Gärtchen, den ständig weinenden Kindern und den gut kostümierten Eltern, die endlich da angekommen sind, wo es brummt. Denken sie. Sollen sie es ruhig denken. Ich gucke mir das nur noch an. Jedem Tierchen sein Pläsierchen.

Wenn alles klappt, werde ich noch in diesem Monat innerhalb von zehn Tagen einen Spielfilm in Berlin drehen. Das klingt vielleicht absurd, aber nicht absurder als dieses Sterbensollen. Mein letzter Film, mein Abschiedsfilm. Davon gehe ich jetzt zumindest aus. »Satansbraten« trifft Bestrahlungsröhre trifft »Effi Briest« trifft »Chinesisches Roulette«. Es geht um das Sterben, nicht mehr ums Sterbenlernen. Um die Abrechnung kurz vor Schluss, auch um die unendliche Sehnsucht, nicht als Depp gehen zu müssen. Und um die Hoffnung, nicht am Ende noch alles kaputt zu machen. Milan Peschel wird mich spielen, einen siechenden, schmerzerfüllten, unter Morphium stehenden Regisseur, der nur noch wenige Tage hat, aber noch mal ein großes Happening drehen will. Viele gute Freunde reisen an, aber auch dubiose Wunderheiler, die selbst schwer kranke Mutter, Schauspieler, die immer schon mal mit ihm arbeiten wollten, aber auch Leute, die ihn schon immer scheiße fanden, natürlich auch die Presse. Letzte Interviews, Priester, Gedanken zum Sterben und die plötzliche Nachricht, dass vier seiner besten Freunde bei der Anreise bei einem Autounfall umgekommen sind. Bis auf einen, aber der Überlebende liegt selbst auf der Kippe. Und überall tanzt der Teufel, Halluzinationen nicht auszuschließen, viele Schmerzmittel säumen die Gedanken. Am Ende stirbt die Frau des Regisseurs oder der Film oder alle oder eben keiner. Der Letzte, der die Villa verlässt, ist jedenfalls der Regisseur, in einem Cabrio. Und auf der Rückbank sitzt Gott. Oder nur ein Hund.

Ich glaube wirklich an gute Entwicklungsmöglichkeiten: Viele, viele haben mir schon zugesagt, für die Villa,

ZWISCHENSTAND DER DINGE II 273

die wir als Drehort gefunden haben und die wir wahrscheinlich zu Sonderkonditionen bekommen, entstehen in meinem Kopf an allen Ecken Szenen – und die Ruhrtriennale soll das produzieren, bitte! Ich hoffe, dass ich anstelle eines Wischundweg-Theaterabends etwas viel Existenzielleres auf die Beine bekomme. Einen Bericht, dass nicht unbedingt alles stimmt, was die Totenkopfmalerei im TV oder die Zuckerwatte in der Kunst übers Sterben zu erzählen hat. Nachrichten eines Sterbenden. Aber nicht blöd realistisch, sondern überhöht. Die Realisierung der Wahrheit des Augenblicks, den der Mensch im besten Fall von sich preisgeben kann.

Eine Szenenliste muss jetzt der nächste Schritt sein und momentan scheinen die Ideen in meinem Kopf zu explodieren. Man müsste eine Nummernabfolge an Ideen zusammenschreiben – und dann Stück für Stück zusammenbauen. Das habe ich schon öfter gemacht, funktioniert meist prächtig. Und überall sollen Texte gesammelt werden vom Kalenderspruch bis zum Koran. Alle sollen ganz locker und auch lustig bleiben. Auch wenn Leute mitmachen, die man nicht so mag. Alle sollen mitschreiben, die Lust haben: absurde und traurige und wahre Geschichten!

Kunst (Das Wesen der …)

Exposé für einen Film von Christoph Schlingensief
(zusammen geschrieben mit Oskar Roehler)

Vorbemerkung:
Sterbender Regisseur will die letzten Wochen nutzen, um noch einmal zu drehen. Noch einmal ein Happening, noch einmal das zusammenfassen, was Theater so schnell weggewischt hat. Doch das Morphium lässt den Blick auf die Realität verschwimmen und der Wunsch zu leben lässt den Teufel tanzen. Simon in der Wüste scheint auch im Garten zu warten und selbst das Operndorf schickt seine Hilfskommandos. Schwarze Wunderheiler. Die letzten Gedanken müssen gedacht werden. Und auch die letzten Momente sollten geplant sein. Doch dann am Ende ist es doch zu hell zum Sterben, so wie er es sich vorgestellt hat. Und zack: Seine Hand landete im Pisspott … (Ist, glaube ich, aus einer Geschichte mit Gustav Gründgens)

Der Tod im Nacken …

Im Grunde ist alles eine Abrechnung, je genauer man nachdenkt, je genauer man den Stachel ins eigene Fleisch bohrt oder er einem ins eigene Fleisch gebohrt wird, desto deutlicher sieht man die Verfehlungen, die man begangen hat und die an einem begangen wurden, desto deutlicher sieht man die Unzulänglichkeiten und desto unerbittlicher verfolgt das eigene Auge das Bemühen der anderen, diese zu kaschieren, und ihre sinnlose Veranstaltung, die sie dabei vorführen.

KUNST (DAS WESEN DER ...) 275

Ein Regisseur liegt in einer Villa in seinem Krankenbett und hat Krebs. Das weiß jeder und jeder hat es in den allgemeinen Diskurs aufgenommen. Dadurch ist diese Tatsache quasi entwertet – sie ist befreit von dem Pathos und dem Mitleid, die ihm sonst entgegengebracht würden. Der Regisseur hat durch die Krankheit sogar einen enormen Wachstumsschub erhalten, er ist – bis über die Grenzen hinaus – ein Künstler geworden, der, wie vielleicht nur Wolfgang Joop oder Bernd Eichinger, in allen nationalen Belangen, die von internationaler Bedeutung sind, zu einer Art Aushängeschild geworden ist; dabei hat er sein ganzes Leben nur versucht, die inneren Vorgänge seiner Weltsicht plastisch zu machen, im Film, im Theater, später in der bildenden Kunst, wozu die Gründung eines Opernhauses gehörte – und er hat bei all diesen Dingen – wie Joseph Beuys – immer auch sehr viel Spaß gehabt – es waren Happenings, die er gemacht hat – mit den Leuten, siehe Wolfgangsee, siehe Chance 2000 und so weiter und so weiter. Man hat haufenweise Geld verbrannt und vom Hochhaus geschmissen – und so weiter und so weiter.

Aber diese Art der Reaktion ist vorbei, erscheint ihm nur noch reaktionär. Oder war da doch was? Vielleicht doch noch einen großen Selbstmord planen. Aber ohne Zyankali und wie sonst so üblich. Ein Blick nach Venedig hat ihn auch nicht so erregt wie die Großverdiener der deutschen Malerei. Alles ist vorbei. Der Humor ist vorbei. Oder doch nicht? Oder war das größte Glück nicht dieser wunderbare Blick auf das Absurde des Lebens? Eigentlich hat er mehr gegrinst als alle Komiker zusammen. Aber von Ironie oder Zynismus hat er sich gerne ferngehalten.

Die Bitterkeit darüber, dass man ausgerechnet selbst abtreten muss – wobei das Fußvolk, das man jahrelang mit seinen Ideen ernährt hat, weiterleben darf, das verkraftet man schwer. Manchmal denkt man gegenteilig darüber, man liebt die Leute ja, aber man hat sie in all ihren Schwächen, Fehlern und Eitelkeiten durchschaut – und sobald man die Kontrolle über seinen Weltschmerz verliert, sagt man ihnen auch, was man von ihnen denkt, und man sagt es ihnen genau und beharrlich mitten ins Gesicht, weil man nicht mehr die Zeit hat, sich anzuschauen, wie sie schon wieder den gleichen Fehler wiederholen.

Der Regisseur hat die wichtigen Unternehmungen wie den Pavillon in Venedig abgesagt – und andere Dinge mehr. Er will – möglicherweise aus sentimentalen Gründen – zum Film zurückkehren und hat die kleine Schar um sich gesammelt, mit der er schon immer gearbeitet hat, denn das war seine Lebensweise und das Prinzip, aus dem er geschöpft hat, trotz zunehmender Bekanntheit immer wieder auf den engen Kreise derer zurückzugreifen, mit denen er gearbeitet hat, denen er vertraut und die er kennt und die zu seinem Leben gehören. Aus diesen schöpft er, aus diesen entsteht seine Kunst, die daher auch manchmal etwas hermetisch ist und eine ganz eigene, ursprüngliche Prägung hat. Aber widern sie ihn nicht auch an? Hätte er nicht auch ganz andere Möglichkeiten gehabt? Und wie stehen sie überhaupt zu ihm, all die Schauspieler, der Autor, der Dramaturg, der ihn quer durch Europa begleitet hat – und was können sie überhaupt beitragen zu seinen Ideen, zu seinem Leben, wenn er selbst keine Ideen, wenn er selbst kein Leben mehr hat? Es ist ziemlich ernüchternd, sich all diese Fragen zu stellen und dabei sich und die anderen zu beobachten, die die Bühne seines geplanten, letzten Filmsets betreten,

KUNST (DAS WESEN DER ...) 277

die kommen und gehen und die ihm fast schon so vorkommen wie Figuren aus seiner Erinnerung. Da ist seine Frau, seine Lebensgefährtin – ein Anker – tagsüber vielleicht, aber nicht unbedingt nachts, denn nachts ist er in der Klinik – manchmal zumindest – oder Ärzte kommen und er setzt sich mit ihren Eitelkeiten auseinander und ihren Lügen und Fehldiagnosen oder muss ihr Mitteilungsbedürfnis ertragen. Und dann kommen diese immer wiederkehrenden Albträume, in denen niemand, der ihm wichtig ist, mehr zu erreichen ist – alle sind plötzlich verschwunden, weil er Fehler gemacht hat, weil er zu schwach war, weil sie mit seiner vernichteten Physis nichts zu tun haben wollen, weil sie Egoisten sind, die keine Mühen gebrauchen können – aber das hat er zu spät erkannt – viel zu spät.

Da er ein Teil des öffentlichen Lebens geworden ist, mischt sich hier alles irgendwie. Interviews werden plötzlich wichtiger als die Proben an dem Film – er, der bekannt ist dafür, Konzepte umzuwerfen, wird auch dieses Schema durchbrechen müssen – alles, was es zu sagen gibt, ist zu langwierig, als dass es noch – noch einmal – gesagt werden kann – und die Fäden, die er überall in der Welt geknüpft hat, sind nur noch schwer zusammenzuhalten. Ist es möglich, noch einen Film auf die Beine zu stellen? Und wenn ja, wer ist in der Lage dazu, wenn nicht er selbst, eine Aussage über sein Leben zu machen? Es stellt sich heraus, dass eigentlich niemand – einmal danach gefragt – mit seiner Arbeit etwas anfangen kann. Sie konnten dirigiert werden und an Marionettenfäden gezogen werden, aber verstanden haben sie, was sie all die Jahre gemacht haben, nicht. Und jetzt tun sie auf einmal alle so, als ob sie überhaupt keinen Zugang mehr dazu hätten. Der Humor würde ihnen fehlen. Ohne den Humor ginge es nicht. Das ist ein Dilemma. So sprechen sie plötzlich über ihn. Und er bekommt alles mit, bekommt diese ganze Stimmung mit. Manche wollen abreisen, trauen sich aber nicht. Wenn die Dreharbeiten nicht endlich losgehen, geht es nicht mehr. Sie sind lange genug ausgebeutet worden. Und es ist mit ihm immer wieder das Gleiche.

Doch wie das alles festhalten in der Kürze der Zeit? Es wird eine schwierige, aufregende Arbeit werden, sich bis zu dem Moment durchzubeißen, wo sich alle aus ihrer Betroffenheitsstarre lösen und die Sache wieder Spaß macht. Es muss diesen einen großen Moment geben – er muss geschaffen und festgehalten werden und er muss die Form eines Happenings haben, an dem alle teilnehmen können – vor allem er. Ideen werden geschaffen, sie können nicht zu Grabe getragen werden – und die Erschaffung einer Idee ist es letztlich, um die es geht. Bitterkeit und der Schmerz der Erkenntnis, dass alles in einem Albtraum endet, können nicht der Schlüssel zur Weisheit sein. Oder es muss eben alles abgebrochen werden und die Leute sollen nach Hause gehen, wenn ihnen sonst schon nichts einfällt.

Der Film, der gedreht werden soll, wird begonnen, und es steht genug Zeit zur Verfügung, ihn anlaufen zu lassen und der künstlichen Zeit, die ein Film darstellt, Raum zu geben und dadurch die reale Zeit, die reine Verschwendung darstellt, zu löschen, wie man auch durch alles andere die reale Zeit auszulöschen versucht. Das ist nichts Besonderes. Das ist das Wesen der Kunst – mehr nicht. Und dass das noch geht, muss erst unter Beweis gestellt werden. Und zwar von ihm. Von ihm allein. Sonst kommt der Tod und holt ihn. Das weiß er und das weiß der Tod, der manchmal unschlüssig im Raum herumgeistert.

KUNST (DAS WESEN DER ...) 279

SAMMLUNG SZENEN:

(werden ergänzt)

1) Journalisten machen Interviews mit ihm, Produzenten kommen, ein paar Schauspieler kommen zu einer Probe.
2) Mutter kommt.
3) Therapeuten
4) Priester
5) Schulkameraden
6) Stalker im Garten
7) Schäden aus früheren Jahren
8) Erscheinungen
9) Opernausschnitte (kitschig, am Ende)
10) Danke Jesus! Bedank dich bitte für das, was nicht funktioniert hat!
11) Er hangelt sich an früheren Aktionen ab, die keinen mehr interessieren.
12) Ein schwerer Autounfall: Vier Freunde verunglücken auf dem Weg zu ihm. Einer überlebt schwer verletzt und Milan will ihn unbedingt in seiner Villa besuchen, obwohl derjenige gar nicht transportabel ist. Er will ihn fragen, wie das so ist mit dem Sterben.
13) Wo denn begraben? Paris oder Berlin? Oder Oberhausen?
14) Wer soll nicht zur Beerdigung kommen?
15) Austreten aus der Kirche? So kurz vor Schluss?
16) Doch noch ein Kind?
17) Der Wunderheiler
18) Der Architekt des Operndorfes macht Voodoo.
19) Feuer in Afrika
20) Besuch einer Operninszenierung, um sich von den Sängern zu verabschieden
21) Fürchterliche Schmerzen

22) Gott braucht mich!
23) Das sterbende Kind. Verhandeln mit Gott: ausgeschlossen!

ORT:

»Dieses Haus ist eines jener scheußlichen Häuser, wie sie sich die Theaterleute in den verrückten 20ern bauen ließen. Als das Geld noch auf der Straße lag. Ein unbewohntes, vernachlässigtes Haus bietet immer einen traurigen Anblick. Dieses hier sieht geradezu unheimlich aus. Es macht den Eindruck eines zu Stein gewordenen Unglücks ...«

CAST und FIGUREN:

Alle möglichen Typen kommen, die noch mal mitspielen wollen, oder auch Heiler, Wunderheiler, Priester, Stars, Möchtegernstars, der Teufel, Freunde, auch welche, die kurz vor der Ankunft leider tödlich verunglücken.

Komische Gestalten im Zimmer, die man selber nicht so recht glauben kann, die aber plötzlich da sind ...

CHRISTOPH SCHLINGENSIEF

wird am 24. Oktober 1960 als einziges Kind der Eheleute Hermann-Josef und Anna Maria Schlingensief in Oberhausen im westlichen Ruhrgebiet geboren.

1968 entstehen erste Kurzfilme (»Der Fahnenschwenkerfilm«, »Mein 1. Film«, »Eine kurze Kriminalgeschichte«), denen in den 70er-Jahren weitere folgen, z.B. »Das Geheimnis des Grafen von Kaunitz« (1975) und »Mensch, Mami, wir drehn 'nen Film« (1977).

1984 dreht er mit »Tunguska – Die Kisten sind da« seinen ersten Langfilm und zugleich den dritten Teil seiner »Trilogie zur Filmkritik«, in der er sich vom narrativen Erzählkino genauso distanziert wie vom überambitionierten Avantgardefilm. Es folgen die Filme »Menu Total« (1985), »Egomania – Insel ohne Hoffnung« (1986) und »Mutters Maske« (1987).

Größere Aufmerksamkeit erzielt seine »Deutschlandtrilogie«, bestehend aus den Filmen »100 Jahre Adolf Hitler – Die letzte Stunde im Führerbunker« (1989), »Das deutsche Kettensägenmassaker« (1990) und »Terror 2000 – Intensivstation Deutschland« (1992).

Mitte der 90er-Jahre markieren »United Trash« (1995) und »Die 120 Tage von Bottrop – Der letzte Neue Deutsche Film« (1996) seine letzten »reinen« Filmarbeiten.

Ab 1993 inszeniert er regelmäßig an der Volksbühne am Rosa-Luxemburg-Platz Berlin. Auf »100 Jahre CDU – Spiel ohne Grenzen« folgen »Kühnen '94 – Bring mir den Kopf von Adolf Hitler« (1994), »Rocky Dutschke

'68« (1996), »Schlacht um Europa« (1997), »Berliner Republik« (1999), »Rosebud« (2001), »Kunst & Gemüse« (2004) u.a.

Angefangen mit »Mein Filz, mein Fett, mein Hase – 48 Stunden Überleben für Deutschland« auf der documenta X in Kassel, realisiert er ab 1997 vermehrt aktionistische Projekte außerhalb des Theaterraums. Im gleichen Jahr folgt »Passion Impossible: 7 Tage Notruf für Deutschland. Eine Bahnhofsmission« in Hamburg. Mit der von ihm gegründeten Partei »Chance 2000« nimmt er 1998 an der Wahl zum Deutschen Bundestag teil. Höhepunkt des Wahlkampfes ist die Aktion »Bad im Wolfgangsee«.

Zu Kontroversen führen die FPÖ-kritische Wiener Container-Aktion »Bitte liebt Österreich« (2000) mit abgelehnten Asylbewerbern, die Zürcher »Hamlet«-Inszenierung (2001) mit deutschen Neonazis und die »Aktion 18« (2002), die antisemitische Tendenzen im Bundestagswahlkampf der FDP aufgreift.

Mit der »Atta-Trilogie« widmet er sich einem eigenen, aktionistischen Theaterbegriff und arbeitet an den wichtigsten deutschsprachigen Bühnen. Auf »Atta Atta – Die Kunst ist ausgebrochen« (2003) an der Volksbühne folgen »Bambiland« (2003) am Burgtheater Wien und »Attabambi, Pornoland« (2004) am Schauspielhaus Zürich.

2003 nimmt er mit »Church of Fear« an der 50. Biennale Venedig teil. Dort veranstaltet er den »Ersten Internationalen Pfahlsitzwettbewerb« und präsentiert einen multimedialen Kirchenbau, der wiederum 2005 auf dem Dach des Museum Ludwig in Köln ausgestellt wird.

Bei den Bayreuther Festspielen 2004 inszeniert Schlingensief mit »Parsifal« seine erste Oper. Angeregt von der dortigen Drehbühne entwickelt er das Langzeitprojekt

BIOGRAFIE 285

»Der Animatograph«, das ihn 2005 und 2006 nach Island, Neuhardenberg in Brandenburg, Namibia und erneut ans Burgtheater (»Area 7«) führt.

Ausläufer des Projekts sind die begehbare Installation »Kaprow City« an der Volksbühne und die Aktion »Diana 2 – What happened to Allan Kaprow?« im Rahmenprogramm der Frieze Art Fair London (beide 2006).

Rund um den Aufbau des namibischen »Animatographen« entsteht das Material zum Filmprojekt »The African Twintowers« (2005). Ebenso wie Teile seiner Inszenierung des »Fliegenden Holländers« am Teatro Amazonas in Manaus (Brasilien) fließt es ein in die Installation »18 Bilder pro Sekunde« im Münchner Haus der Kunst (beide 2007).

Es folgen Arbeiten für das Migros Museum für Gegenwartskunst in Zürich (»Querverstümmelung«, 2007) und das Institute of Contemporary Arts in London (»Stairlift to Heaven«, 2008). Die Einzelausstellung »Der König wohnt in mir« im Kunstraum Innsbruck (2008) zeigt Foto- und Filmaufnahmen einer Reise nach Bhaktapur (Nepal).

Seine Krebserkrankung im Jahr 2008 thematisiert er offensiv in dem Tagebuch »So schön wie hier kanns im Himmel gar nicht sein«, anschließend in den Inszenierungen »Der Zwischenstand der Dinge« (Maxim Gorki Theater Berlin, 2008), »Eine Kirche der Angst vor dem Fremden in mir« (Ruhrtriennale, 2008), »Mea Culpa« (Burgtheater, 2009) und »Sterben lernen!« (Theater Neumarkt, Zürich, 2009).

Seit 2008 entwickelt Schlingensief seine Idee für das »Operndorf Afrika«, das er als interkulturelle Begegnungs- und Experimentierstatt anlegt. In seiner Anwesenheit erfolgt im Februar 2010 die feierliche Grundsteinlegung unweit von Ouagadougou, der Hauptstadt Burkina Fasos. Nach seinem Tod übernimmt seine Ehefrau Aino Laberenz die Geschäftsführung der von ihm gegründeten Festspielhaus Afrika GmbH.

Seine letzte Inszenierung »Via Intolleranza II« (2010) erarbeitet er gemeinsam mit einem Ensemble aus deutschen und burkinischen Darstellern und Künstlern.

Letzte und unvollendet gebliebene Arbeiten sind ein Film mit dem Arbeitstitel »Kunst (das Wesen der ...)« sowie die Gestaltung des Deutschen Pavillons für die Biennale Venedig 2011.

Zwischen 1997 und 2007 realisiert er insgesamt vier TV-Formate für unterschiedliche Sendeanstalten, darunter »Talk 2000«, »U 3000« und »Freakstars 3000«.

Für die Hörspielbearbeitung seiner Inszenierung »Rocky Dutschke '68« erhält er 1997 den Prix Futura, den gleichen Preis 1999 für sein Hörspiel »Lager ohne Grenzen«. Sein Hörspiel »Rosebud« nach der gleichnamigen Inszenierung wird 2002 mit dem Hörspielpreis der Kriegsblinden ausgezeichnet. 2005 wird ihm der Filmpreis der Stadt Hof verliehen, 2010 der Helmut-Käutner-Preis der Stadt Düsseldorf für seinen Beitrag zur deutschen Filmkultur, 2011 posthum der Gießener Hein-Heckroth-Bühnenbildpreis.

Am 21. August 2010 stirbt Christoph Schlingensief im Alter von 49 Jahren in Berlin.

DANKSAGUNG

Ich danke Klaus Biesenbach, Gero von Boehm, Robert Buchschwenter, Sibylle Dahrendorf, Thomas David, Johannes Hoff, Francis Kéré, Katrin Krottenthaler, Oskar Roehler, Frieder Schlaich und Esther Slevogt für das freundliche Überlassen von Textmaterial.

Patrick Hilss und Alex Jovanovic danke ich für die intensive Fotorecherche. Darüber hinaus danke ich Meike Fischer und Christin Richter für die Unterstützung in allen organisatorischen Fragen.

Mein besonderer Dank gilt Stephanie Kratz vom Verlag Kiepenheuer & Witsch und Jörg van der Horst für die umfassende Mitarbeit an diesem Buch.

BILDNACHWEIS

S. 34	Ahoimedia
S. 47	Privatarchiv Schlingensief
S. 48	Filmgalerie 451
S. 49	Privatarchiv Schlingensief
S. 70 unten	Katrin Schoof
S. 71 oben	Bettina Blümner
S. 71 unten	Katrin Schoof
S. 72 und 73	Bettina Blümner
S. 80	Filmgalerie 451
S. 81 und 82	Eckhard Kuchenbecker
S. 83	Filmgalerie 451
S. 84 unten	Filmgalerie 451
S. 106	Robert Newald
S. 107 oben	Imagno/Didi Sattmann
S. 107 unten	Robert Newald
S. 108	Imagno/Didi Sattmann
S. 109	Paul Poet
S. 129	Aino Laberenz
S. 154/155	David Baltzer
S. 156 oben	dpa
S. 156 unten	Patrick Hilss
S. 157	Privatarchiv Schlingensief
S. 158	Bayreuther Festspiele GmbH/Jörg Schulze
S. 159	Privatarchiv Schlingensief
S. 160 und 161	Privatarchiv Schlingensief
S. 162	Bayreuther Festspiele GmbH/Jochen Quast
S. 163	Bayreuther Festspiele GmbH/Bearbeitung von Christoph Schlingensief
S. 186	Eckhard Kuchenbecker
S. 187 oben	Voxi Bärenklau
S. 187 Mitte und unten	Privatarchiv Schlingensief
S. 188	Aino Laberenz
S. 189	Antonio Neto
S. 190/191	Aino Laberenz

BILDNACHWEIS 291

S.191 unten	Aino Laberenz
S.192 oben	Francis Kéré
S.232 oben	Privatarchiv Schlingensief
S.232 unten	Filmgalerie 451
S.233	Privatarchiv Schlingensief
S.234	Privatarchiv Schlingensief
S.235	Eckhard Kuche nbecker
S.236 oben und unten	Eckhard Kuchenbecker
S.236 Mitte	Michael Leidenheimer
S.237	Eckhard Kuchenbecker
S.238/239	Filmgalerie 451
S.240 oben	Eckhard Kuchenbecker
S.240 unten	Privatarchiv Schlingensief
S.265 oben	Friedemann Simon
S.265 unten	Aino Laberenz
S.281/282	Laurent Burst

Wir danken allen Rechteinhabern für die Erlaubnis zum Abdruck der Abbildungen. Trotz intensiver Bemühungen war es nicht möglich, alle Rechteinhaber zu ermitteln. Wir bitten diese, sich gegebenenfalls an den Verlag zu wenden.

btb

Terézia Mora

Alle Tage
Roman. 432 Seiten
ISBN 978-3-442-73496-2

»Ein wahres Wunderbuch [...] Moras eigene Sprache ist einmalig.
[...] Die Leute wollen das lesen. Die Leute müssen das lesen.
Ein Buch, das spricht. Fremd und neu.«
Frankfurter Allgemeine Sonntagszeitung, Volker Weidermann

»Bei Terézia Mora ist alles Sprache, und die Sprache ist alles:
Sie ist Utopie und Beschränkung, sie beflügelt den Helden und
treibt ihn in den Wahnsinn. Vor allem aber trägt diese Sprache
ein ganzes Buch. Zwar kann auch Terézia Mora keine Grenzen
einreißen. Aber die ihren hat sie ziemlich weit gesteckt.«
Falter, Wien

www.btb-verlag.de

btb

Juli Zeh

Adler und Engel

448 Seiten
ISBN 978-3-442-72926-5

Der junge Karrierejurist Max wird Zeuge, wie sich seine
Freundin Jessie erschießt, während sie mit ihm telefoniert.
Für Max bricht eine Welt zusammen. Erst Clara, eine
junge Radiomoderatorin, kann ihn zu einem schonungs-
losen Blick auf die Wahrheit zwingen. Sie überredet ihn
zu einer Reise in seine Vergangenheit. Allmählich wird
Max klar, dass sein Leben und seine Liebe zu Jessie, der
Tochter eines Drogenkönigs, in ein Netz aus Politik und
Verbrechen verstrickt sind.

»Ein traumwandlerisch sicher hingelegter Roman, exakt
zur richtigen Zeit am richtigen Ort: Die Kollegen von der
Popfraktion werden sich warm anziehen müssen.«
Der Spiegel

»Die Ausnahme-Juristin Juli Zeh hat einen sensationellen
Debüt-Roman geschrieben: aufregend, mutig,
kompromisslos.«
Brigitte

»Mit diesem erstaunlichen, fulminanten Roman hat
sich die Autorin die Tür zu einer literarischen Zukunft
weit geöffnet.«
Süddeutsche Zeitung

www.btb-verlag.de

btb

Juli Zeh

Die Stille ist ein Geräusch

Eine Fahrt durch Bosnien
272 Seiten
ISBN 978-3-442-73104-6

Juli Zeh reist, nur begleitet von ihrem Hund, nach Bosnien. Sie möchte mit eigenen Augen sehen, ob »Bosnien-Herzegowina ein Ort ist, an den man fahren kann. Oder ob er zusammen mit der Kriegsberichterstattung vom Erdboden verschwand«. Mitgebracht hat sie eine eindringliche Reiseschilderung aus einem Land, das in einem prekären Frieden lebt, in dem gehasst, aber auch gelebt wird. Sie versucht nicht, Gut und Böse zu erkennen, Erklärungen zu finden, sie erzählt vielmehr spannend und oft witzig von einem Land, in dem die Stille selbst eine Stimme hat.

»Juli Zeh hat eine wahre Flut von Erfahrungen und Geschichten mit nach Hause gebracht, die nicht in die schwarz-weiß gemalten Klischees passen wollen. Ihr Buch öffnet die Augen für die Rätsel eines Krieges und eines prekären Friedens jenseits der gängigen Ideologien.«
Focus

»Juli Zehs Bericht über zerstörte Städte und Dörfer ist witzig und traurig zugleich – und macht sogar Hoffnung.«
Stern

»Ein bemerkenswertes Stück Literatur.«
Die Welt

www.btb-verlag.de

btb

Ursula Priess
Sturz durch alle Spiegel

Eine Bestandsaufnahme.

172 Seiten
ISBN 978-3-442-74120-5

Ein bewegendes Zeugnis vom Versuch der Tochter,
die schwierige Beziehung zum Vater – Max Frisch –
neu zu sichten und sich ihrer Geschichte mit ihm
zu stellen, um darüber ihre eigene Stimme zu finden.
Ein wahres, ein wahrhaftiges Tochter-Vater-Buch.

»Ein schmales, aber hochverdichtetes Erinnerungsbuch.
Die Autorin hat ein Buch geschrieben, das neben dem Werk
von Max Frisch bestehen wird.«
Richard Kämmerlings, FAZ

»Mit ihrem Buch hat Ursula Priess der Liebe zu ihrem
Vater ein großartiges Denkmal gesetzt, unpathetisch
und bewegend.«
Volker Hage, Der Spiegel

www.btb-verlag.de

btb

Jo Lendle

Die Kosmonautin
Roman. 192 Seiten
ISBN 978-3-442-74015-4

Die Geschichte einer ungewöhnlichen Reise

»›Der Sitz der Seele ist da, wo sich Innenwelt und Außenwelt berühren‹, schrieb Novalis, und Jo Lendle hat ihn in der Raumkapsel gefunden.« *FAZ*

»Wirklich atemberaubend.« *Die Welt*

www.btb-verlag.de